「国家主権」という思想

国際立憲主義への軌跡

篠田英朗
Hideaki SHINODA

keiso shobo

はじめに

本書が扱うのは、「国家主権」をめぐる人びとの思想の歴史である。そこで本書が描き出すのは、「立憲主義」の大きな流れが、われわれが生きる「国際社会」にもたらした変化の軌跡である。「立憲主義」に着目した「国家主権」の思想を分析することで、われわれの生きる「国際社会」がどのように構想されてきたのかを、本書は問い直していく。つまり本書は、「国家主権」と「立憲主義」、そして「国際社会」についての書である。

国家主権は、立憲主義の中心に位置している。国家主権や立憲主義はともに、社会の構成原則となる思想である。そこで本書は、立憲主義の中心にある国家主権の問題をとらえていくことによって、われわれが生きる社会の仕組みについて原理的に考えることを試みる。その際に本書は、「国際立憲主義」という新しい概念を導入していくことになるだろう。

「国家主権」とは、国家だけに存する特別な属性のことを指す。しかし、その内容は複雑かつ曖昧で、定義づけはほぼ不可能である。国家が持つ国内管轄権としての至高の権威、不干渉原則で守られた国家の独立、などといった説明は、国家主権が意味するものの描写として有効だろう。しかしすべてを表現しきれるものではない。しかも矛盾を抱え込んでさえいる。たとえば、統治機構が崩壊してしまっている国家の主権とは何か、恒常的に干渉されている国家の独立としての国家主権とは何か、といった問いに、平板な国家主権の定義だけで答えることはできない。

「立憲主義」とは、社会を成立させている根本規範の存在に対する信奉のことであり、人の支配に対する「法の支配」の考え方の優越を意味する。つまり社会を成り立たせている根本法は、社会のなかに生きる人間の立法行為や統治行為などによって変更させられることはなく、立法者や統治者もまた、根本法の卓越性を認めなければならない。立憲主義の帰結としての「法の支配」の原則化が国家主権の概念にどのような影響を与えるのかは、近代の政治社会あるいは国際社会を考える際に最も重要な問いのひとつである。立憲主義こそが、複雑な国家主権の歴史をつくりだしてきたのである。

「国際社会」とは、国境を越えて共通の価値や制度を共有している人びとの集団のことである。主権国家は国際社会の主要な構成要素であるが、唯一絶対な存在とまでは言えない。国際社会という考え方は、ヨーロッパの複数の国家が、当初はキリスト教的価値にもとづいて、その後はより世俗的な共通の諸原則・諸制度・諸価値にもとづいて、つくりあげてきたものだと言ってよい。ただし二〇世紀後半には、国際社会は普遍的な広がりを持つものとなった。この国際社会において、国家主権の原則が、そして立憲主義の運動が、どのように変遷・発展してきているかは、二一世紀を生きるわれわれにとって、無視することのできない大きな課題となっている。

本書は、これらの深淵な思想的概念を取り扱うにあたって、歴史的なアプローチをとる。国家主権概念の変遷を分析するにあたって、国際社会が成立していたとは言えない時代や国際社会についての思想が発展していなかった時代も扱う。そのため、国内社会における国家主権と立憲主義の相関関係についても多くの紙幅を割いている。しかしそれは、現代国際社会の仕組みをより深く明らかにしていくためにほかならない。本書がとくに関心を持っているのは、現代国際社会の構成原則としての国家主権が、どのような変化をたどって今日の姿に至ったのか、ということである。

本書は、現代国際社会の特徴を、「国際的な立憲主義」によってかたちづくられた国家主権の原則に見出す。ここで言う国家主権とは、現実からは切り離されて非歴史的かつ抽象的に思弁される国家主権のことではない。本書が立憲主義に注目するのは、それが二一世紀の現実の国際社会のなかで見出される国家主権を、よりよく説明できるためである。

あるいは、そもそも「立憲主義的な国家主権」などというものが存在するのか、という問いが提示されるかもしれない。国家主権とは立憲主義を超越した絶対的権威であり、立憲主義とは国家主権を制限する運動なので、両者は相反するのではないか、という疑念も提示されるかもしれない。

だが本書は、これらの問いに次のように答える。立憲主義の体系のなかに存在する国家主権の構想は、近代史のなかで強固な伝統を持っている。立憲主義的な国家主権の概念を通じて、現代国際社会の仕組みを理解することができる。より正確に言えば、現代の国際社会においては、国家主権こそが、国際的な立憲主義を形成する中心的な原理である。

本書は、現代国際社会の国家主権が立憲主義によって特徴づけられていることを論じるために、近代における国家主権の変遷の歴史を描いていく。同じ国家主権という概念があったとしても、一〇〇年前と今日とでは、その内容は異なる。多様な意味を帯び続けてきた国家主権の概念は、複雑な変遷の歴史を持っている。本書がとくに注目するのは、立憲主義の思想運動が、国内社会のみならず、国際社会においても、国家主権概念を変質させてきた大きな要素であったということである。政治思想史のなかで培われてきた立憲主義の思潮は、国際社会の秩序をめぐる議論のなかでも大きな影響を及ぼしてきた。そしてその影響力は、今日の世界においてより高まっている。この立憲主義の思潮の展開こそが、国際社会における国家主権の変質をも体系的に説明する。

本書は、歴史的射程を近代史に設定する。焦点を限定的に定めることによって、非歴史的な前提の押しつけを避け、むしろ歴史的展開の実際の複雑さを丁寧に明らかにするためである。実際にそれぞれの時代を生きる人びとの思想のなかで、国家主権や立憲主義が体系的に議論されるようになったのは、せいぜい「近代」が始まる一八世紀末、あるいはその前史となる一七世紀頃であろう。普遍的な国際社会の歴史は、さらに短い。その存在は、一九世紀にさかのぼって確認することができるかどうかである。もちろん、それぞれがより古い別の概念の伝統を受け継ぎつつ生まれたものであることは確かだとしても。

本書は、その数百年の歴史のなかで、時々の情勢に翻弄されながら生き抜いてきた人びとの思想的な営みを記録し、再現することを試みる。それによって歴史のダイナミズムのなかで国家主権と立憲主義の相関関係を描き出し、現代国際社会の理解を深めることをねらう。

このような問題意識を究めるために、本書は、まず序章において、方法論的な整理を行いつつ前近代の時代における主権論を主に紹介して、その後の議論の導入とする。第1章では、一七世紀から一八世紀にかけてのイギリスとアメリカの立憲主義的主権概念の古典的な例を示す。第2章は、一九世紀の国民主義《ナショナリズム》の高揚が、イギリス・アメリカでの主権概念の国民化をもたらして、古典的な立憲主義に変質を迫ったことを論じる。第3章は、国際連盟設立時の議論に焦点を合わせ、本書が国際立憲主義と呼ぶ思潮が台頭してきたことを描く。第4章は、両大戦間期における国際立憲主義の興亡を見る。第5章は、第二次世界大戦後の政治情勢が、冷戦の勃発と脱植民地化の進展という事態を受けて、主権概念の普遍化と形式化をもたらしたことを示す。第6章は、冷戦時代後期における主権概念の言説を扱いながら、新しい国際立憲主義とでも呼ぶべき思潮を帯びた主権概念の出現をとりあげる。第7章は、冷戦終焉後から現代に至る時代において、自由民主主義的価値規範の広がりを背景にして、新しい国際立憲主義の思潮が国家主権の理解にも大きな影響を及ぼした過程を見ていくことにする。終章では、本書の議論をまとめるとともに、現代世界の主権論の行方を展望する。

本書は、各時代に生きた人びとの思想を、各時代の歴史的背景のなかでとらえようとする。そのため、あるいは多くの読者は、それぞれの章の細かな描写においては、本書全体の統一的な問いが見えにくくなる場面もないとは言えないかもしれない。しかしだからこそ、ここであらためて明記しておきたい。

歴史的な議論の展開によって本書が最終的に主張しようとするのは、「国家主権」と「立憲主義」の関係を理解することが、現代「国際社会」の性質を理解するのに決定的に重要である、ということである。

目　次

序章

国家主権が描き出す問題

●前近代から近代へ

本章では、本書がどのようなやり方で「国家主権（state sovereignty）」の問題を検討していくのかについて、方法論的な枠組みを説明する。本書は、現代国際社会（international society）の構成原理として国家主権をとらえたうえで、歴史的に分析する。その際に本書がとくに着目するのは、近代（modern period）における「立憲主義（constitutionalism）」の影響力である。

そこでまず本章は、「国家主権」、「国際社会」、「立憲主義」、といった概念を説明する。そのために近代においてどのように国家主権、国際社会、そして立憲主義が成立し、展開していったかについての導入的な議論を提示する。

まず第1節では、近代になって国家が完結した秩序を持つ存在として成立したことによって初めて、国家主権が成立したことを説明する。そして国際関係学の分野で見られる「ウェストファリア体制」の非歴史的な神話性を明らかにする。第2節では、本書の方法論を紹介しつつ、近代以前の代表的な思想家を例示して、前近代においては今日われわれが自明視する国家主権とは異なる原理が存在していたことを確認する。第3節では、国家が合理的支配の秩序を持ち、時には意思を持つ有機的実体として考えられるようになった近代という時代の特徴を見ていく。そして次章以降の本書の枠組みを予告するかたちで、国家主権の原理が、立憲主義や、立憲主義と対置されるものとしての「国民主義《ナショナリズム》」とのあいだに持つ関係を見ていく。

1 近代の産物としての国家主権

国家主権が、どのようにして国家の構成原則として、そして国際社会の構成原則として確立されるに至ったのかを知ることなくしては、現代における国家主権の性格をよりよく知ることもできないだろう。そこで本書では、近代という時代において国家主権が生まれたという点を強調し、歴史的探求の開始点とする。

それにしても、なぜ近代なのか。たしかに、一方的な主権の定義方法次第では、何千年も過去にさかのぼって主権の歴史を見出そうとすることは不可能ではない。しかし、国家主権という概念を想像すらしなかった時代に独断的な定義で国家主権を押しつけることに、大きな意味はない。現代国際社会の性質を探るという本書の目的にてらして、本章は国家主権という理念が登場した時代を分析対象とする。それは近代という時代である。国家主権という政治原則は一七世紀に萌芽的に始まり、一八世紀後半の近代の到来とともに本格的に確立された。

近代国家の秩序構成原理

国家主権は一〇〇年前に存在していたし、今日でも存在している。しかしその意味は変化してきた。本書の問題関心は、国家主権のような政治的概念に対して、超歴史的で不変的な定義づけを与えようなどと試みることではない。むしろ本書が分析するのは、国家主権に起こった変化である。変化に着目することによって、われわれは、今日の国際社会が依拠する思想的基盤の特徴を知ることになるだろう。

本書がまず指摘するのは、国家主権は近代の黎明期に原初的な発展を遂げた概念であり、近代という時代において発展した概念である、ということである。

「近代」とは、一八世紀後半のヨーロッパから始まり、世界大に広がっていった政治的・経済的・思想的な面を持つ総合的な社会運動のことである。それは、一八世紀後半からの市民革命の過程で生み出された主権国家、そして産業革命の過程で生み出された資本主義によって、最も典型的に説明される。

したがって、国家主権とは、国家に属する性質という意味においては、せいぜい二〇〇年余りの歴史を持つ制度でしかない。また、それはヨーロッパという地理的範囲において明確な起源を持つ制度である。それが普遍的に適用されるようになったのは、せいぜい半世紀ほど前のことにすぎない。

今日のわれわれが知る「国際社会」という社会もまた、近代という時代が生み出したひとつの新奇な制度である。それもやはりせいぜい二〇〇年ほどの歴史を持つものでしかない。そして、普遍的と言える程度にまで広がったのは、ほんの半世紀ほど前のことにすぎない。しかも、現代世界においてすら、本当に完全に普遍的になっているとは言えない。

国家主権と国際社会は、近代において密接に結びついて相互に影響を与えながら、複雑な発展を遂げてきた。近代という時代なくして主権国家はなく、今日われわれが知るような国際社会も存在しえなかった。

このような本書の主張は、何を意味するだろうか。

第一に、本書は、「主権国家」の存在と、その他の「国家」や「社会」の存在とが異なっていることを示す。主権国家は、主権国家として認められていなければ、主権国家として存在しえない。そのため、主権国家は、国家主権の原則を持つ社会のなかでのみ存在しうる。つまり主権国家は、国家主権を認める国際社会のなかにおいてのみ存在する。こうした意味において、主権国家は、国際社会とあわせて歴史的な存在である。

第二に、主権国家からなる国際社会と、国家以外の複数の主体が形成する広域社会は異なっている。「諸主権国家の社会としての国際社会」は、歴史的・地理的な制約を超えて普遍的に適用できるものではない。「共通の制度や価値」を構成員が共有するという国際社会の性質は、ほかの種類の国際的な社会のなかにも見出すことはできる。ただし、「諸主権国家の社会としての国際社会」の歴史は、特有の時代の特有の仕組みのなかにある。(1)

第三に、人工的に「国内社会」と「国際社会」を分離する思考は、近代という時代のなかで一般化したが、今日では相対化されてきている。(2) 実際には、「国内社会」と「国際社会」は、同じ人間が生きるひとつの連続した共通の場のなかで成立している。近代という時代を相対化して分析するためには、両者の分断を前提にした議論から距離を保つことが必要である。国家主権という概念を共有する国内社会の構成原理と国際社会の構成原理に連続性を見出すことは、実はそれほど困難なことではない。

近代において初めて、国家は完結したひとつの集合体として成立した。それまでの時代においては基本的に、支配者と被支配者がいる社会が存在していたにすぎなかった。そこで問題になったのは、誰が支配者で、誰が被支配者であるか、という問いであった。その問いはやがて、誰が主権者で、誰を統治しているのか、という問いになった。近代になって国家は、特定の原則に基づいた統一的秩序を持つ存在となった。そして、主権者とは国家それ自体だ、という説明がなされるようになった。そこで、国家主権とは何か、どの国家が主権国家であるか、といった問いが提起されるようになった。

主権国家が構成する国際社会もまた、ある特定の構成原理に基づいて秩序が形成される社会である。イギリスの国際政治学者ブルは、共通の利益、共通の価値、共通の制度、共通の規則が共有されているとき、国際社会が成立すると考えた。(3) 国家主権の原則は、国際秩序の合法性の中核を占める共通の制度のひとつにほかならない。(4)

このように主権国家と国際社会が不可分一体に結びつくのは、近代という時代を媒介にしてのことである。近代という時代によって、主権国家が国家の標準形となり、そして国際社会もまた主権国家によって形成されるものだとみなされるようになった。近代における国家主権原則の確立こそが、今日われわれがよく知る国際社会を生み出したのである。

「ウェストファリア体制」の神話

国際関係学では、「ウェストファリア体制」という観念がある。国際関係において主権国家が乱立して無秩序が恒常化したのは、一六四八年のウェストファリア講和条約においてである、という仮説である。だがこの「ウェストファリア体制」の仮説は、ひとつの神話にすぎない。絶対的に排他的な領域的独立性を持つ主権国家の「体制」などは、実際には一六四八年に生まれなかったし、今日においても存在していない。

国際関係学における「ウェストファリア体制」の観念は、実際の「ウェストファリアの講和(Peace of Westphalia)」や、一六四八年当時のヨーロッパ情勢とは、大きく乖離している。[5] 最近では国際関係学においても、現実主義的な見方や社会学的な見方から、実際のウェストファリア講和条約が決して排他的な絶対主権にもとづく国際システムを確立したわけではないことが強く指摘されている。[6] 国際法学においては、さらに綿密な国際法史の研究が、二〇世紀の学者たちによるウェストファリア条約の理解の「神話」性を痛切に批判している。[7]

ウェストファリアの神話を生み出したのは、二〇世紀特有の国際関係の理論化の方法であった。国際関係学に初めて体系的な理論をもたらしたユダヤ人ハンス・モーゲンソー[8]は、ナチスによる迫害を逃れてドイツを離れる前には、国際法学者としてすでに将来を嘱望されて学究生活を始めていた人物であった。その彼がアメリカに難民として移住し、その後いわば「転向」して「政治的現実主義」をもって国際関係学の体系的理論化を試みたとき、その基盤としたのが、超歴史的な視点で「諸国民間の政治（Politics among Nations）」を国際関係の本質的根幹として描き出すという理論的方法論だった(9)。

国際関係学において、必ずしも多くの学者たちが本当にモーゲンソーの見解を信奉したというわけではない。しかしそれにもかかわらず、国際関係学の学生向け教科書等の多くにおいては、一六四八年のウェストファリア講和条約において絶対的に排他的な領域的独立性を持つ主権国家が成立したという説明がなされ続けることになった。それは、新興の学問分野である国際関係学の分析対象範囲を確定させるために、「ウェストファリア体制」の神話が非常に好都合だったからだろう。そのきわめて便宜的な願望に由来する神話が生まれた結果、歴史的変化への無関心、非西欧社会、非国家主体、非近代的社会などへの無関心が、二〇世紀国際関係学に広まってしまった(10)。

この点をふまえて、本書は「ウェストファリア体制」を神話として拒絶し、神話によって引き起こされるかもしれない誤解を慎重に避けることを心がける。本書は、一七世紀に絶対的に排他的な独立性を持った主権国家が生まれたなどと盲目的に仮定することはできない、という立場をとる。

ウェストファリアの講和の歴史的な意味

ただし本書は、一七世紀のヨーロッパで、国家主権に大きな影響を与える地殻変動が起こっていたことを否定するわけではない。より正しく言うならば、一七世紀に生まれたのは絶対的な主権国家それ自体ではなく、あるいは諸主権国家の社会としての国際社会それ自体ではなく、それらを用意する秩序構想の枠組みであった。

国際法学者である明石欽司は、一八世紀中葉以降に公刊された「国際法史」あるいは「条約史」の若干の専門研究書だけがウェストファリアの講和をヨーロッパの近代的条約関係の始点としていたことを指摘しつつ、一九世紀のホィートンの『欧州国際法史』におけるウェストファリアの講和の紹介が大きな意味を持ち、その後にローレンスやウェストレイク、さらにはオッペンハイムら一九世紀国際法学の巨匠たちによってウェストファリア講和条約の歴史的意味が強調されるようになったと論じている[11]。第二次世界大戦後に「ウェストファリアの講和、一六四八〜一九四八年（The Peace of Westphalia, 1648-1948）」を執筆したグロスは国際法学者であり、この論文も『アメリカ国際法雑誌（*American Journal of International Law*）』の特集号において公刊された[12]。

グロス自身は、「ウェストファリア体制」の考え方とは無関係に、国際法学におけるウェストファリアの講和の意義を、国連憲章が成立した時代背景のなかで確認したに過ぎない。実は同様のことは、ホィートン、ローレンス、ウェストレイク、オッペンハイムら一九世紀から二〇世紀前半にかけての指導的な国際法学者たちにも、あてはまる。一九世紀以来、国際法学者たちが主に強調したのは、ウェストファリアの講和が「国際法史」において大きな意味を持っているということであり、いわばそれだけであった。ウェストファリアの講和は、主要な交戦国が一堂に会して生まれた包括的条約として、後のヨーロッパの各講和条約でも繰り返し参照された。それは、「いまや「ヨーロッパに」社会が存在するのであり、『社会あるところに法あり』という格言が自己の正当性を示した」というウェストレイクの指摘を、歴史的に裏づけるものであった。国際法学者たちがウェストファリアの講和に注目したのは、それが国際社会の歴史的存在を裏づけ、国際法の歴史的意義を証明してくれると考えたからであった。

一八世紀の国際法学者にとって、あるいは一九世紀においてもなお、国際法というものが存在しているかどうかが、まずもって大きな問いであった。一九世紀イギリス憲法学の権威オースティンは、当時まだ「諸国民の法（Law of Nations）」と呼ばれることが一般的であった国際法が、ひとつの法体系として存在することを否定していた[13]。国際法の体系的存在とは、一九世紀前半においてもなお全く疑わしいものであった。こうしたイギリスにおける思潮に対抗して、ヴァッテルを信奉しながら自決権を唱えて独立したアメリカ合衆国の知識人たちは、独立戦争以来「諸国民の法」の重要性を強調する大きな動機づけを持っており、そのため合衆国憲法が起草された際には「諸国民の法」の地位が明記されることになった。一九世紀アメリカで国際法の権威となったホィートンの見解は、そうした文脈で解釈すべきものであろう。国際法を確立しようとした一九世紀の国際法学者たちは、国際法の歴史的存在を裏づける萌芽的契機として、一七世紀のウェストファリアの講和に着目したのであった。

ヨーロッパにおいても、一九世紀後半には、国際法学の独立的体系性は整えられるようになった。「ヨーロッパ国際社会」が「文明国の社会」としてヨーロッパを越えて拡大していく時代の理論武装の装置として、国際法は必要とされた。その際にウェストレイクら一九世紀後半のイギリスの国際法学者たちは、国際法が存在する根拠として、文明国の基準という規範的指標とあわせて、ヨーロッパという「社会」の歴史的存在を参照した。社会あるところに法あり、という格言に従うならば、ヨーロッパ社会の存在こそが、ヨーロッパにおいて成立した国際法の存在を証明するはずであった。

つまり、国際法学者たちが主に指摘したのは、ウェストファリアの講和はヨーロッパ社会の存在を証明するものとして、国際法の歴史において大きな意義を持っているということだったのである。崩壊した社会秩序を回復させるために、社会全体が包括的な規範体系を再構築する努力を明示的に行ったということが、ウェストファリアの講和が持つ決定的な歴史的重要性である。そしてそれは、グロスが述べたように、まさに第二次世界大戦後の国連憲章と比較すべき意義を持っていた。

古い国際秩序が壊れた後に新しい国際秩序をつくりあげるために、国際社会の構成者たちが包括的合意を行うということは、ヨーロッパにおいて歴史的に繰り返されてきた。このような秩序回復のための合意は、社会構成員が自律的な秩序空間をつくりあげるための手段として、ウェストファリアの講和において、ヨーロッパ国際社会に劇的なかたちで導入された。ウェストファリアの講和とは、秩序の自律的な基盤を確立するための包括的合意の古典的な事例であった(14)。

神法であれ、自然法であれ、現世界を支える権威の源泉は現世界を超越したところに求められなければならないというのが、キリスト教が支配的であった中世ヨーロッパにおける秩序形成の基本的な考え方であった。後述するように、中世的な秩序が終焉したのは、超越的権威をめぐる混乱の後に、自律的な空間のなかで秩序を形成する権威が模索されるようになってからである。この意味で、ウェストファリアの講和は、政治思想においてホッブズを頂点として一連の社会契約論が隆盛した時代を象徴するものであった。ウェストファリアの講和が、一七世紀に典型的な合理主義の特徴を兼ね備えていることは、偶然ではない。(15) 戦争当事者間の合意によって秩序を創造的につくりだすというウェストファリアの講和の方法は、中世的な世界観からの隔絶を前提としていた。

だが、ウェストファリアの講和が主権国家の誕生の瞬間ではないとすれば、いったいいつ主権国家は生まれたのであろうか。言い換えれば、国家主権は、いつ生まれたのだろうか。本書は、それらは近代という時代に特有の政治情勢のなかで生まれた、と主張する。そして本書は、その記録を、近代における政治的な価値規範の闘争の歴史のなかに見出す。

国家主権は、その長い歴史のなかで、無数の挑戦・批判・再解釈・変容・侮蔑・無視を受けてきた高度に政治的な概念である。したがって、近代における国家像や国際社会像の複雑な歴史的変遷のなかで、国家主権を描き出さなければならない。本書において検討対象となるのは、国家主権という原則をめぐる価値闘争であり、その背景にある政治的文脈である。そのような検討を通じて、本書は、近代という時代が、どのような主権国家と国際社会の構成原理を発展させてきたのかを解明する。

2　本書の方法論と前近代の主権概念

主権概念分析の方法論

本書の方法論は、「系譜学的」なものと位置づけることができる[16]。それは、次のような特徴を持つ。

第一に、本書は、特定の国家主権の定義を一方的に持ちこんで押しつけず、むしろ定義を開放することによって、国家主権をめぐる価値規範の葛藤をとらえることを試みる。本書で分析対象を設定するための具体的な基準は、対象文書が「主権（sovereignty〈独 souveranitat; 仏 souveraineté〉）」という語を含み、それについて論じているかどうかである。著名な思想家であっても、主権について論じていなければ、本書の分析対象からは外れる[17]。逆に、あまり知られていない著述家の議論、論争、思想であっても、時代の思潮を映し出すものであれば、重要な分析対象としてとりあげる。

第二に、本書は国家に関する主権だけを扱う。主権という語は、たとえば「神の主権」や「理性の主権」などのようにさまざまなかたちで使われ、時には比喩的に用いられることも多かった。しかし本書の中心的課題は、国家主権である。それは、政府だけではなく、永久的人口、確定した領土そして他の国家との関係を持つ能力を構成要件とする、法人格としての国家の主権である[18]。政府が国家を代表する主権者として議論が展開されることもあるが、その場合においても、近代的な国家機構として裏づけられているかに留意する。

第三に、主権をめぐるすべての言説を扱うことが不可能であるため、研究対象の地理的範囲を制限すべく、主にイギリスとアメリカ合衆国の国家主権概念の発展に焦点をあてる。ほかの英語圏諸国の学者などは、個々の時代での英米学界とのつながりなどにより、限定的に検討される。また、非英語圏においてその時代に影響力を誇った言説などは、同時代の英米圏における言説との対比を示す目的で、参照する。この選択は、英米両国が近代から現代にかけての世界で最も大きな政治的影響力を持った二つの国だったことによる。二〇世紀国際関係学にいたる学問史の流れも、両国においておいて最も顕著な特徴を見せた。

なお、本書は、学際的な研究である。現在の学問の分類法は、二〇世紀前半以前の主権概念の言説を検討するには適さない。本書のような歴史的研究においては、学際的視点を持つことは望ましいだけではなく、必然的である。

ヨーロッパの歴史と主権論

ヨーロッパ中世においては、抽象名詞としての主権（sovereignty）という語に対応する概念は存在しなかった[19]。また、今日の国家（state）のような抽象的概念も存在しなかった[20]。クェンティン・スキナーによれば、統治者からも被統治者からも分離されうる公権力としての近代的な国家の概念は、一六世紀フランスとイギリスのイタリア人文主義の後継者たちによって初めて導入されたという[21]。

だがその一方で、一六世紀以前のヨーロッパに主権概念を認める見解もある。たとえばアリストテレスやキケロにおいて主権に相当する最高権力の概念が存在した、といった議論がそれである(22)。F・H・ヒンズレーもまた、中世に入って消滅してしまったとはいえ、ローマ帝国において主権概念の興隆があったと論じた(23)。中世において主権の萌芽を見出す研究としては、たとえばマイケル・ウィルクスの教皇権擁護の思想研究が有名である。ウィルクスは、中世において教皇は国家でないにせよ、キリストの主権の人的表現であり、キリスト自身として行動していたと主張した(24)。

このように、古代ローマ法や中世ヨーロッパ教皇権のなかに、定義の仕方によって主権と呼びうるものに関連する要素を見出すこと自体は、決して不可能ではない。しかしながら、このことは、近代ヨーロッパにおいて初めて国家主権が国際社会の構成原理として明示的に認識されるようになったという歴史的事実を、否定するわけではない。

重要なのは、主権を構成原理とする国内社会および国際社会がどのようにヨーロッパで生まれ発展してきたのかを、再検討することである。フーコーによれば、西欧文化の知の様態（エピステーメー）のなかには、二つの大きな不連続がある。「ひとつは、古典主義時代の端緒となるもの（一七世紀中ごろ）、もうひとつは、一九世紀初頭のわれわれの近代性の発端をしるすものである」(25)。本章では、とくに最初の「不連続」の前にあたる一六世紀（ルネサンス時代）のボダン、そして二つの「不連続」の中間にあたる一七世紀（古典主義時代）のホッブズの主権論に注目していくことによって、その後の近代的な国家主権論の分析へ導入していく。

一六世紀の主権論

一六世紀のルネサンス時代は、キリスト教的紐帯が依然として強固だったが、同時に世俗的な議論がそのなかから発達してきた時代と言えよう。ルネサンスの知の前提からすれば、世界は「類似関係」に満たされた記号の網目として存在していたが、それはいわば創造主によって印づけられた世界の統一性への確信に基づいていた。ルネサンスの知の体系は必ずしも純粋に神学的なものではなかったが、神の創造物としての世界の一元性は無限の「類似関係」によって保たれていた。

一六世紀の思想家ジャン・ボダンの主権論の骨格を占めるのが「類似関係」であることは、すでに多くの研究によって指摘されている(26)。そしてその「類似関係」は神の存在の絶対性によって成り立っていた。

ボダンの有名な定義によれば、主権とは「共和国の絶対的で永久的な権力である」(27)。この定義に基づいて、ボダンはあたかも発達しつつあった絶対主義的国家権力を擁護するかのように、主権と呼ばれる権力の絶対不可侵性を強調する。ボダンによれば、主権の前ではいかなる地上的権威も逆らうことができない。そしてそれが共和国を存立せしめる根本的な政治原理だった。このボダンの絶対的権力擁護の議論は、逆説的ながら、彼が明確に「神法」あるいは「自然法」には「あらゆる地上の王も服する」としていることによって裏づけられる。なぜなら、神の法と矛盾した絶対的権力などがあってはいけないからである。むしろ主権の絶対的権威すらも神の定める世界の階層的規範のなかで位置づけられる。国王が主権者なのは、「神がわれわれに対する権力を与えた彼の勅令・法令に従わなければならないのが神と自然の法」だからである。ボダンはこの原理を、国王は

「ほかの者たちに命令をするための神の代理人」であるという表現で説明している。(28)

ここで注目すべきは、主権の絶対的権力が神の絶対性に由来していること、そして地上における国王の絶対性は上位世界に位置する神の絶対性と「類似関係」におかれていることである。ボダンによれば「神がすべての地上の国王たちの絶対的主人である」ことは自明のことだった。そのため国王は「神の似姿（l'image de Dieu）」だと繰り返し表現され、たとえば国王に対する侮辱は神に対する侮辱に等しいということになった。ボダンによれば、「あたかも偉大な主権者である神が、自らが無限であり、そして二つの無限なものが共存できない論理的必然性により、彼自身と同格の神をつくることができないのとちょうど同じように、われわれが神の似姿とする国王は自らの権力を喪失することなくして一人の臣民を彼自身と同格にすることはできない」。(29)

ボダンにおける神学的要素は単なる象徴的なものではなく、むしろ彼の理論の中枢に位置するものだった。絶対的かつ永久的権力として主権概念を定めることは、まだ神の存在が自明であったキリスト教共同体の時代の産物なのであった。(30)その論理構造は、近代的な主権国家の理論とは、全く異なる論理構成を持つものであった。

一六世紀のヨーロッパは、帝国、都市、君主国などの多様な社会がひしめきあう空間であった。ボダンの主権論は、そのなかでもとくに絶対主義的な君主国の原理を説明し、フランス国王らが権力の集中を強めていた時代状況を象徴的に説明していた。神との「類似関係」は、もはや教皇とのあいだにおいてではなく、絶対君主であるフランス国王らとのあいだでのみ成立するものであった。この時代には、今日的な意味での国際社会はまだ存在していなかった。ただ「類似関係」に依拠した権威が認められる、キリスト教的な価値観が共有されていた広域社会が存在していたにすぎない。

一七世紀の主権論

ボダンに続いて主権論の精緻化に貢献したとされるのがホッブズである。彼の『リヴァイアサン』が出版されたのは、一六五一年だった。ボダンと同じように絶対的権力を擁護する理論を展開したと考えられているホッブズだが、彼の論理構造はボダンの「類似関係」とは全く異なっていた。彼の主権論はひとつの緻密な合理主義にもとづく秩序のなかで、つまり「リヴァイアサン」と呼ばれる社会のなかで、位置づけられるものだった。

ホッブズの理論の特徴を決定的に示してくれる、自然状態における「各人対各人の信約」成立の有名な場面を見てみよう。そのとき各人はこう言う。「私は、この人、また人びとのこの合議体を権威づけ（Authorise）それに自己を統治する私の権利を、与えるが、それはあなたもおなじように して、あなたの権利をかれに与え、かれのすべての行為を権威づけるという、条件においてである」。ホッブズは続ける。「このことがおこなわれると、こうして一人格に統一された群集は、コモンーウェルス、ラテン語ではキウィタスとよばれる。これがあの偉大なリヴァイアサン、むしろ（もっと敬虔にいえば）あの可死の神（Mortall God）の、生成であり、われわれは不死の（Immortall）神のもとで、われわれの平和と防衛についてこの可死の神のおかげをこうむっているのである。……そして、この人格をになうものは、主権者とよばれ、主権者権力（Soveraigne Power）をもつといわれるのであり、他のすべてのものは、かれの臣民である」(31)。

ここで重要なのは、「権威づける」という語である。なぜなら、人びとが主権者を「権威づける」という点に、神との「類似関係」において主権者を説明したボダンの論理との決定的な相違が見られるからである。それによってホッブズの国家（commonwealth）は、自足的なものとして存立する。「人工的人間」たる「リヴァイアサン」は、神が創造した世界において万物と「類似関係」を結ぶようなものではなく、あくまでも人間がつくりだした自己完結的な空間である。ホッブズは『リヴァイアサン』を人間論から開始し、人間の目的を自然権の確保に定めて、自立的な社会の設立目的と存立基盤を打ち立てた。そこに貫かれているのは、この時代に特有の機械論的秩序だった。(32)かつて神が担っていた役割は、いまや人工的人間たる国家が自分自身で満たしてしまう。(33)ホッブズにおける主権は、神の権威に由来する絶対性を持たない。あくまで諸個人の自然権が基盤であり、社会の構成員全員の「信約」がその絶対性を保証するのである。

ところでホッブズの自然状態論は、一六四二年に勃発したイギリスの内戦を反映していると言えるだろう。君主間関係を使った自然状態論の説明は、当時のヨーロッパ大陸の三十年戦争と重なり合う。包括的講和条約であった一六四八年のウェストファリアの講和は、いわばヨーロッパ大陸における「あらゆる君主のあらゆる君主との契約」としての性格を持っていたことがわかる。ウェストファリアの講和によって達成された、世俗主義に基礎づけられた国際システムは、きわめて「古典主義的」なものだった。ウェストファリアの講和は、宗教的権威に依拠した政治システムを拒絶し、自己充足的なヨーロッパ地域社会の「秩序」の原則をつくりあげたのであった。(34)

この「古典主義」時代の思考は、現代世界の政治秩序原理に大きな影響を与えた。近代になると

表１　前近代の主権論の思潮

	16 世紀（〜17 世紀中頃） ルネサンス時代	17 世紀（後半〜18 世紀末） 古典主義時代
思想的枠組み	宗教的権威に連なる類似関係の論理	合意による世俗的な秩序の論理
国家における主権の性格	神の代理人である主権者の統治によって成立	自然権を持つ諸個人の社会契約によって成立
（萌芽的）国際社会の性格	キリスト教的価値観を共有する社会	ヨーロッパ地域の世俗的な国際社会

時代遅れだという扱いを受けることもあったが、「古典主義」時代に確立された政治システムを持つ英米圏諸国を中心とした国々の力が高まると、「古典主義」時代に起源を持つ政治思想も興隆する。本書の各章は時代に応じて、このパターンを見ていくことになる。

本書が着目する立憲主義の源流は、この「古典主義時代」にある。この立憲主義の影響下で萌芽的に開始され、近代における立憲主義とともに変質して今日に至っている国家主権の伝統こそが、本書が焦点をあてる問題である。

「ルネサンス時代」の国際関係が、キリスト教の価値観を共通の基盤とする宗教的な権威を背景にした社会であったとすれば、「古典主義時代」の国際関係は、ヨーロッパという地理的に限定された社会のなかで世俗的な共通の価値と制度が生まれてきた社会であった。これに対して「近代」という時代には、さらにヨーロッパという地理的限定を取り払い、世界大に広がる「国際社会」を形成する論理が生み出されていくことになる。その際に重要な役割を演じたのが、「国家主権」の原理であり、さらに「立憲主義」そして「国民主義」などの思想運動であった。

3 近代の国家主権論

近代的国家主権論の登場

近代は、一八世紀後半の市民革命・産業革命によって始まる。この時代の特徴は、「人間としての人間についての認識論的意識」である(35)。つまり、神の権威から解き放たれた人間が、自らを有限的なものとして認識したうえで、自己存在の本質について繰り返し問い続けた時代が近代という時代であった。人間の自己同一性、そして集合的人格の自己同一性が、人びとの思考の枠組みを規定していった。このような近代の「人間」論の登場によってもたらされた知の様態は、国家主権論の歴史的展開を検討するうえで非常に示唆的である。なぜなら、近代的「人間」の歴史的同一性を確保する論理のひとつとして、国家主権の思想は発展したからである。

古典主義時代に位置しながらも近代性の萌芽を見せた重要な思想家は、ジャン＝ジャック・ルソーである。もちろん、一七六二年に出版された『社会契約論』で展開されている社会契約による社会設立の論理は、近代に入って消滅してしまった典型的な「古典主義」時代の思考である。しかしルソーはその政治志向において、前世紀の遺産を嫌っていた(36)。

彼自身の政治思想の特徴は、「一般意志」説において如実に示されている。「だからわたしはいう、主権とは一般意志の行使にほかならぬのだから、これを譲りわたすことは決してできない、と。またいう、主権者とは集合的存在にほかならないから、それはこの集合的存在そのものによってしか代表されない、と。権力は譲りわたすこともできよう、しかし、意志はそうはできない」。ルソーにおいて国家の根本原理は、国家の意思の実現なのであった。つまり機械論的に秩序づけられた国家の構成ではなく、「共和国」「政治体」「国家」「主権者」「人民」「市民」「臣民」のすべてと同義語である「すべての人びとの結合によって形成される公的人格」の意思の実現なのであった(37)。

ルソー以降の政治思想史において先進的役割を担ったのは、一九世紀ドイツの哲学者・法学者たちであった。たとえばゲオルク・ヘーゲルは、前時代の知の産物である社会契約論を否定しつつ、意思を国家の原則としたルソーの業績を認めた(38)。ヘーゲルが批判するのは、国家の形式的理解である。なぜなら個人の真の自由とは、各人が個別に達成しうるものではなく、国家においてのみ見出されるからである。彼の定義によれば、「国家は倫理的理念の現実態である」。あるいは「国家は、実体的意志の現実に現われたもの」であり、しかも「即而対自的に理性的なものである」。そこにおいて「自由はその最高の権利に到達する」ので、同時に「個人の最高の義務は、国家の成員であることにある」(39)。

ヘーゲルが強調するのは、「国家は有機的組織」であり、その本性により「すべての部分が同一性へと向かわない場合、一部分が独立したものとして定立される場合には、全部が滅亡せねばならないということ」であった。ヘーゲルはそうして「国家の（内的）主権を構成する規定」として、国家の「諸契機の観念性としての実体的統一」をあげ、国家の特殊的職能や活動が国家の本質的契機であることを強調した(40)。

ヘーゲルは「対外主権」の説明を国家の「個体性」より始める。それは「排他的な独立存在」で、その「独立性によって現実的精神の独立存在が具現するのであるから、この独立性こそ国民の第一の自由であり最高の誉れである」。したがって個人は自らの「第一の自由」を実現せしめるための「実体的義務」を認識しなければならない。このようにしてヘーゲルは「戦争の倫理的契機」にさえも踏み込んでいく。「心的態度としての勇気の真価は、真の絶対的究極目的の中に、すなわち国家主権の中に存する」(41)。

「古典主義」時代の発想においては、諸国家の関係とはむしろ諸統治者の関係であり、諸国民の関係とは言えなかった。近代以後のようにあらゆる諸国民が自由で独立した人格を持っているとするのは、きわめて抽象的な認識能力の産物であった。また近代以前の戦争は諸国民間の争いというよりも、宗教的な対立、あるいは多くの場合単に統治者間の対立を反映したものにすぎず、そこに意思を持つ国家の人格性を見出すことはできなかった。

ところが事情は一八世紀末以降に大きく変化していく。フランス革命以降のヨーロッパにおいては、国家の人格はむしろ自明となった。近代において主権国家は、ひとつの人格を持つ存在として行動する社会的存在となり、国際社会を構成する主体となったのである。

一八世紀末から顕著になったのは、主権国家が、完成された統一体として歴史に登場したことである。近代国家は統一的意思や合理的制度を持ち、自身が主権という権限の主体となる。主人と服従者の人間関係に支配関係があるわけではなく、主権国家全体の意思や制度こそが国家主権の基盤となる。これが近代的国家主権の登場の瞬間である。

ただしヘーゲルに代表される思潮は、主権を体現する国民国家の意思の統一性を極端に強調する。それは、より意思主義的な国家主権論の伝統であると言ってよい。本書では、このような意思主義的側面を強く持って有機的国家論を展開する思潮を、国民主義《ナショナリズム》として特徴づける。

これに対して、立憲主義の伝統は、国民主義に圧倒され、あるいは影響を受けながら、より近代的な思想へと脱皮していく。近代的立憲主義にもとづいた合理的秩序を強調する思潮は(42)、長い伝統を持つ立憲主義を、国民主義による国家の統一性を強調する方向で発展させたものだと言えよう。とくに本書では、近代の立憲主義が、国際社会の立憲主義へと発展していく歴史に着目していく。

なお、国民主義と立憲主義は必ずしも矛盾するわけではないが、異なる種類の国家主権概念を導き出す(43)。序章を閉じる前に、本書の分析の基本的視座を構成する二つの近代的思潮について、もう少し見ておくことにしたい。

国民主義と国家主権

近代以前には、社会全体に統一的な秩序空間を樹立することは簡単ではなかった。中世的社会では、宗教的権威と世俗的権威、複数の封建的紐帯などが、複雑に錯綜しているのが普通であったからである。近代において、そのような統一的秩序の確立にあたって大きな推進力を果たしたのが、「国民」の観念である。この「国民」という存在を重要視するのであれば、近代主権国家の基盤となる統一的な合法的秩序空間は、達成されるべき規範的状態であると認識されることになる。あたかも人間という有機的存在が個々の部分に分かれては生き続けられないのと同じように、国民もまたひとつの有機的な実体としてしか存立しえないという観念が成立するからである。これは、一八世紀末以降のヨーロッパに台頭した、近代という時代を象徴する思想であった。

これまでになされた数多くの研究において、国民主義が、あるいは国民＝民族の観念が広く民衆レベルにまで行きわたったのは、早くても一八世紀になってからであることが明らかにされている。[44]本当に国民主義が現実の政治のなかで表現されたのは、フランス革命後のナポレオン戦争期のヨーロッパにおいてであった。[45]国民（民族）性の観念が比較的希薄だった古典主義時代においては、王侯間の戦争は頻繁に起こったとしても、各国の支配階級間に共有の秩序の空間を壊すほどのものではなかった。それを根底から破壊したのは、フランス革命によってもたらされた国民（民族）主義の熱情だった。そこで強調されたのは、国民＝民族の「同一性」である。人間存在を規定する「同一性」の源泉として国民＝民族が不可欠なものとなり、国民＝民族が世界史のなかで生きる実体として登場し、諸国の国内制度のみならず、国際社会の枠組みを根底から変えていった。

国民主義のイデオロギーは、近代主権国家を「国民国家」と同義のものとして理解するという運動をつくりだした。その余波は、一九世紀のヨーロッパを越えて、二〇世紀には全世界に広がっていった。そして国民主義の運動は、人びとの強い熱情によって、近代的な主権国家の枠組みを全世界に広げていく推進力としても働いたのである。国民主義の運動なくして、近代主権国家の普遍的な広がりは、ありえなかっただろう。

国民主義の運動は、時に余りに熱情的であり、国家としての体制整備がともなわないままであっても次々と新しい「国民国家」が樹立されるという、二〇世紀の巨大な政治運動の波をもたらした。

ただ国民だけがひとつの有機的実体であり、ただ国民だけに主権という崇高な権力が宿るという、特殊近代的な思想の歴史性については、本書も注意を払っていくことになる。

立憲主義と国家主権

立憲主義的思考から見れば、君主主権も国民主権も、主権を「人の支配」のイデオロギーとみなす点において共通している。「法の支配」を打ち立てようとする立憲主義的立場は、「人の支配」それ自体が問題なのだとする。「人の支配」に代わる「法の支配」の思想体系のなかで位置づけられた主権概念が、立憲主義の影響を受けて変質した主権概念である(46)。

たとえば、フランス革命に先立つイギリス革命やアメリカ独立革命・合衆国憲法制定においては、主権は明確に言及されなかった。なぜならイギリス・アメリカでの革命によって成し遂げられたのは、主権者の権力の制限または主権者の支配からの脱却だったからである。あるいは、主権者といえども破ることのできない諸個人の権利のような根本的な立憲的規範を確立し、「人の支配」に対する「法の支配」の原則を適用することだった。本格的な国民主義の時代が到来する前に市民革命を成し遂げ、古典的な自由権を標榜するイギリス・アメリカにおいては、立憲主義的価値観に基づく主権概念の理解が広く認められていた(47)。

「立憲主義（constitutionalism）」とはその語義からいって、constitution に基づく政治を提唱するものである。この場合 constitution とは憲法ということになるが、もちろんそれは必ずしも成文憲法のみを意味するわけではない。たとえば立憲主義発祥の地ともいえるイギリスがいまだに成文憲法を持っていないという事実は、むしろイギリスにおける成文法の根本規範としてのコモン・ローあるいは「古の憲法」、さらには自然法的規範の優越の論理の歴史と密接に結びついている。つまり立憲主義が問題にするのは、通常の法の上位に位置する憲法規範の存在であり、その遵守である。したがってその憲法規範は政府諸機関を規則づけるという意味で、通常権力の上位に位置する。(48)

社会を設立した際に結んだ社会契約がつねに政府を拘束する根本規範となり、それが侵害されたときに人びとは革命に訴えることができる、とするのが古典的立憲主義の発想であった。立憲主義とは憲法典の存在によって自動的に生まれるものではなく、あくまでも上位の根本規範への信奉によって形成されるひとつの政治的立場である。それゆえ立憲主義が強調する憲法的規範とは、社会の構成原則を示すものでなければならず、その中核に社会の組織形態とともに社会の構成員の権利が、つまり契約者である諸個人間あるいは政府と人民との関係の原則が存在している。それは特定の統治者への権力集中の原理ではなく、また非統治者の権力奪取の原理でもない。それはあくまで「人の支配」に対して「法の支配」の原則を打ち立てようとする原理である。

したがって立憲主義の原理に則った主権は、上位の権力者を持たないという点では依然として最高の権威・権力を意味するが、根本的な社会構成原理となっている規範には服する。その意味では立憲主義の伝統のなかで、主権は制限されている。だがその一方で、主権の性質を規定する憲法的規範のなかで、主権の機能は保証されている。あくまでも「人の支配」の論理を拒絶して、主権もまた「法の支配」の体系のなかで位置づけられるものだとするのが、立憲主義の思考なのである。

このような原理的な意味に着目するならば、立憲主義が国際社会にとっても全く無関係なもので

表２　近代（18世紀〜20世紀）の思潮

	国民主義	立憲主義
思想的枠組み	人間の意思を基盤にする世界観	個人の権利を基礎にする世界観
主権国家の性格	意思する有機的実体	諸個人を構成員とする法秩序空間
国際社会の性格	擬人化された諸国家が生きる社会	諸国家を主要な構成員とする法秩序空間

はないことがわかる。国際社会においても「人の支配」に対して「法の支配」を樹立しようとする動きはつねにあった。また国際社会が、たとえ成文憲法を欠いているとしても、憲法規範と呼ばれうる諸規則と全く無関係に存在していると言うこともできない。たとえば主権の原則はそれ自体で国際社会の一構成原則であり、同時にまた人権擁護も不可侵の価値規範である。立憲主義の立場から問題となるのは、国内社会の場合と同じように、それらの国際社会の憲法諸規範がどのように尊重されているのかということである[49]。

一方で、すでにマーチン・ワイトは、「西洋的価値観」が「立憲的政府」の思想の中心となっているという洞察を提示しながら、それが現状維持勢力、つまり国際政治の支配勢力のイデオロギーとして機能しやすいことも見抜いていた[50]。たとえばマルクス主義のような立憲主義の観念にきわめて懐疑的な見方に従えば、「法の支配」とは、巧妙に隠されたある特定の支配的勢力のイデオロギー装置にほかならない[51]。同じ人権規範のなかでも、現代国際社会では、とくに欧米の利益に資すると思われる「自由権」規範が過度に強調される傾向があるという指摘もある[52]。かつてE・H・カーが洞察したように、共通の制度の普遍的適用を求めるのは、既存の制度において最も大きな恩恵を受けている支配的勢力である。(53)立憲主義的思潮が冷戦時代には西側陣営のイデオロギーとして機能し、「自由主義の勝利」を前提にした思潮が蔓延したポスト冷戦時代において急速に広がったことは、否定することができない事実である。(54)このような立憲主義の政治性を見るときに明らかになるのは、立憲主義もまた、価値をめぐる政治的闘争の主要な一要素だということである。

本書は、立憲主義の伝統が国家主権に与えた影響にとくに注目して、分析を進めていく。ただし、立憲主義の性格を確認するために、国民主義といった異質な思想運動と対比させる方法も、本書は採用する。本書においては、近代という時代における両者の調和だけでなく、その葛藤の歴史をも描いていく。それは、二一世紀の国家主権と国際社会のあり方を把握するうえで、ひとつの鍵となる視点でもある。

注

（1）篠田英朗『国際社会の秩序』（東京大学出版会、二〇〇七年）、第一章、参照。
（2）篠田英朗「『国際法学の国内モデル思考』批判の射程――その可能性と限界」中川淳司・寺谷広司（編）『大沼保昭先生記念論文集　国際法学の地平――歴史、理論、実証』（東信堂、二〇〇八年）、参照。
（3）See Hedley Bull, *The Anarchical Society: a Study of Order in World Politics* (London: Macmillan, 1977), p. 14.
（4）篠田『国際社会の秩序』、第一～二章、参照。

（5）See Hideaki Shinoda, *Re-examining Sovereignty: From Classical Theory to the Global Age* (London: Macmillan, 2000). 篠田英朗「国際秩序と国内秩序の共時性――価値規範をめぐる社会秩序構想モデルの歴史的分析」『国際政治』第一四七号（二〇〇七年）、一一―二八頁、参照。

（6）See Stephen D. Krasner, *Sovereignty: Organized Hypocrisy* (Princeton, N.J.: Princeton University Press, 1999); Benno Teschke, *The Myth of 1648: Class, Geopolitics and the Making of Modern International Relations* (London: Verso, 2003)（君塚直隆訳『近代国家体系の形成――ウェストファリアの神話』［桜井書店、二〇〇八年］）.

（7）明石欽司『ウェストファリア条約――その実像と神話』（慶應義塾大学出版会、二〇〇九年）。

（8）Hans J. Morgenthau, *Politics among Nations: the Struggle for Power and Peace* (New York: A. A. Knopf, 1948).

（9）篠田英朗「国際政治学における主権、現実主義、そしてウェストファリア――カー、モーゲンソー、ブル、ウォルツに焦点をあてて」『社会文化研究』（広島大学総合科学部紀要Ⅱ）第二六巻（二〇〇〇年）、九三―一三二頁。ヨーロッパ政治文化の対抗軸として存在していた一八世紀から二〇世紀初頭までのアメリカの政治文化・外交政策については、篠田英朗「ウッドロー・ウィルソン――介入主義、国家主権、国際連盟」遠藤乾（編）『グローバル・ガバナンスの歴史と思想』（有斐閣、二〇一〇年）、八一―一〇八頁、篠田英朗「重層的な国際秩序観における法と力――『モンロー・ドクトリン』の思想的伝統の再検討」大沼保昭（編）『国際社会における法と力』（日本評論社、二〇〇八年）、二三一―二七四頁、篠田英朗「米国による紛争後の国家再建――軍事力のジレンマと理念主義のジレンマ」『現代思想』（二〇〇四年九月号）、一八八―二〇〇頁。

（10）ヘドリー・ブルからR・J・ヴィンセントに至る「イギリス学派」は、二〇世紀国際関係学のあり方を、歴史的・文明的視点で、相対化しようとするものであったと言える。See Bull, *The Anarchical Society*; Hedley Bull and Adam Watson (eds.), *The Expansion of International Society* (Oxford: Oxford Clarendon Press, 1984); R.J. Vincent, *Human Rights and International Relations* (Cambridge: Cambridge University Press, 1986). See also R.J. Vincent, *Nonintervention and International Order* (Princeton, N.J.: Princeton University Press, 1974); Nicholas J. Wheeler, *Saving Strangers: Humanitarian Intervention in International Society* (New York: Oxford University Press, 2000).

(11) 明石『ウェストファリア条約』、第二部第四章、参照。

(12) その象徴的意味から、高山巌はクラズナーの「ウェストファリア体制」批判の対立軸としてグロス論文を代表させているが、両者の学問的専門性や時代背景が全く異なっていることが度外視されている。高山巌「ウェストファリア考——『象徴的標識』の視点からの一試論」『国際政治』第一六〇号(二〇一〇年)。

(13) John Austin, *The Austinian Theory of Law*, edited by Jethro Brown (London: John Murray, 1931), originally published as *The Province of Jurisprudence Determined* in 1832, pp. 96–97.

(14) 篠田英朗『平和構築と法の支配——国際平和活動の理論的・機能的分析』(創文社、二〇〇三年)、第三章、参照。現代の国際社会では、国内紛争によって国内社会の秩序が崩壊した後に、包括的和平合意が模索されることが多いが、それはヨーロッパの思想伝統の延長線上にあると言ってよいだろう。

(15) 篠田「国際秩序と国内秩序の共時性」、参照。

(16) 系譜学的分析の起点は、ニーチェの有名な言葉によって表現される。「ただ歴史を持たないものだけが定義可能である」。方法論としての系譜学については、Hideaki Shinoda, *Conflicting Notions of National and Constitutional Sovereignty in the Discourses of Political Theory and International Relations: A Genealogical Perspective* (Ph.D. Thesis, University of London, 1998); Friedrich Nietzsche, *On the Genealogy of Morals*, translated by Walter Kaufmann (New York: Vintage Books, 1989), originally published in 1887; Michel Foucault, "Nietzsche, Genealogy, History," in *Language, Counter-Memory, Practice*, edited by Donald F. Bouchard, translated by Donald F. Bouchard and Sherry Simon (Ithaca, N.Y.: Cornell University Press, 1977), p. 156; Michel Foucault, *Power/Knowledge*, edited by Collin Gordon (Hertfordshire: Harvester Wheatsheaf, 1980) を参照。

(17) たとえばジェンズ・バーテルソンは、彼自身の主権の機能の定義に従って理論家を選び出し、独自の主権の系譜学をつくりだす。また、バーテルソンは、主権に言及さえしなかったマキャベリやモアといった著述家たちを扱って主権の系譜学をつくる。バーテルソンはさらに「神話的（mytho）」主権や「原型（proto）」主権も公式化するが、その際に参照するのは主権を自らの観念に従って近代以前の歴史のなかに捜し出す二〇世紀の学者たちの二次文献である。See Jens Bartelson, *A Genealogy of Sovereignty* (Cambridge: Cambridge University Press, 1995).

(18) Article 1 of the Montevideo Convention on Rights and Duties of States 1933.

(19) たとえば英語で主権（sovereignty）の語源と思われる"souerein"あるいは"soverayne"という語は、抽象的な統治の意味を含んでいなかった。その当時はどんな上位者を形容するにも今日の主権の語が用いられた。See Walter W. Skeat, *An Etymological Dictionary of the English Language*, new edition (Oxford: Clarendon Press, 1924), p. 584; Bertrand de Jouvenel, *Sove-reignty:*

An Inquiry into the Political Good, translated by J. F. Huntington (Cambridge: Cambridge University Press, 1957), p. 171.

(20) See Andrew Vincent, *Theories of the State* (Oxford: Basil Blackwell, 1987), pp. 16–19.

(21) See Quentin Skinner, *The Foundations of Modern Political Thought, Volume Two, The Age of Reformation* (Cambridge: Cambridge University Press, 1978), pp. 353-354.

(22) See Franz Susemihl and R. D. Hicks, *The Politics of Aristotle* (London: Macmillan, 1894), p. 381; Charles Howard McIlwain, *The Growth of Political Thought in the West* (New York: Macmillan, 1932), pp. 80-81, 118.

(23) See Hinsley, *Sovereignty*, pp. 27–60.

(24) See Michael Wilks, *The Problem of Sovereignty in the Later Middle Ages: The Papal Monarchy with Augustinus Triumphus and Publicists* (Cambridge: Cambridge University Press, 1963), pp. 41-42. See also Ewart Lewis, *Medieval Political Ideas* (New York: Cooper Square Publishers, 1974), pp. 28-30, on Marsiglio of Pauda.

(25) ミシェル・フーコー（渡辺一民・佐々木明訳）『言葉と物——人文科学の考古学』（新潮社、一九七四年）、二二頁（Michel Foucault, *Les mots et les choses: une archéologie des schiences humaines* [Éditions Gallimard, 1966], p. 13）。

(26) たとえば川出良枝によれば、「『国家』（république）を国家たらしめるもの、それが主権、もしくは『主権的権力』であり、それは『絶対的』であり『永続的』であり『不可分』である。主権をめぐるこのあまりにも有名な『国家論』の命題は、実際にはある前提のもとで展開されたものである。その前提とは、『国家』における主権が宇宙の秩序における全能の神に相当するということである。著者が随所で繰り返す言い回しによるなら、主権者は地上における『神の写し（神の像）』（image de Dieu）である」（川出良枝「ボダン――主権者と神」藤原保信・飯島昇藏（編）『西洋政治思想史I』〔新評論、一九九五年〕、一五八頁）。

(27) Jean Bodin, *On Sovereignty: Four Chapters from The Six Books of the Commonwealth*, edited and translated by Julian H. Franklin (Cambridge: Cambridge University Press, 1992), p. 1 (Jean Bodin, *Les six livres de la république* [Paris: Fayard, 1986], vol. I, p. 179).

(28) Bodin, *On Sovereignty*, p. 10（*Les six livres*, p. 190）; p. 34（*Les six livres*, p. 217）; p. 46（*Les six livres*, p. 295）.

(29) Bodin, *On Sovereignty*, p. 35（*Les six livres*, p. 217）; p. 46（*Les six livres*, p. 295）; p. 50（*Les six livres*, p. 299）.

(30)「ボダンの議論は階層的であると同時に類似の連鎖で構成されるというその独特な宇宙論に連動しているのであって、その宇宙論自体が共有されないところではもはや容易には維持され得ない性質のものである。」川出「ボダン」、一七一―一七二頁。「国家主権も、宇宙における神の支配の命令・服従の関係及び類比で理解され、神授説で根拠づけられることになる。……神が宇宙における命令権の最終的な源泉にして、絶対的＝自然法の拘束をうけず、神の命令・意志が神法・自然法であるように、主権は公権力の最終的な源泉にして、絶対的＝法律の拘束をうけず、主権者の命令・意志が法律である。」清水尊大『ジャン・ボダンと危機の時代のフランス』（木鐸社、一九九〇年）、一七八頁。

(31) トマス・ホッブズ（水田洋訳）『リヴァイアサン』第二巻（岩波書店、一九九六年）、三三―三四頁（Thomas Hobbes, *Leviathan* [London: Penguin Books, 1985], p. 227）。

(32) ホッブズ哲学の「機械論」的性格については、藤原保信『近代政治哲学の形成——ホッブスの政治哲学』（早稲田大学出版会、一九七四年）、参照。

(33) 「理性の時代」と言われる古典主義時代に神にふれた言説のなかで最も有名なもののひとつは、グロティウスによるものだろう。「神は存在しないとか、あるいは人間の事柄は神には関係ないとかいふことは、極悪の罪になることなしにはこれを容認し得ないところであるが、仮にこれを容認したとしても、我々が前に言ったことは、ある程度の効力をもつであらう。」「神さへも、二の二倍が四にならぬやうには出来ないと同じやうに、本質的に悪しきものを悪しからずとなすことは全く出来ない。」グローチウス（一又正雄訳）『戦争と平和の法』（復刻版）第一巻（酒井書店、一九九六年）、九—一〇、五四頁。

(34) ホッブズはあくまでも平和の理論家である。藤原『近代政治哲学の形成』、田中浩『ホッブズ研究序説——近代国家論の生誕』（お茶の水書房、一九八六年）、とくに第一章、参照。田中はさらにホッブズの社会契約論に国際社会における集団的安全保障理論の先駆けを見る。田中『ホッブズ研究序説』、一六五—一六六、一九六—一九七頁、参照。

(35) フーコー『言葉と物』、三二八頁（*Les mots et les choses*, pp. 319-320）。

(36) たとえば、ルソーにとって、名誉革命で達成されたイギリスの政治制度は虚偽の自由をもたらしたものでしかなかった。ルソー（桑原武夫・前川卓次郎訳）『社会契約論』（岩波文庫、一九五四年）、一三三～一三四、（Jean-Jacques Rousseau, *Œuvres Politiques* [Pars: Classiques Garnier, 1989], pp. 321-322）参照。

(37) ルソー『社会契約論』、四二頁（*Œuvres Politiques*, p. 265）、四六頁（*Œuvres Politiques*, p. 267）、三一頁（*Œuvres Politiques*, p. 259）。

(38)　ヘーゲル（高峯一愚訳）『法の哲学――自然法と国家学』（論争社、一九八三年）、二〇五頁（Georg Wilhelm Friedrich Hegel, *Grundlinien der Philosophie des Rechts* [Berlin: Akademie Verlag, 1956], S. 209）。ヘーゲルは契約関係を用いて国家構造を理解することを否定し、古典主義時代の社会契約論的発想を拒絶した。なぜなら「人間はもともとその自然的面からして国家の公民であるから、国家から分離することは、個人の恣意に存することではないからである。」『法の哲学』、七七頁（「ガンス版」の「補遺」の訳出）。

(39)　ヘーゲル『法の哲学』、二〇四頁（*Grundlinien*, S. 208）。

(40)　ヘーゲル『法の哲学』、二一六頁（「ガンス版」の「補遺」の訳出）、二三三頁（*Grundlinien*, S. 239）、二三五頁（*Grundlinien*, S. 241）。

(41)　ヘーゲル『法の哲学』、二六九頁（*Grundlinien*, S. 279-80）、二七二頁（*Grundlinien*, S. 282）。

(42)　たとえば、ヴェーバーの「支配の諸類型」によれば、近代国家の理念を説明する「合法的支配」とは、「制定された諸秩序の合法性と、これらの秩序によって支配の行使の任務を与えられた者の命令権の合法性とに対する、信仰にもとづいたもの」であり、任意の法が「合理的な――目的合理的または価値合理的な（あるいはその双方の）――志向をもって」制定されうるという観念にもとづいたものである。近代主権国家においては、主人と服従者の人間関係にではなく、本質的には国家の合理的な法秩序にもとづいて支配関係が樹立される。この秩序の合法性はひとつの体系性を持つので、国際社会においてもそのような秩序の独立性が、国家主権の原則の名のもとに認められる。マックス・ヴェーバー（世良晃志郎訳）『支配の諸類型』（創文社、一九七〇年）、一〇―一五頁、参照。

(43)　この関係は、バーリンの自由の二つの概念が要請する主権概念に対応する。See Isaiah Berlin,

"Two Concepts of Liberty," in Isaiah Berlin, *Four Essays on Liberty* (Oxford: Oxford University Press, 1992).

(44) 代表的なものとして、Benedict Anderson, *Imagined Communities: Reflections on the Origin and Spread of Nationalism* (London: Verso, 1983) ; Ernest Gellner, *Nations and Nationalism* (Oxford: Blackwell, 1983) ; E.J. Hobsbawm, *Nations and Nationalism since 1780: Programme, Myth, Reality* (Cambridge: Cambridge University Press, 1990).

(45) 「人および市民の権利宣言」（一七八九年）において歴史上初めて公式文書に「あらゆる主権の原理は、本質的に国民に存する」と規定されたが、古典主義時代の革命では国民主権よりも臣民の権利擁護の主張が中心だったことには注意すべきである。

(46) 言うまでもなくこの場合の「法」とは単なる実定法以上の規範を指す。それが憲法的規範ということになるが、もちろん単なる成文憲法の条文と同一でもない。たとえば革命期の英米の古典的立憲主義者が好んで引用した古代ローマの聖句「人民の福祉が最高の法である（*Salus populi suprema lex*）」がこの憲法的規範を端的に表現することについては、本書第1章を参照。

(47) 「法の支配」が歴史的には英米法に特徴的であることに関しては、伊藤正己『英米法における「法の支配」』（日本評論社、一九五〇年）、第一章、参照。なお伊藤は、一九世紀イギリスの「法の支配」の内容として「正式の法の絶対的優位」、「法の前の平等」、「裁判官のつくった憲法」をあげたダイシーを評価しつつ、二〇世紀における「法の支配」の内容として、「法の精神の尊重」、「裁判所に対する信頼」、「個人の権利の重視」をあげる。伊藤『英米法における「法の支配」』、九—一八、八〇—八三頁。

(48) 政治理論における立憲主義と「近代自然法」思想の発展に関する研究としては、福田歓一『近代政治原理成立史序説』（岩波書店、一九八四年）、第一節、A・P・ダントレーヴ（久保正幡訳）『自然法』（岩波書店、一九五二年）、第三～四章などを参照。

(49) 篠田英朗「国家主権概念の変容――立憲主義的思考の国際関係理論における意味」『国際政治』第一二四号（二〇〇〇年）、参照。

(50) Martin Wight, "Western Values in International Relations," in Herbert Butterfield and Martin Wight (eds.), *Diplomatic Investigations: Essays in Theory of International Politics* (London: George Allen & Unwin, 1966), pp. 89-91.

(51) マルクス主義的な見方による現代の国家主権解釈の例としては、Justin Rosenberg, *The Empire of Civil Society: A Critique of the Realist Theory of International Relations* (London: Verso, 1994), pp. 128-129を参照。

(52) 大沼保昭『人間、国家、文明――普遍主義的人権観から文際的人権観へ』（筑摩書房、一九九八年）、第四～五章、参照。

(53) たとえばカーはユートピアニズムが英米に特有のものであるとしていた。See E. H. Carr, *The Twenty Years' Crisis 1919-1939* (London: Macmillan, 1991), first published in 1939, pp. 79-80.

(54) 逆にほんの半世紀ほど前には英米流の「自由権中心主義」的思潮は、英米においてさえ逆風にさらされていた。たとえば一九五四年に伊藤正己は書いている。「自由放任主義がその権威を喪失し、社会主義国家たらずとも、近代資本主義の高度の発展段階として、社会主義的政策が要請され、法の社会化の現象がすすめられるようになつた今世紀において、英米法的自由が動揺するのは、その必然の宿命である。」伊藤『英米法における「法の支配」』、一六〇頁。

第1章

古典的立憲主義における主権概念

●一七〜一八世紀

本章では、一七〜一八世紀頃の英米両国における国家主権をめぐる議論を見渡し、古典的立憲主義における主権概念の特徴を明らかにする。それは近代国民主義の洗礼を受ける前の時代の主権概念であり、次章以降に明らかになる主権概念の変容を把握するための出発点となるものである。この「古典主義」の時代こそが、宗教戦争としての三十年戦争を終結させたウェストファリアの講和によって世俗主義的なヨーロッパ社会の秩序が明らかになった時代であった。そして凄惨な内戦を経験したイギリスが社会契約論に従った革命をへて、近代的国家として立憲主義的秩序をつくりだした時代であった。

本章では、まず第1節において、一七世紀革命期のイギリスでの政治思想における主権をめぐる議論を確認する。第2節において、それが一八世紀にどのように発展していったのかをたどる。第

3節では、次章以降での議論につなげる意味で、「国際」的場面で主権が当時どのように論じられていたのかを整理する。第4節は、アメリカの独立革命から合衆国憲法制定に至る時期の主権概念の特徴を見る。第5節は、アメリカでは一九世紀になっても顕著だった古典的な立憲主義の特徴を持つ主権概念の展開を検討する。本章では、このような作業を通じて、立憲主義的主権概念のモデルとも言うべきものが、この時代の英米両国で支配的な思潮であったことを確認する。

1　革命期イギリスでの主権論

イギリス革命期の主権論

市民革命以前のヨーロッパでは絶対王政が絶頂に達していたとされる。しかし実際には単なる絶対君主主権が当時の政治思想を独占していたわけではない。とくに一七世紀に入るころのイギリスにおいては、王権神授説に加えて、同意による統治論、そして「古来の国制（ancient constitution）」論がひしめきあっていた(1)。当時の論争の中心は、政治権力をどのように国制全体のなかで基礎づけるか、という点にあった。

イギリス特有の事情として注目に値するのは、「古来の国制」論と密接に結びつくコモン・ロー（慣習法）の伝統である。コモン・ロイヤーたちにとって真に絶対的なのはマグナ・カルタなどの古くから続く法典であり、政治権力もまた、その「古来の国制」の枠組みを逸脱するものであってはならなかった。たとえばエドワード・コークが、「権利請願」に関する議論において、「大権

（prerogative）」は議会用語であっても、「主権権力（sovereign power）」はそうではない、と述べたのは、前者のみが「古来の国制」に内包されていると彼が考えていたからであった[2]。

その他の場合には、主権はどのように位置づけられていたのか。ヘドレー・トマスによれば、臣民の自由こそが、イギリス国王の主権を、他国の国王に依存しない絶対的なものにする。だからこそイギリスは、「国王の主権と臣民の自由とが思慮深く結合した、古く、名誉ある、幸せな国家」なのであった[3]。

主権を、絶対王政ではない「国制」のなかで位置づける動きの代表的なものとしては、たとえば一六六〇年のジョージ・ローソンの著作がある。ローソンは、立憲主義的に解釈された主権概念を明確に説明していた。ローソンはまず、「人的主権（personal sovereignty）」と「現実主権（real sovereignty）」とを区別した。国王が「人的主権」を保持する一方で、「国制の力（power of constitution）」、つまり「国家を創生し、また変更する」「現実主権」は、共同体（community）に宿ると考えたのである。「全体の力が全く全体に存するところでは」、「王、貴族、庶民が、国制における至上権威（majesty）の特有の主体である[4]」。二つの主権概念を区分して構築した国制の枠組みのなかで、ローソンは絶対王政の主権論を否定しつつ、急進的な人民主権論も避けようとした。ローソンの中間主義的発想は、王権、同意、憲法を同時に追求する古典的な立憲主義の原型的思考を象徴するものであった。

ロックの立憲主義モデル

一七世紀後半の名誉革命期における古典的立憲主義の思潮を最もよく代表し、後世に絶大な影響力を誇った政治思想家は、ジョン・ロックである。ロックは今日まで続くイギリスさらにはアメリカの自由主義思想に影響を与え、英米の立憲主義の伝統を象徴するきわめて重要な思想家である。

ロックは体系的な主権理論を残さなかった。ただし、ロックが主権に全く言及していないとするのは間違いである。たしかに、『市民政府論』として有名な『統治二論』の「第二論文」においては、ロックはほとんど主権に言及していない。だが、「第一論文」でフィルマーの家産主義的絶対主権論を論駁するにあたっては、ロックは主権に何度となく言及している。「第一論文」でのロックの徹底したフィルマー批判は、「第二論文」での彼独自の社会契約論にもとづく市民政府論を用意するものであった。(5) ロックの議論の枠組みは、ローソンの流れを汲む立憲主義のなかで、主権の代替概念としての「最高権力(supreme power)」の二重構造を説明するものであった。

ローソンが主権を二つに区別したのと同じように、ロックは「最高権力」を二つに区別した。一方では、立法者に「最高権力」が存すると主張した。なぜなら「共同体はつねに最高権力者だが、いかなる形態の政府の下でもそうなのではなく、政府が解体されるまで人民の権力は発現しえないのである」(6)。政府が解体されるまで人民は最高権力者としては振舞えないということは、つまり政府は権力を濫用しないのであれば最高権力者として機能し続ける、ということになる。ロックは政府を立法、行政、連合権の三権に分けたが、それらのうちでとくに立法権が最高権力を行使するとした。

ところがロックは、共同体設立後においても、「人民に最高権力が残る」とも言う。人民は「永久に」最高権力を保持するのである。(7) 諸個人は「所有権（人間の自分自身に対する権利＝基本的人権）」を決して失わない。なぜなら所有権の保全こそが、共同体が設立された理由そのものだからである。

決定的に重要なことに、ロックによれば、人民は「天に訴える権利（right to the appeal to Heaven）」、つまり政府が権力を濫用したときに用いることのできる抵抗権もしくは革命権を保持し続ける。フィルマーなどの絶対王権論者は、最終審判者の不在に帰結するしかない人民主権論の危険性について警告した。これに対してロックは、「天」こそが「至高の審判者」であると反論する。抵抗権・革命権の肯定は、審判者としての「天」によって保障されるのであった。

このようなロックの議論は、宗教的な要素を残した理論であった。いまだ自然法思想を基盤にし、中世的価値規範が払拭されていなかった「古典主義」時代の秩序の性格を物語る。だが、それは完全に中世的な産物でもなかった。人民は、革命権をもって「訴える」という世俗的な主体性を保持していたからである。ロックが革命権を正当化した結果、非人格的権威が社会秩序の最終的な保障者となるという論理構成が成立した。革命権の正当性を保障する「天」の概念は、個人の基本的権利を至高のものとする社会秩序を保障する。

ロックにとって絶対的なのは、そもそも社会が設立された目的である諸個人の自然権を保障する社会秩序それ自体であった。どのような最高権力であっても、秩序を脅かすことは許されない。権力者によって左右されない非人格的な規範によって社会が成立している、という信念が、後に「立憲主義」として定式化される政治思想の根幹を形成するのである。

もう少し詳しく見ていけば、ロックは「社会の解体」と「政府の解体」とを区別した。(8) 政府が解体したときにも、社会そのものは存続するというわけだが、このことはつまり政府の最高権力と社会の最高権力の分化が起こることを意味する。両者のあいだには明白な上下関係があるわけではなく、お互いがお互いの機能に応じて最高権力を保持し、行使する。人民と政府のどちらが真の主権者か、と問うことは、ロックにとっては意味のないことであった。政府は通常状態において最高権力を行使するが、人民は政府が解体したときに必要な最高権力を保持し続ける。そこでロック、そしてロック以降の立憲主義者にとって重要になるのは、複数の最高権力の機能を性格づけることであり、立憲的枠組みのなかで両者を位置づけることであった。

たとえば「通常権力（ordinary power）」と「制憲権力（constitutive power）」として特徴づけられるかもしれないこれら二つの最高権力は、異なった種類の権力だが、依然としていずれもが最高権力である。(9) 前者は通常状態において最高権力を行使し、後者は諸個人の権利擁護の最終的番人として最高権力を保持し、危機的な状況においては革命権を行使するかもしれない。ローソンと同様にロックは、単一主権の場所の問題を回避し、二つの最高権力を生み出す立憲主義的な社会構造を示すことによって、主権の問題を立憲主義の問題に解消したのである。

立憲主義の伝統の確立

ロックの理論は、いくつかの点で立憲主義の本質的性格を表現するものであった。第一に、いかなる権力であっても社会構成原理である根本規範から逸脱することは許されないという理論を示した。第二に、最高権力がその源泉と行使者とに分化して保持されることが可能であるという理論を示した。第三に、個人の自然権の侵害は社会契約違反となるために、革命権の行使による秩序回復が正当化されるという理論を示した。

このようなロックの立憲主義的思考の背景に、自然法的秩序の要素を見出すことは的外れではないだろうし[10]、イギリス特有のコモン・ローの伝統を想起することもできるかもしれない。またロックだけではなく、一七世紀イギリスの著述家たちが好んで引用したローマの聖句「人民の福祉が最高の法である（*Salus Populi Suprema Lex*）」[11]という原理に依拠した思考様式を、古典的立憲主義の源流として考えることができるかもしれない。いずれにせよ、ロックによって簡明に説明された「法の支配」の原理、あるいは立憲主義の原則の思想は、自由主義を信奉する後世の知識人たちに決定的に重要な思考モデルを提供した。「法の支配」あるいは立憲主義を信奉する者たちは、中央権力も諸個人の権利も否定せず、絶対主権を誰が持っているかという問題に頭を悩ませることもない。通常権力も制憲権力も必要であり、両者は立憲主義社会の体系的秩序のなかで共存するからである[12]。さらに、詳しくは第7章で見るが、正当な革命権の行使こそが立憲的秩序を支えるという思想は、国際社会における介入の正当化理論とも大きな関連性がある[13]。

ロックが定式化した体系的秩序は、近代になると、主権国家の秩序として意識されていくことになる。そしてさらには、国際社会全体の立憲的秩序を構想していくときの手がかりにもなっていく。それは本書が、国際立憲主義と呼ぶ思潮である。

マーチン・ワイトは国際関係学の文脈で、「西欧的価値観」の本質として「立憲政府」の思想をあげ、ロックをその代表的思想家に含めた。ワイトのいう「立憲政府」の思想とは、「中庸(golden mean, *via media*)」の思想と言い換えられるものだったが、まさにロックが標榜した立場がそれであった。[14] 絶対君主主権(ワイトの「現実主義・ホッブズの伝統」)でも、絶対人民主権(ワイトの「革命主義・カントの伝統」)でもない、両者の均衡地点の模索が立憲主義の思潮の基本的態度である(ワイトの「合理主義・グロティウスの伝統」)。[15] このような思考様式から生まれる主権概念が、英米の主流を形成する自由主義的(国際)政治思想の特徴となっていくのである。

2　一八世紀イギリスの主権論

革命後イギリスの制限主権論

一六八九年の名誉革命以降のイギリスで広く共有された問題意識は、内戦の再発を防ぐための安定した中央権力と、革命の成果である諸個人の基本的権利の擁護の二つを両立させることであった。この両立は、名誉革命が生み出した「中庸」的な主権概念によって説明されるものであった。革命は独裁的国王主権を否定したと同時に、人民主権を回避した。一六八九年の権利章典は、ただ国王の「違法」行為について列挙し、国王の主権を否定せず、ただその権限を定めて制限しただけである。[16] これには、反対派も現れたが、それでも「中庸」的発想は名誉革命後のイギリスで広く共有されたのである。

一六九一年の書物において「受動的服従（passive obedience）」の教義を否定して、革命を擁護したオックスフォード大学のジェイムズ・パーキンソンは、権力（power）と権威（authority）は異なり、主権権力を神から与えられた者であっても、主権権威を神から与えられているとは限らないと主張した。パーキンソンは国王ウィリアムを「合法的にして正当な国王」と呼び、擁護した。だがその権力は、主権権威が人民に存するという原則を含んだ法的枠組みのなかでのみ認められるのだった。「忠誠（allegiance）とは、法に基づいた服従（obedience）である」。「国王に主権権力を保障するのは、それに制限を課すもの、つまり法以外にはない」[17]。

一八世紀初頭に出版された『すべての王国・国民の審判』の匿名著者は、「統治者の権限を拡大することは……憲法に対する裏切りである」と断じた。自らの権力が依拠する法規範から逸脱するならば、主権者は自己の地位をまやかしにする。そもそも特定の形態の主権を定める神法・自然法が存在しない以上、人びとには自らの政府を自由に選ぶ権限がある。「人民の福祉が最高の法である」との聖句を引用し、イギリス政府は「国王と人民のあいだに最高権力が分断されている混合制限王政」なのだと主張した[18]。同じような立場はアンドリュー・ラムゼイという著述家によっても主張され、たとえ主権者の上位に位置する審判者がいないとしても、主権者は法には服するとされた。その法とは公共善を意味し、主権者と社会は、お互いに権利の濫用を抑制し合っているのだった[19]。

このような革命擁護派の自由主義者たちに対して、名誉革命における政権転覆に批判的な人びともいた。ところが、彼らの主権理解も、単純な絶対主権論ではなかった。『政府の規則』という政治冊子の匿名著者は、神意と社会利益に君主政が最もかなっていると言うために「人民の福祉が最高の法である」の聖句を引用した。この匿名著者は、最高権力の調整といった考えに反対し、王権擁護の論を展開した。それにもかかわらず、「主権の制限は……主権それ自体と整合するものである」とする。というのは、主権の絶対性は時に応じて部分的に停止させられるからである。この匿名著者によれば、「主権者は絶対的であり続ける。たとえ制限されているとしても」[20]。

「受動的服従」論者である『イギリス領域』の匿名著者は、主権者から分離させられた主権の概念はありえないと主張した。もし責任を負わされている国王がいるならば、それは「主権者ではなく、臣民主権者（subject sovereign）である」という。ところが、それにもかかわらず主権権力は制限されうる。ただし主権者が制限されていても、臣民が抵抗してよいわけではない。国王を完全な主権者にするのが主権の本質だが、それは政治的法によってなされるのではなく、「主権の帝国法あるいはコモン・ロー」によってなされる。主権者は神法と自然法によって制限されるが、市民法によって制限される場合もある。後者の「人的憲法」によって権力行使を制限されている主権者もまた、絶対的で十分で全体的な権力を持っている。恣意的で専制的な権力行使こそが「主権権力の存在と本質」に必要というわけではない。こうした推論から、この匿名著者は、たとえイギリス国王が権力行使にあたって制限されているとしても、「イギリス領域は完全な主権あるいは帝国であり、主権の権利が不可分に属するイギリス国王は、帝国法によって、完全で帝国的で独立した主権者である」と結論づけるのだった[21]。

このように革命擁護派と反対派は、表面的な対立にもかかわらず、国王の主権の尊重とその制限の必要性に関する意見では、むしろ一致していた。ただ、具体的に名誉革命を肯定するか否かについて、政治的立場を異にしていたにすぎない。混乱の一七世紀をへた名誉革命以降のイギリス人は、党派的利害にかかわらず、専制政治と無政府状態をともに避けることを切実な課題としていた。この革命後の要請を満たすために重要視されたのが、イギリス特有の「憲法＝Constitution＝国制」の概念であった。

言うまでもなく、イギリスには成文憲法は存在しない。名誉革命もまた憲法典自体はつくりださなかった。しかしだからこそイギリスでは、自然法やコモン・ローの原則として認識された「憲法＝国制」の概念が、革命後の政治的要請を可能にするものとして言及されたのである。そして憲法秩序が絶対主権を律するという考え方は、国力増進を図るイギリスの政治的卓越性の源泉としても、肯定されていくようになるのだった(22)。

ブラックストンの憲法論

一八世紀の古典的な立憲主義の頂点に立つと考えられるのが、ウィリアム・ブラックストンである。一七六五年から一七六九年にかけて出版された彼の『イギリス法注釈』は、古典主義時代の末期にあって、当時の立憲主義の成果を体系的に明らかにした書物であった。ブラックストンは通常権力と制憲権力の両立という課題に直面して、一八世紀前半の著述家たちのように主権の「制限」に言及することによって問題を解決しようとはしなかった。むしろロックのように、尊重されるべき権力や権利を積極的に前面に押し出した。ただしブラックストンは、主権という語も積極的に用いた。

ブラックストンによれば、いかなる政府においても、「主権の権利、つまり至高で、抵抗不可能で、絶対的で、統御不可能な権威がある」という。[23] その権威の所在によって、政府の形態は、君主制、貴族制、民主制の三つに分類される。ブラックストンはしかし、このような絶対主義的色彩の強い主権論から一歩進めて、「この島に住むわれわれには幸せなことに、イギリス憲法は、このような観察の継続的例外であり続けてきたし、これからもそうあり続けるだろうと思う」と述べた。ブラックストンによれば、イギリスでは、国王、貴族院、庶民院の三者が、互いの行動を抑制しあっている。ブラックストンによれば、イギリス憲法の主権は、社会にとって最も有益なやり方で、イギリス議会に存在している。しかもブラックストンは、ロックに言及しつつ、立法府の解体は政府の解体に等しいが、その場合には社会をつくりあげた人民が新しい立法をつくる自由を持つとした。[24]

ブラックストンは国王の持つ主権についても言及した。[25] しかし、国王、貴族院、庶民院の三者は主権を共有しており、決して単独では排他的な主権者とはなりえない。三者は互いに結合したときにのみ、つまりイギリス憲法の枠組みのなかでのみ、主権を構成する。イギリス憲法を賛美するブラックストンにとって、主権の問題はあくまでも憲法規範の枠組みのなかの問題でしかなかった。主権が絶対的なのは、ブラックストンが絶対視するイギリス憲法が保障するからなのであった。

ブラックストンは、さらに個人の権利の絶対性も主張する。「社会の主要目的は、自然法によって個人に与えられた絶対的権利を個人が享受することを守ることにある」。たしかに社会に参入したとき、個人は自然権の一部を放棄する。だが、だからといって「人的法の第一のそして主要な目的が個人の絶対的権利を維持し、規則づけることであるという事実」は、何ら変更されることはない。法と自由は分かちがたく結びついており、憲法は市民的自由を守るために存在する。そしてもちろんブラックストンによれば、「イギリスにおいて、政治的・市民的自由の理念と実践が最高の力で開花している」[26]。

かつてホッブズらが矛盾と考えた、絶対主権と絶対的な個人の権利の並存は、ブラックストンにとっては問題にならなかった。ブラックストンにとっては、主権と個人の権利はともに絶対的なものであり、イギリス憲法がその生きた実例を示しているのであった。このような発想の背景には、もちろんブラックストンの自然法規範に対する強い信頼がある。そして彼の自然法的規範への信頼を高めているのは、彼が絶賛してやまないイギリス憲法の実践であった。イギリス憲法は、混合政体の分割主権論や個人の権利の絶対視を、調和的な国制のなかで実現した。かつてロックは、主権という語を使うことに躊躇しながら、二つの最高権力論を展開した。だがブラックストンは、もはや躊躇しなかった。むしろ、混合政体の主権と臣民の権利という二つの絶対的なものは、イギリス憲法のなかで、たしかに並存していると宣言した。

ベンサムと近代の到来

時代が変わって一八世紀末になると、ブラックストンはジェレミー・ベンサムによって激しく批判されることになった[27]。近代の到来を予告するベンサムにとって、イギリス憲法秩序のなかの主権という概念に象徴されるブラックストンの思考枠組みは、旧式なものであった。産業革命の段階に突入するイギリスにおいては、安定した政治体制をもたらした憲法の枠組みは尊重されるべきものではあったが、革新的方策を実行する強い議会の権限もまた必要であった。つまりブラックストンの主権肯定論の部分がより強調され、自然法やコモン・ローの規範を重視する側面は否定的に扱われることになったのである。

ベンサムによれば、主権者とは「その意思に政治社会全体が（どんな理由であれ）服従していると考えられる人あるいは人の集合体である」(28)のだが、「イギリスにおいては、主権は国王と議会に集まった貴族と庶民に存する」(29)。このような主権が社会構成員間の契約によって生み出されたとする社会契約論は、ベンサムにとっては時代遅れの虚構でしかなかった。法とは主権者の意思である。それに服従するのは、功利主義者ベンサムによれば、服従に利益を見出す臣民の意思である。したがって反憲法的だといえる主権者の行為ですらも、「違法ではありえない」(30)。

もっとも、このように人間の意思に法秩序を還元しようとする近代的思考は、立憲主義を消滅させたわけではなかった。後にベンサムは、主権は人民に宿るとする憲法の草案を作成したが、そこで「制憲権（constitutive authority）」と「立法権（legislative authority）」とを分割し、むしろ古典的立憲主義に近い社会構造を構想した。ただしその論理構造に、自然法、自然権、コモン・ローといった思考様式は、もはや存在しなかった。かつて古典主義時代には、立憲主義の思想基盤は「人民の福祉が最高の法である」という聖句であった。しかしベンサムは、制憲権力に「国民の至福（felicity）―最大多数の幸福―の最大化」というひとつの「継続的意思（constant will）」を結びつけた(31)。

かつては不文憲法や自然法が、主権を含む社会秩序を形成するものとして認識された。これに対して、主権者の意思こそが法を生み出すことが強調され、その主権者の意志する仕組みが主要な分析対象となっていくのが、一八世紀末以降の時代の特徴であった。

3　「国際的」場面での主権概念

自然法と諸国民の法

ここまでは一七～一八世紀イギリスの国内社会をめぐる主権概念について見てきた。本節では、同時代の「国際的」場面における主権概念について見ていくことにする。ただし一八世紀以前には、「国際的」という概念は自明のものではなかった。「国際的（international）」という単語は一七八〇年にベンサムによってつくられたものである。ベンサムが生きた時代より前には、「国際的」という思考の出発点となる「国民（nation）」という概念は、国家の枠組みと一致していなかった。

近代以前には、「国際法」のかわりに「自然法」もしくは「諸国民の法（law of nations）」という概念によって、「国際的」場面の法規範が表現されていた。しかしベンサムは、まるで「内部的法（internal jurisprudence）」を参照しているようだとの理由から、後者の表現は不適切だとした。ベンサムは、現実に存在する法体系は「主権者間の相互的交流（the mutual transactions between sovereigns）」でしかないという理由で、「国際法（international law）」という表現を提唱したのである[(32)]。近代以前のヨーロッパ世界には、国家の枠組みを超えた一体性が残っており、「神法」や「自然法」と密接な関係を持つ「諸国民の法」の背景にはそれがあった。しかしベンサムはそうした一体性を非現実的なものとし、「国際的」場面で存在するのは「主権者」の「あいだ」の関係だけであると断言したのであった。

ただしベンサムにとってすら、まだ「国際法」は諸国家のあいだの法ではなく、あくまでも「主権者間の」法だった。つまり国際法の主体は国家ではなく、主権者＝君主であった。[33] ヨーロッパ全体の一体性の感覚が残っていた一方で、ベンサムの時代にはまだ主権国家の法主体性＝擬人的性格は自明ではなかった。主権とは主権者の持つ権力以外のものではありえず、主権の概念は国家全体の属性としての抽象的な性格を獲得していなかった。つまり、主権は主権を持つ者から分離しては認識されえず、また国家全体に属するものだとも認識されていなかった。

古典主義時代における階層的な主権

近代以前の主権国家および国際の概念が発達していなかったことを裏づけるものとして、たとえば当時盛んだった「イギリス海域の主権（the sovereignty of the British seas）」についての議論を、ひとつの題材として見てみよう。イギリス海域の主権は、当時から漁業がイギリスの主要産業であったことから、周辺海域の利権を守るために重要な問題として考えられていた。しかしこの問題をめぐるいくつかの書物において、たとえば「イギリスの主権」などといった表現を見つけることはできない。一七世紀に議論に参加した者たちが用いたのは、「海のいくつかの部分の主権について国王は排他的所有権を持っている」などといった言い方であった。[34] つまり論点になっていたのは、イギリス国王はどの程度まで海に関する主権を保持しているか、という問いだった。そこにはイギリスという国家の属性としての主権がどの海域にまで及ぶかという発想はなく、主張されていたのはあくまでもイギリス国王の海の所有権だった。名誉革命の翌年に出版された書物によれば、「国王の公的所有権（the publick property of the King）」としての主権は、イギリス国王によってイギリス周辺の海域で行使される。なぜならば、長年にわたる他の主権者とのあいだの諸条約がそれを示すからである(35)。たとえば、一六九九年に出版された書物の匿名著者は、イギリス国王がオランダで生まれ、彼の王位がオランダによる一六八八年の介入によって引き継がれたものである状況では、海の主権を議論するのは賢明ではないと考えた。しかしだからといって、神によってイギリス国王に「帝国王位の最も高価な宝石である海の主権」が与えられている事実は、決して変更されないのだった(36)。

当時、人間と人間のあいだの関係や所有権に還元される「国際的」場面は、最終的には「自然法」や「諸国民の法」の適用によって調整されるべきものとされた。たとえば、革命によって追放された主権者が依然として主権への権利を持っているか、あるいは人民は自らの自由を守る権利を持っているかという問いに関しては、「諸国民の法」が参照される(37)。つまり国内社会で自然人が法規範に服しているのと同様に、君主という自然人が「諸国民の法」という超越的法規範に服すると考えられたのである。ホッブズの場合であっても、「国際的」場面で戦争状態にあるのは「諸国王そして主権的権威を持つ人びと（Kings, and Persons of Soveraigne authority）」であって、諸国家・諸国民ではなかった(38)。国家の擬人的性格を前提にして、国内社会での国内法と自然人との関係を、国際法と国家とのあいだに見出す（あるいは見出せないと結論づける）近代的な思考方法を、ヘドリー・ブルは「国内的類推(domestic analogy)」と呼んだ[39]。しかし国民国家が確立されていなかった近代以前には、「国内的類推」は決して顕著には見られなかった。

当時の知的風土を代表するかのように、一七世紀末にウィリアム・ペンがヨーロッパ議会の構想を示したとき、主権問題の解決策には非近代的な方法がとられた。彼はヨーロッパ議会設立案に対して予想される批判、つまり主権者たちはそのような議会が設立された後には主権者ではなくなってしまうという批判に対して、次のように書いた。「彼らは、それまでと同様に、国内においては主権者にとどまる。彼らの人民に対する彼らの権力や、人民によって彼らに支払われる通常税収は、減ることがない。……したがって主権者たちはそれまでと変わりなく、彼らのうちの誰もほかの主権者に対して主権を行使することはない」[40]。ペンにとって主権者を主権者とする要素は、臣民との関係であり、主権制限への意思の有無などではなかった。しかし、そこで問題となるのは、ヨーロッパ議会が主権者の至高の統治者としての地位を脅かすかどうかである。

これに対するペンの思考の特徴は、次のような言い方からも推察できる。「親や主人が家族を、為政者(Magistrates)が都市を、身分制議員(Estates)が共和国を、そして君主や国王が領国や王国(Principalities and Kingdoms)を統治する際に用いるのと同じ正義と賢明の規則(Rules of Justice and Prudence)によって、ヨーロッパは自らの主権者たちのあいだの平和を獲得・維持するだろう」[41]。ペンが強調したのは、主権国家社会とヨーロッパ社会の類推関係ではなかった。重要なのは、上位者が劣位者を統治するという、あらゆる社会に見られる「規則」を、ヨーロッパ社会という単位で適用することであった。つまり、あらゆる社会に共通して見られるとペンが考える身分制的な階級「秩序」の「規則」を、ヨーロッパという社会にも当てはめようとしたのである。このような「古典主義的」発想において特徴的なのは、「秩序」の「規則」の中心的役割であり、その存在への確信である。そしてペンの場合、ヨーロッパの統一性に対する信頼もまだ失われていなかった。

ペンが自らの構想を展開するにあたって参考としたのは、「最も賢く強力な諸国」であるネーデルラント連合州（the United Provinces of the Netherlands）の国制であり、イギリスにネーデルラントの国制を紹介して好評を博したウィリアム・テンプルの『ネーデルラント連合州に関する省察』（一六七三年）であった。ペンは自らのヨーロッパ議会構想案を補強する目的で、ネーデルラントの国制を次のように説明した。「そこで三つの段階の諸主権が、全体諸国（筆者注：連合州を指す）を成り立たせている（Three Degrees of Soveraingties to make up every Soverainty in the General States）ことがわかる。後ろ側から数え上げてみよう。第一に、全体諸国自体（The States General themselves）がある。つぎにそれらを構成する直接的諸主権（Immediate Soveraingties）、つまりヨーロッパの諸主権に責任を負う諸州（Provinces）の諸主権があり、彼らの代理人たちが私の提案したヨーロッパ議会（the European Dyet, Parliament or Estates）を構成する。そして各州にはいくつかの都市があり、それらは非常に多くの独立した個別の諸主権であるわけだが、諸州の諸主権がハーグにおける全体諸国を構成するのと同じように、それらは諸州の諸主権を構成する」[42]。

当時のネーデルラントにおいて、ほかのヨーロッパ諸国の主権者たちに対応するのは諸州のレベルの主権であり、ペンの構想では、ヨーロッパ議会に代表を送り出すのも、この諸州の単位からである。ところが諸州によって構成されている連合州自体が、主権の単位である。さらにまた諸州内部の数多くの諸都市は、実はそれら自体で主権の単位であると考えられる。したがってテンプルとペンは、ネーデルラントに「三つの段階の諸主権」を見出した。

このようにペンのヨーロッパ構想は、国民国家を前提にした近代的な統合論ではなく、当時存在したネーデルラントの複雑な国制にヒントを得たものであった。近代的前提では、あるひとつの領域で主権の単位となるものが複数存在することはできない。主権が三つの段階で存在するというのは、想像できない事態である。しかし主権が上位者と劣位者のあいだの関係を表現するものであるならば、それは三つの段階で存在する統治者と臣民に対応するものであり、三つの段階で主権は存在すると考えられる。なぜなら諸州に君主がいるように、連合州には総督、諸都市にも為政者がいるからである。彼らはそれぞれの社会でそれぞれの主権の空間を構成している。したがってネーデルラント連合州では、そしてペンの構想するヨーロッパでは、三つの段階の主権がひとつの秩序空間を形成していることになるのである。

主権が近代的な抽象原理として確立されていない古典主義時代においては、主権は主権者という自然人と不可分に結びついて初めて意味を持った。そのため主権者に相当する者が同じ領域内で複数認められる場合には、それはそのまま階層的な秩序として認められるべきなのであった。そこで問題になったのは、どちらが「真の主権者」なのかと問うことではなく、そのような秩序空間を正確に描写することであった。近代特有の絶対主権信奉から現実の複雑な政治秩序を否定したり、あるいは「真の主権者」を探し続けたりすることは、課題とはならなかったのである。近代国家主権論が成立したと言えるようになるのは、ベンサムのつくりだした「国際」という語が、国民主義の高まりとともに世界を席巻し、主権がそれまでの時代には見られなかった高度に抽象的な一般原理としての地位を獲得するようになってからである。

4　アメリカ建国当時の主権論

北米一三州の独立と古典的立憲主義

ここで、いよいよアメリカに焦点を当てていくことにしよう。独立前のアメリカではイギリス本国以上にブラックストンが広く読まれていたと言われるくらいに、古典主義的な知の様態が影響力を持っていた(43)。一七七六年の独立宣言、そして一七八八年の合衆国憲法は、基本的に古典主義的な立憲主義の系譜に属するものであった。アメリカ独立戦争は近代国民主義運動の先駆けとも言われるが、それを象徴的に表現したのは、合衆国憲法にとって代わられた一七七七年の連合規約である。それに対して合衆国憲法制定によって勝利を収めたのは、古典主義的な立憲主義の側であった(44)。

一七七六年独立宣言（A Declaration of Independence by the Representatives of the United States of America in Congress assembled）において、独立の正当化に用いられたのは、神によって与えられ自然法によって規定されているものとしての諸個人の権利であり、また社会契約論に由来する被統治者の同意や人民の抵抗権の原則であった。つまり、一七世紀以来の伝統的なイギリス政治思想の産物である。そこではアメリカ「国民」のような概念は登場せず、ただ議会に集結した「自由で独立した諸国（州）（free and independent states）」の代表が現れるだけであった。彼らが抗議する対象はイギリス国家ではなく、国王ジョージ三世であり、「われわれのイギリスの同胞」に対してはただ無関心に不満を表明するだけであった(45)。独立宣言には「被統治者（the governed）」という表現が用いられたが、独立を正当化したのは国民主権ではなく、古典主義的な統治者と被統治者とのあいだの契約関係であった。主眼となっていたのは臣民の権利であり、国民の意思ではなかった(46)。

もちろん、独立戦争が人民主義的な革命運動の性質を持っていたことは、いくつかの急進的な独立諸国（州）（states）の憲法において顕著であった。たとえば一七八〇年マサチューセッツ国（州）憲法（Constitution or Frame of Government of Massachusetts）は、その第四条において、「この政体（Commonwealth）の人民は、自由で、主権的で、独立した国（a free, sovereign, and independent state）として自らを統治する唯一の排他的な権利を持つ」と規定した(47)。一七七七年連合規約（Articles of Confederation）は、次のように宣した。「各国（州）は、この規約によって議会に集結した連合諸国（州）（the united states in congress assembled）に明示的に委譲されてはいない主権、自由、独立、そしてすべての権力と管轄権と権利とを保持する」(48)。主権の単位が、単なる「議会に集結した連合諸国（州）」ではなく、各国（州）であることは、合衆国憲法制定以前には疑われることがなかった(49)。連合（Confederacy）は連邦国家ではなく、「友情の固い連盟（a firm league of friendship）」でしかなかった。アメリカの政治文化に伝統的な保守的共和主義は、各国（州）内の共同体の次元にも存在していた。

実際、連合規約時代のアメリカ連合諸国（州）には、行政府も司法府もなく、ただ立法府があるだけだった。しかしその立法府ですら、各国（州）議会に圧倒されてしまう存在でしかなかった。

各国（州）の議会では、理想キリスト教共同体の理念あるいはルソー流の人民主権論に基づく平等主義的傾向が支配的であった。多くの者が独立戦争後の債務に苦しむ状況にあって、各国（州）議会は貧民救済法などの経済的発展を無視した方策を次々と取り入れた(50)。そうして一三国（州）は、政治的不安定と経済的混乱に陥っていったのである。ジェイムズ・マジソンやアレクサンダー・ハミルトンらが「連合（Union）の目的は、主権国家連合（confederation）の原則の上に存立するいかなるシステムによってでも確保されない」と考え(51)、新しい憲法の制定に向けて動き始めたのは、こうした状況においてであった。つまり、マジソンら「フェデラリスト」たちの意図は、各国（州）で蔓延していた人民主義の弊害を是正することであり、各国（州）の主権に挑戦することであった。

フェデラリストの議論

一七八七年にフィラデルフィアで開かれた制憲会議と、その後の各国（州）による合衆国憲法（Constitution of the United States）草案批准をめぐって巻き起こった議論において、「フェデラリスト（Federalist）」と「アンチ・フェデラリスト（Anti-Federalist）」の対立が先鋭化することになる。まずは前者の立場を代表する『ザ・フェデラリスト・ペーパーズ』（一七八八年）から、憲法制定にあたって主権概念がどのように扱われたのかを見てみよう。この書物は、マジソンとハミルトンがジョン・ジェイとともに合衆国憲法草案批准をニューヨーク国（州）の人びとに促すために「プブリウス（Publius）」の名のもとに執筆した論考であり、合衆国憲法と主権概念の関係を確認するのに最適である(52)。

マジソンの憲法案の説明によれば、各国（州）は「すべての他者から独立した主権体（a sovereign body）であり、自らの自発的行為によってのみ拘束される」。しかし、だからといって連合規約が成し遂げようとした不可能事、つまり「連合（Union）における部分的主権と各国（州）の完全主権とを調和させようとすること」を、憲法もまた目指すわけではない。マジソンによれば、憲法は国民的でも連邦的でもなく、両者の結合であり、「複合的共和国（a compound republic）」を生み出す。それは強力な中央政府をつくりだす一方で、各国（州）には「主権的・独立的管轄権の享受」あるいは「残余的な不可侵の主権（a residuary and inviolable sovereignty）」を与える。たとえば上院における各国（州）代表数の平等は、「各国（州）に残る主権の部分の憲法による承認であり、その残余的主権を保持するための手段である」[53]。またハミルトンによれば、「制憲会議の案はただ部分的な連合（a partial union or consolidation）を目指しているだけなので、各国（州）政府は明らかにすべての主権の権利を維持し続けるだろうし、それらは完全に合衆国に委譲されるわけではない」[54]。主権の限定的委譲が意味するのは、「主権権力の分割（the division of the sovereign power）」である。

マジソンの言葉によれば、「各国（州）の主権が人民の幸福と調和しない限りにおいて、すべての良き市民の声は、『前者を後者の犠牲にせよ』というものであるに違いない」[55]。もし「人民の幸福」が「全体主権者（the general sovereign）」と「地方主権者たち（the local sovereigns）」の双方を要請するならば、主権の分割こそが解決策である。マジソンは一七八七年に書いたある手紙のなかで次のように述べた。「諸国（州）の個別的独立が彼らの集合的主権と全く相容れないことを知り、そして全体を単一の共和国に凝結させることが不便であるのみならず達成不可能であることを知ったので、私は国民的権威の正当な至高性をまず支持しながら、従属的に有益でありうるときはいつも地方の諸権威を排除しないような中庸（middlegroud）を求めた。……主権の分割性を認めることなくしては、合衆国における政府の複合システムについて知的に論じることは難しい」[56]。

マジソンは、同一領域内に複数の主権が重なり合うシステムは理論的に破綻しているとは考えなかった。「たとえどこに派生体が見出されようとも、究極的な権威は人民だけに存する」以上、「人民のさまざまな代理人や受託者」がいることは、奇異ではない[57]。人民が主権者であるならば、各国（州）の人民とその代理人は主権者であり、同時に合衆国の人民と彼らの代理人もまた主権者である。つまり、ひとたび人民に主権の所在を認めるならば、各国（州）単位でも合衆国単位でも主権者である人民が関与していることになり、異なった単位で主権の表現を認めることができるというわけである。アメリカのフェデラリストたちは、主権の源泉（制憲権力）と行使者（通常権力）というロックの古典的な立憲主義の枠組みを踏襲しつつ、複合的な主権の単位による連邦主義を付け足した。主権の源泉は人民であるが、人民は国（州）単位でも、合衆国単位でも存在した。そしてそれに応じて主権の行使者も、国（州）単位でも、合衆国単位でも現れるのだった。

一七八七年の制憲会議において、ペンシルヴァニアのジェイムズ・ウィルソンは次のように論じていた。「各国（州）は主権的であり、すべて平等であると、われわれは告げられた。同じように個々の人間は自然に自分自身に対して主権者であり、すべての人間はしたがって自然に平等である。人間はこの平等を市民政府の一員となったときにも維持するのだろうか。それはできない。主権国家もまた、連邦政府の一員となったときには、できない。もしニュージャージーが自らの主権を分与しないというならば、政府について語るのは無駄である」[58]。制憲会議議長を務めたジョージ・ワシントンもまた、次のように書いた。「これらの諸国（州）の連邦政府（the foederal government）が、各国（州）に独立主権のすべての権利を確保してやり、しかしすべてのための利益と安全とを供給するのは、明らかに実践的ではない。諸個人は社会に入ったとき、自由の一部を他の部分を守るために放棄しなければならない」[59]。

今日のわれわれの世界において、世界最古の成文憲法典であるアメリカ合衆国憲法は、世界最強国の国の仕組みを定めるものとして君臨し、巨大な影響力を誇っている。合衆国憲法が、国家主権を立憲主義的原則によって規則づける意図を持つものであったことは、決定的に重要な点である。

アンチ・フェデラリストの議論

フェデラリストたちは、制憲会議後二年かけて、合衆国憲法を一三国（州）に批准させることができた。だがその一方で、分割された主権の諸「部分」をどう配分するかに関しては、曖昧さを持っていた[60]。その曖昧さの政治的意図を糾弾した人びとは「アンチ・フェデラリスト」と呼ばれたが、彼らもまた確かに長く続くアメリカのもうひとつの思想伝統を形成したことは、指摘しておかなければならない。

アンチ・フェデラリストたちが批判した点のひとつは、主権問題の取り扱い方であった。たとえば彼らのひとりは、一七八八年に憲法批准に反対して、次のように述べた。「二つの主権が同一の共同体に存在するという考えは、全くの語法違反である。……もし主権という語が何かを意味するのであれば、それは国家内のどこかに存する最高権力を意味しなければならない。あるいは換言すれば、それはひとつの体（body）に集まり、凝結した、国家の各個人構成員の連合した諸力のことである。集合体であるこの連合、この力の至高性は、それゆえひとつの体にのみ存在する。……もしこの憲法が採択されるならば、アメリカの主権は連邦体に確立され、同時に各国（州）の現在の独立主権は廃止される」(61)。別のアンチ・フェデラリストは、「議会（Congress）と国家（州）のどちらに服してよいのかわからない分割主権の恐怖」について警告した(62)。フィラデルフィアの「ある将校」が不満だったのは、「諸国（州）の主権が明示的に維持されず、明白な言葉によって彼らの政府の実質が保証されず、ただかたちだけが保証されている」ことだった(63)。

アンチ・フェデラリストたちによれば、憲法は諸国（州）の主権の本質的要素を失わせる。結果として二つの主権の装いのもとに、中央政府が諸国（州）の主権を奪うのではないかと懸念されたのである。「ペンシルヴァニアのある農民」というペンネームのアンチ・フェデラリストによれば、「あらゆる大権、あらゆる主権の本質的特徴は、内的なものも外的なものも、全体政府（the general government）に与えられている。結果として各国（州）が本質的な権力あるいは主権の効果的防御策を得ることはないだろう。……高価で重荷となる記念品として形式だけが長く残るだろうが、諸国（州）の主権は最終的には廃止されてしまうだろう」。憲法がもたらすのは、「連邦政府ではなく、集権政府である」(64)。別のアンチ・フェデラリストは問いかける。「いったいいかなる権利を持って彼らは『われわれ人民』などと言うのか……いったい誰が彼をして『われわれ諸国（州）』

のかわりに『われわれ人民』という表現で語ることを許したのだろうか」[65]。またあるいは「これらすべての主権の要素が排他的に新しい政府に委ねられるならば、諸国（州）の主権が廃止されていないとわれわれに語るのは、常識を馬鹿にすることではないだろうか」[66]。

妥協としての分割主権論

この時期のアメリカにおける主権の理解は単一のものではなかった。憲法批准の過程をとおして、主権概念をめぐる曖昧さはむしろ高まった。最初に憲法を批准した一一州のうち、サウスカロライナは国（州）の主権に言及し、ほかのいくつかの国（州）は国（州）の権限に関する修正条項を追加することを要請した[67]。制憲会議に代表を送らなかったロードアイランドは、一七九〇年になってやっと憲法を批准したが、その際にさらなる追加条項を求めた。そのうちの最初のものは次のような条項になるべきだとされた。「合衆国は各国（州）に主権、自由、独立を保障する」[68]。

分割主権論は妥協の産物であった。実はマジソンは、制憲会議においては、「諸国（州）は決して主権の本質的権利を保持しない。それはつねに議会（Congress）に存する」と述べていた[69]。また、ハミルトンは制憲会議の結果に最も失望した参加者のひとりだったが、彼の会議中の発言によれば、「いかなるかたちであれ諸国（州）の主権が存在する限り、連合の修正は良き政府の目的を達成することができない。……こうした観察から導き出される害悪を避けるためには、われわれは完全に主権的な全体・国民政府を確立しなければならず、諸国（州）の分離と機能を廃止しなければならない」[70]。さらにハミルトンは断言していた。「二つの主権は、同一の範囲内において共存することができない」。つまり両者とも個人的見解としてはより厳密に主権を理解していたのだが、作成された憲法案を批准させるために、分割主権論を展開したのである。

もっとも、彼らの見解は憲法批准後も時々の政治情勢に応じてさまざまな姿を見せた。たとえば中央政府が権限を強めていくにつれて、マジソンはハミルトンと袂《たもと》を分かち、一七九八年には後の国（州）権論者の重要文書となる「ヴァージニア決議」の作成にあたった。それは「ひとつの主権」を中央につくりだし、「合衆国の現存の共和システムを絶対主義的、もしくはせいぜい混合王政に」変えようとしているという理由で、連邦政府を糾弾するものだった[71]。マジソンが自ら第四代合衆国大統領になったのは、その約一〇年後のことである。

合衆国憲法が批准されて「この地の至高の法（the supreme Law of the Land）」となり、それによって立憲主義はアメリカ政治・法思想の確固たる基盤として確立された。しかしフェデラリストたちが政敵を完全に駆逐して、アメリカ内の政治論争を終結させたというわけではなかった。合衆国の国制をめぐる議論はかたちを変えながら続き、ついには一九世紀の巨大な内戦、つまり南北戦争をもたらしてしまう。批准後は、アンチ・フェデラリストのように憲法に真っ向から挑戦する者は現れなかった。しかし対立する連合主義者と国（州）主義者の陣営は、憲法をそれぞれの立場に沿って解釈し、自己正当化に用いた。対立の温床となったのは、合衆国憲法がもたらした新奇な、しかし一九世紀に入ってからは時代遅れとなる、立憲主義的な主権論であった。

5　アメリカ立憲主義的主権論の進展

合衆国の立憲主義的主権論

合衆国憲法が批准されてアメリカの新しい国制が定まった後、フェデラリストたちが主張した分割主権論は、アメリカ憲法学の正統な教義となっていった。たとえば一七九二年の「チザム対ジョージア州（*Chisholm v. Georgia*）」事件において、最高裁判所は次のように述べた。「合衆国は、放棄された政府のすべての権力に関する限り、主権者である。連合の各国（州）は、保持されたすべての権力に関する限り、主権者である」(72)。別の表現によれば、「国家（the nation）の主権は、国家の人民に存する。そして各国（州）の残余的主権は、各国（州）の人民に存する」(73)。分割主権論は、合衆国憲法解釈の主流に位置することになった(74)。多くのアメリカ人にとっても、旧大陸とは異なるアメリカ独自の主権論は、誇りを持って肯定すべきものであった。第六代大統領ジョン・クインシー・アダムズは、いかなる政府にも絶対権力としての主権が存在しなければならないという教義はアメリカでは適用されず、そもそも絶対権力は主権概念の本質を構成するものではない、と述べた(75)。一八三三年に、おそらくは当時の憲法学で最大の権威を持った書を残した最高裁判所判事ジョセフ・ストーリーは、合衆国の主権が伝統的な意味での主権と異なっていることを説明した。主権とは「最広義においては、至高・絶対・制御不可能の権力」であると、彼は定義する(76)。しかしながら、そのような権力は合衆国には存在しない。存在するとしても、制限され、洗練された意味でのみ存在する。ストーリーによれば、「国家（the state）――それによってわれわれは国家を構成する人民を意味するのだが――は、その主権権力をさまざまな機能に分割するかもしれない。そしておのおのは、制限的意味において、おのおのに限定された権力に関する限り、主権者であり、その他の場合には従属的である。厳密に言って、われわれの共和制政府においては、国家（the nation）の絶対主権は国家の人民に存する。各国（州）の残余的主権は、いかなる公的機能にも委ねられていないならば、各国（州）の人民に存する」[77]。このようなストーリーの主権論を可能にするのは、合衆国憲法は「至高の法」であり、人民が主権者になっても依然として「法の支配」に服しなければならない、という立憲主義的な信念であった。

ストーリーの権威ある憲法注釈書の翌年に出版されたナタニエル・チップマンの本は、さらに憲法の至高性と人民主権との関係について述べた。チップマンによれば、「主権とは至高性、無制限かつ統御されない至高の権力として、通常は理解されている」。しかし「諸国家と諸国民（states and nations）のあいだの相互関係に関して適用されるとき、主権は独立以上のことを意味しない。政治的な意味において、主権国家とは自由で制御されない自治（self government）を持つ国家あるいは国民のことである。……このような語の適用においては、至高性の観念はなく、ただ国民的独立があるだけである」[78]。チップマンは、対外（external）主権と対内（internal）主権とを区別し、合衆国には外的主権があるという。合衆国の人民は「自由で制御されない自治」を持っている。その自治を持つ政治体の憲法構造こそが、対外主権の決定的証拠だという[79]。

それでは対内主権はどのようなものだろうか。チップマンによれば、「権力の源泉である人民は、絶対的で無制限な主権を自ら保持することはなかった。主権は、人民が遵守するために作成した憲法にのっとって修正されたり制限されたうえで、保持された。この憲法においては、すべての政府でどこかに存しなければならないと宣言され、すべての国で同じようなものとなっている結合した主権、つまり絶対的で制限不可能で恣意的で専制的な至高の権力は、存在しない。もしそのようなものが主権の定義に必要であれば、われわれの憲法は対内主権に関するいかなる規定も持たない。そして経験が示すのは、制限され制御されているこの政府の諸権力は、すべての市民的制度の最大目的、つまり人民の永続的幸福と国家の繁栄に、十分に寄与する能力を持っているということである」(80)。つまり合衆国は対内主権に関する限り、分割主権の国制を持っており(81)、主権の源泉である人民でさえも、憲法の諸規定によって制限されているのだった。

また、一八四八年にフレデリック・グリムケは、「人民であれ君主であれ、正義の永遠の原則から免れていると考えられうる権力は、この地上には存在しない」と強調した。そのうえで、アメリカの主権が他の種類の主権と異なっているのは、ただ単に人民が主権者だからではなく、主権者である人民が正義の制限のもとにあるからだと主張した。合衆国の人民は、主権者はいかなる悪事もなしえないなどという考えを拒絶した。それによって、単なる部分が人民全体の意志を代替してしまうことを防ぐことができた。そして結果として、最大限の国力を獲得することができた。

アメリカの国制を誇りつつ、さらにグリムケは、「国民に最大程度の力が存するところでは、必然的に自己制限的な傾向がともなう」と主張した(82)。グリムケによれば、「政府に対する抑制として設定される憲法は、人民的政体(a popular commonwealth)では必然的に、人民に対する抑制としても働く」。つまり「アメリカ人民は、自らの持つ権力に用心深く嫉妬を抱き、力が権利を生み出すという考えに抗して努力し、『人民の主権』という語句に、古代・現代を問わず他のいかなる政体においても与えられることのなかった解釈を与えた」のであった[83]。

合衆国における二つの主権論

　もちろんこのように知識人たちによって整えられたアメリカの主権の理論的意味が、現実社会における人民主義的傾向を消滅させたわけではなかっただろう。「旧世界」からの観察者であるアレクシス・ド・トクヴィルが興味を抱いた主権者であるアメリカ人民は、あらゆる方面で完全に憲法の制限下に入っていたわけではなかった。トクヴィルは、連合と諸国（州）のあいだに「法をつくる権利」としての主権が分割されたことを認め、アメリカのシステムでは「二つの主権が向き合っている」ことを観察した。その一方で、アメリカの政治原則は、あくまでも諸国（州）において生み出されて発展してきた、とも指摘した。アメリカ連合は「法的擬制」であり、ただ人びとの心のなかにのみ存在する「理念的な国家（an ideal nation）」である。連合の主権は「ひとつの革新」であり、「技能の産物（a work of art）」でしかない。それに比べて諸国（州）の主権は、「人民自身とともに生まれ」、「自然である」[84]。

　トクヴィルは多数派の専制について警告したが、人民主権を見出していたのは実はあくまでも諸国（州）のなかであり、連合のなかではなかった。「合衆国における多数派の専制を調節するもの」と題された章の末尾に添えられた注に、トクヴィルは次のように記していた。「この章全体をとお

表３　古典的立憲主義の思潮

	イギリスの古典的立憲主義	アメリカの古典的立憲主義
思想的枠組み	諸個人の権利を基礎にした法秩序空間	
主権論の特徴	２つの最高権力の共存	連邦と国（州）の間の分割主権
国際関係の特徴	多様な社会の主権者や臣民を内包する自然法秩序	平等な諸国家からなる複合的な憲法秩序・自然法秩序

して、私は連邦政府ではなく、専制的多数派が支配している各国（州）の政府について語っている」。トクヴィルにとっては、「タウンシップにおける人民の主権は、ただ単に古いだけではなく、原初的なものである」(85)。トクヴィルが「多数派の専制」の温床として観察した人民主権論は、合衆国憲法によって人民主権が制限されているという法学者の主張にもかかわらず、地方レベルで、そして国（州）レベルで息づいていた。

合衆国憲法は自らを「至高の法」と呼び、さらに「諸国民の法」および対外的に結ばれた条約も「至高の法」とした(86)。この憲法の至高性の観念から、制限され、分割される主権の理念が導き出される。ところがアメリカの地方に実在する独立前からの人民主義的性質もまた、国制の支柱となっていた。「多数派の専制」の危険性さえ内包する主権者たる諸国（州）の人民は、憲法の至高性によって制限されるというよりも、自らの意思によって憲法をつくりだす実体として君臨しようとする。この人民主権はトクヴィルが指摘したように、法的擬制によって成立したのではない原初的なものだが、やがて近代の国民主義の勃興とともに力を増していくものでもあった。建国以来アメリカでは、トクヴィルが指摘した「擬制」と「自然」の二つの国制の支柱が、互いを支えあいながらも時には矛盾を抱え込みつつ、葛藤を繰り広げたのである。

古典主義時代の立憲主義思想は、革命によって確立されたイギリスとアメリカの国制の基盤として、広く両国の知識人層に浸透していった。この時代の主権論は、制限主権論や、同一領域内での重層的な複数の主権の重なりといった、いわば非近代的な秩序空間の構想として現れ、国内社会をめぐる主権論と国際社会をめぐる主権論の双方を貫いて存在することになった。伝統的な英米の立憲主義が、やがて強まる近代の思想傾向のなかで大きな挑戦を受けて、変質していく。しかしそれにもかかわらず、立憲主義的思想が二一世紀の今日に至るまでなお依然としてイギリスとアメリカの国制の基盤として残り続け、両国における支配的な政治思想に大きな影響を及ぼし続けている。この事実は、決して軽視することができないことなのである。

注

（1）See J. P. Sommerville, *Politics and Ideology in England, 1603–1640* (London: Longman, 1986), chapters 1, 2, 3.

（2）Robert C. Johnson, Mary Frear Keeler, Maija Jansson Cole and William B. Bidwell (ed.), *Commons Debates 1628*, vol. III: 21 April–27 May 1628 (New Haven and London: Yale University Press, 1977), p. 495.

（3）Elizabeth Read Foster (ed.), *Proceedings in Parliament 1610*, vol. 2, House of Commons (New Haven: Yale University Press, 1966), pp. 195, 197.

（4）George Lawson, *Pacta Sacra et Civilis*, edited by Conal Condren (Cambridge: Cambridge

University Press, 1992), first published in 1660, pp. 45–49, 97–98.

(5) See John Locke, *Two Treatises of Government* (Cambridge: Cambridge University Press, 1967), first published in 1690, pp. 326–327.

(6) *Ibid*., p. 385.

(7) *Ibid*., p. 385.

(8) *Ibid*., p. 424.

(9) Julian H. Franklin, *John Locke and the Theory of Sovereignty: Mixed Monarchy and the Right of Resistance in the Political Thought of the English Revolution* (Cambridge: Cambridge University Press, 1978), p. 124.

(10) Raghuveer Singh, "John Locke and the Idea of Sovereignty," *The Indian Journal of Political Science*, vol. XX, no. 4, October–December 1959, p. 328. シンが強調するのは、ホッブズとオースティンの伝統とは区別される「西洋政治思想の第二の伝統」にロックが属するということだが、同様の分類は Julie Mostov, *Power, Process, and Popular Sovereignty* (Philadelphia: Temple University Press, 1992), pp. 52–72 においても示されている。

(11) Locke, *op. cit*., p. 391. たとえばこの聖句は一六四八年に出版された当時の政治思想を扱った論争的書物の題名だが、その副題は「人民の安寧こそが最高の主権 (The Peoples Safety is the Sole Soveraignty [*sic*])」というものだった。*Salus Populi Solus Rex: The Peoples Safety is the Sole Soveraignty, or the Royalist out-reasoned* (n.k., 1648), p. 2. See also Samuel Hunton, *The King of Kings: Or The Soveraignty of Salus Populi, over all Kings, Princes, and Powers whatsoever* (London: printed for the Author, 1655).

(12) See John T. Scott, "The Sovereignless State and Locke's Language of Obligation," *American Political Science Review*, vol. 94, no. 3, September 2000.

(13) 篠田英朗「主権、人権、そして立憲主義の限界点――抵抗権および介入権の歴史的・理論的考察」『年報政治学２００１』、参照。

(14) See Wight, "Western Values in International Relations," pp. 89–91.

(15) See Martin Wight, *International Theory: The Three Traditions*, edited by Gabriele Wight and Brian Porter (Leicester: Leicester University Press, 1991).

(16) そもそも新国王オレンジ公ウィリアム、つまりオラニエ公ウィレムはネーデルラント（オランダ）から渡ってきた外国人であり、名誉革命は人民蜂起というよりも、ヨーロッパ大陸の宗教戦争と密接に結びついた「介入」によって成功したという側面がある。See Jonathan I. Israel (ed.), *The Anglo-Dutch Moment: Essays on the Glorious Revolution and its World Impact* (Cambridge: Cambridge University Press, 1991).

(17) James Parkinson, *An Examination of Dr. Sherlock's Book, entituled, the Case of the Allegiance due to Sovereign Powers, stated and resolved, etc.* (London: David Hay, 1691), pp. 27–32.

(18) *Judgement of Whole Kingdoms and Nations, Concerning the Rights, Power, and Prerogative of Kings, and the Rights, Privileges, and Properties of the People* (London: T. Harrison, 1710), pp. 3, 4, 8, 10.

(19) Andrew Michael Ramsay, *An Essay upon Civil Government: Wherein is set forth, the Necessity, Origine, Rights, Boundaries, and Different Forms of Sovereignty* (London: Randal Minshull, 1722), pp. 38, 101–107.

(20) *Rules of Government: Or a True Balance between Sovereignty and Liberty* (London: Bernard Lintott, 1710), pp. 7–8, 13–14.

(21) *The English Realm: A Perfect Sovereignty and Empire, and the King, a Compleat* (*sic*) *and Imperial Sovereign* (London: 1717), pp. 16–22.

(22) 混合政体を定めるイギリス憲法を賛美する一例として，A Gentleman of the Middle-Temple, *A Critical Review of the Liberties of British Subjects* (London: R. Watkins, 1750) を参照。

(23) William Blackstone, *The Sovereignty of the Law: Selections from Blackstone's Commentaries of the Laws of England*, edited by Gareth Jones (London and Basingstoke: Macmillan, 1973), first published between 1765–1769, p. 36.

(24) *Ibid.*, pp. 36–38.

(25) *Ibid.*, p. 94.

(26) *Ibid.*, pp. 57–61.

(27) See Jeremy Bentham, *A Comment on the Commentaries and A fragment on Government*, edited by J. H. Burns and H. L. A. Hart (London: Athlone Press, 1977).

(28) *Ibid.*, p. 18.

(29) Jeremy Bentham, *Of Laws in General* (London: Athlone Press, 1970), written in 1782, p. 5

(30) *Ibid.*, p. 16.

(31) Jeremy Bentham, *Constitutional Code*, edited by F. Rosen and J. H. Burns (Oxford: Clarendon Press, 1983), first published in 1830, pp. 25, 29–41, 45.

(32) Jeremy Bentham, *An Introduction to the Principles of Morals and Legislation*, edited by J. H. Burns and H. L. Hart (London: Athlone Press, 1970), first published in 1780, p. 296.

(33) See Jeremy Bentham, "Principles of International Law," in *The Works of Jeremy Bentham*, published under the superintendence of His Executor, John Bowring, vol. II (Edingburgh: William Tait, 1843), pp. 537–560.

(34) John Boroughs, *The Soveraignty of the British Seas. Proved by Records, History, and Municipall Lawes of this Kingodome* (London: Humphrey Moseley, 1651), written in 1633, p. 1.

(35) See Sir Philip Medows, *Observations concerning the Dominion and Sovereignty of the Seas: Being an Abstract of the Marine Affairs of England* (London: S. Lowndes, 1689), pp. 5, 34.

(36) Joseph Gander, *A Vindication of a National-Fishery. To which is added The Sovereignty of the British-Seas* (London: F. Coggan, 1699), pp. 49–55, 95. See also Joseph Gander, *The Glory of Her Sacred Majesty Queen Anne, in the Royal Navy, and Her Absolute Sovereignty as Empress of the Sea, asserted and vindicated* (London: printed for the author, 1703).

(37) See, for instance, Mathew Tindal, *An Essay concerning the Laws of Nations and the Rights of Sovereigns* (London: Richard Baldwin, 1694).

(38) Hobbes, *Leviathan*, pp. 187–188.

(39) See Bull, *The Anarchical Society*, pp. 46–51.「国内的類推」については、Hidemi Suganami, *The Domestic Analogy and World Order Proposals* (Cambridge: Cambridge University Press, 1989)、大沼保昭「国際法学の国内モデル思考——その起源、根拠そして問題性」広部和也・田中忠（編集代表）『国際法と国内法——国際公益の展開』（勁草書房、一九九一年）、篠田英朗「『国

際法学の国内モデル思考』批判の射程——その可能性と限界」中川淳司・寺谷広司（編）『大沼保昭先生記念論文集 国際法学の地平——歴史、理論、実証』（東信堂、二〇〇八年）、参照。

（40） William Penn, *An Essay towards the Present and Future Peace of Europe: By the Establishment of an European Dyet, Parliament, or States* (Gloucester: John Bellows, 1915), first published in 1693-1694, p. 12.

（41） *Ibid.*, p. 18.

（42） *Ibid*, p. 19. テンプル自身の「主権の三つの段階」についての記述は、*William Temple, Observations upon the United Provinces of the Netherlands* (Oxford: Clarendon Press, 1972), first published in 1673, pp. 52-74 を参照。

（43） 独立戦争前の政治論争の焦点は、イギリス憲法秩序において、植民地に対するイギリス国王の主権は「制限」されるかどうかであった。See, for instance, The Pennsylvanian Farmer, *A New Essay on the Constitutional Power of Great-Britain over the Colonies in America* (Philadelphia: J. Almon, 1774), p. 96.

（44） いわゆる「ウェストファリア・モデル」との対比において、初期アメリカの秩序を典型とした「フィラデルフィア・モデル」を提示したのは、Daniel H. Deudney, "The Philadelphian System: Sovereignty, Arms Control, and Balance of Power in the American States-Union, circa 1787-1861," *International Organization*, vol. 49, no. 2, Spring 1995 である。

（45） *The Constitution of the Several Independent States of America; The Declaration of Independence; The Articles of Confederation between the said States; The Treaties between his most Christian Majesty and the United States of America* (New York: A. S. Barnes & Co., 1852), pp. 187, 190–191.

(46) もっとも、独立宣言の起草者であるトマス・ジェファーソンは、いくつかの点で強い人民主義的な傾向を持つ人物であった。たとえばジェファーソンの主張には、憲法は世代ごとに批准されなければならないというものがあった。See Merrill D. Peterson, "Mr. Jefferson's 'Sovereignty of the Living Generation,'" *Virginia Quarterly Review*, vol. LII, 1976, pp. 437–447. なお一九世紀アメリカでの自警団をめぐる議論に、「法の支配」と「人の支配」との対立構造があるとの指摘は、Christian G. Fritz, "Popular Sovereignty, Vigilantism, and the Constitutional Right of Revolution," *Pacific Historical Review*, vol. 63, no. 1, February 1994 を参照。

(47) *The Constitution of the Several Independent States of America*, p. 9.

(48) *Ibid.*, p. 193.

(49) 各国（州）の主権が合衆国憲法制定以前には疑われることがなかった点については、C. Perry Patterson, "State Sovereignty v. National Sovereignty prior to 1789," *New York University Law Quarterly Review*, vol. XXIV, no. 3, July 1949 を参照。

(50) See Issac Kramnick, "Editor's Introduction," in James Madison, Alexander Hamilton and John Jay, *The Federalist Papers* (London: Penguin Books, 1987), first published in 1788, pp. 16–28.

(51) Quoted in Bernard Schwartz, *A Commentary on the Constituton of the United States, Part I, The Powers of Government* (New York: Macmillan, 1963), p. 33.

(52) 実際には、マジソンが諸個人の権利を守るためのロックの自由主義的制限政府を尊重していたのに対して、ハミルトンの願望は国際社会で活躍できる強力な統一国家をつくりあげることにあったが、両者の相違は『ペーパーズ』での議論のニュアンスからも推察できる。たとえばMadi-

son, Hamilton and Jay, *The Federalist Papers*, p. 146を参照。

(53) *Ibid.*, pp. 257–259, 262, 277, 365.

(54) *Ibid.*, pp. 220, 222.

(55) *Ibid.*, pp. 293–294.

(56) Quoted in Martin B. Hickman, "Double Majesty: Madison's Middle Ground," in Dalmas H. Nelson and Richard L. Sklar, *Toward a Humanistic Science of Politics* (Lanham, MD, New York and London: University Press of America, 1983), pp. 361, 375.

(57) Madison, Hamilton and Jay, *op. cit.*, p. 297.

(58) James Madison, *Notes of Debates in the Federal Convention of 1787 reported by James Madison* (New York and London: W. W. Norton & Company, 1987), pp. 97–98. See also Jonathan Elliot (ed.), *The Debates in the Several State Conventions on the Adoption of the Federal Constitution*, second edition (Philadelphia: J. B. Lippincott Company, 1901), first published in 1830, pp. 402–404.

(59) "Letter from the Constitutional Convention to the President of Congress," in Bernard Bailyn (ed.), *The Debate on the Constitution: Federalist and Antifederalist Speeches, Articles, and Letters During the Struggle over Ratification*, Part One (New York: Library of America, 1993), p. 965.

(60) たとえば制憲会議においてメリーランドのルター・マーチンはこう論じていた。「諸国（州）は主権のこの権利を放棄するかもしれない。しかし彼らはそうしなかったし、そうするべきではない。諸個人のように、諸国（州）は自然状態において平等に主権的であり自由である。平等である諸国（州）は、自らの自由を放棄することなくしては、投票の平等を放棄して取引したり連合したりすることはできない」。しかしノースカロライナのヒュー・ウィリアムソンの主張では、「あらゆる政治的真実が数学的論証に基礎づけられるとしよう。そうすると、もし諸国（州）がいま平等に主権的で、主権の平等な比率を分与するならば、彼らは平等に主権的であり続けるだろうということになる。」Madison, *Notes of Debates*, pp. 202, 204. マサチューセッツのルフス・キングは、諸国（州）は特定の要素を欠いているために主権的ではない、と指摘した。「『諸国（州）』、『主権』、『国民的』、『連邦的』などという用語の導入は、不正確に、かつ、ごまかしとして用いられ、適用されてきた」のであり、「国家主権の亡霊」は、諸個人の権利の「実質的善」と対比される。キングによれば、「いかなる諸国（州）ももはや主権的でも独立的でもない。……議会の為政者（the magistracy in Congress）が主権を持つ。」*Ibid.*, pp. 152, 228, and Elliot (ed.), *The Debates in the Several State Conventions*, p. 426. マサチューセッツのエルブリッジ・ジェリーは、「諸国（州）と彼らのための提唱者たちは、主権の観念に溺れている」と断じた。*Ibid.*, p. 217. 合衆国最高裁判所は、一八二一年の「コーエン対ヴァージニア国（州）事件」において、「人民の利益にのみ役立つ多くの場合、諸国（州）の主権は放棄される」とした。Quoted in Allen Johnson (ed.), *Readings in American Constitutional History 1776-1876* (Boston, *et al.*: Houghton Milfflin Company, 1912), p. 288.

(61)　The Impartial Examiner, "To the Free People in Virginia," published in *Virginia Independent Chronicle*, 20 February, 1788, quoted in Harbert J. Strong (ed.), *The Complete Anti-Federalist* (Chicago and London: University of Chicago Press, 1981), 5-14-4, p. 178.「政治の語法違反（a solecism of politics）」という表現は、ほかのアンチ・フェデラリストたちによっても使われた。

See "letters of Centinel" and "The Address and Reasons of Dissent of the Minority of the Convention of Pennsylvania to their Constituents," in *ibid.*, 2-7-99, p. 169, 3-11-23, p. 155; "Samuel Adams to Richard Henry Lee, Boston, December 3, 1787," in Bailyn（ed.）, *The Debate on the Constitution*, p. 46.

（62） "Letters of Agrippa," in Strong（ed.）, *The Complete Anti-Federalist*, 4-6-21, p. 79.

（63） An Officer of the late Continental Army, "To the Citizens of Philadelphia," in *ibid.*, 3-8-3, p. 93.

（64） A Farmer, "The Fallacies of the Freeman," published in（Philadelphia）*Freeman's Journal*, 16 April and 23 April 1788, in *ibid.*, 3-14-19, 20, p. 190.

（65） Patrick Henry, "Speech in the Virginia Ratifying Convention, 4 June 1788," in *ibid.*, 5-16-1, p. 211. 同様の指摘については、Elliot（ed.）, *The Debates in the Several State Conventions*, vol. IV, pp. 15-16, 23-24 を参照。

（66） "Essays by Cincinnatus," in Strong（ed.）, *The Complete Anti-Federalist*, 6-1-40, p. 26.

（67） 第一回連邦議会で追加された修正条項のうち最も重要なのは、修正第一〇項である。「憲法によって合衆国に委譲されず、諸国（州）に禁じられていない権力は、諸国（州）それぞれに、あるいは人民によって保持される。」See Elliot（ed.）, *The Debates in the Several State Conventions*, pp. 319-339.

（68） *Ibid.*, p. 336.

（69） "Yates's Minutes," in *ibid.*, vol. 1, p. 461. マジソンは次のようにも述べていた。「最低の自治体から最高の主権者まで、あらゆる社会には権力の等級がある。」Madison, *Notes of Debates*, p. 213.

（70）"Yates's Minutes," in Elliot（ed.）, *The Debates in the Several State Conventions*, pp. 417, 419. See also Madison, *Notes of Debates*, pp. 129, 132, 133.

（71）Elliot（ed.）, *The Debates in the Several State Conventions*, vol. IV, p. 528.

（72）Quoted in J. Mark Jacobson, *The Development of American Political Thought*（New York, London: Century, 1932）, p. 410.

（73）The Supreme Court in the case of *Chisholm, Executor, v. Georgia*, 1793, quoted in Johnson（ed.）, *Readings*, p. 140. 別の事件（*Ware v. Hylton* [1796]）で最高裁判所が用いた表現によれば、「各国（州）はすべての対内主権（internal sovereignty）を保持し、……議会（Congress）は適切に対外主権の大きな権利（the great rights of external sovereignty）を持つ。」Quoted in Charles E. Merriam, *History of the Theory of Sovereignty since Rousseau*（New York: Columbia University Press, 1900）, p. 163. また最高裁判事ウィルソンの一七九三年の意見によれば、「合衆国憲法にとっては……主権者という語は全く未知のものである。」Quoted in Schwartz, *A Commentary*, p. 31. 最高裁判所は各国（州）を「擬似主権者（quasi sovereign）」と呼んだこともある。Quoted in *ibid.*, p. 32.

（74）おそらくは上院と下院の機能の相違を念頭において、ヴァージニア選出上院議員テイラーは、「人民の主権」と「諸国（州）の主権」を区別しつつ、両者が合衆国憲法を支えているとした。そのうち前者が人民の自由と主権を守り、後者が国（州）の自由と主権を守るのだという。"Mr. Taylor of Virginia in debate in the Senate, December 2, 1803," quoted in Johnson（ed.）, *Readings*, p. 221.

（75）Quoted in Joseph Story, *Commentaries on the Constitution of the United States*（Boston: Little,

Brown, and Company, 1891), first published in 1833, p. 152.

(76) Story, *Commentaries*, p. 149.

(77) *Ibid*., pp. 151–152.

(78) Nathaniel Chipman, *Principles of Government: a Treatise on Free Institutions including the Constitution of the United States* (Burlington: Edward Smith, 1833), p. 137.

(79) エドワード・マンスフィールドもやはり自治に主権の証拠を見出す。「国家あるいは国民が主権的であるならば、別の権力に依存することなく、自らを統治しなければならない」。マンスフィールドも分割主権論の支持者である。Edward D. Mansfield, *The Political Grammar of the United States* (New York: Harper & Brothers, 1834), p. 13.

(80) Chipman, *Principles of Government*, p. 144.

(81) See *ibid*., pp. 273–274.

(82) Frederick Grimke, *The Nature and Tendency of Free Institutions*, edited by John W. Ward (Cambridge, MA: Belknap Press of Harvard University Press, 1968), first published in 1848, pp. 241, 246.

(83) *Ibid*., pp. 247–248, p. 251.

(84) Alexis de Tocqueville, *Democracy in America*, originally published in 1835 in French, translated by George Lawrence (London: Fontana Press, 1994), pp. 61, 123, 143, 164, 166, 167.

(85) *Ibid*., pp. 260, 270.

(86) See the US Constitution, Article I Section 8, Article VI.

第2章

国民国家確立と立憲主義的主権の変容

●一九世紀

本章は、近代における国民主義の台頭が、イギリスやアメリカで広がった立憲主義の思想に与えた影響を追う。近代に入って「国民＝民族」が生きる有機体として意識化されるにつれて、国民と国家とを同一視することが道徳的に正しいという価値規範が定着していった。そのとき主権は、国民国家に本質的に宿る、特別な超越性を指す概念として語られることになる。主権は、真の国家と疑似国家を峻別する基準としても用いられることになる。また、どこかに必ず真の主権者が存在するはずだ、という特有の問題意識が高まったのも、一九世紀であった。目に見えない主権をあたかも実在物であるかのように追い求めるという一九世紀に特徴的な現象を、本章では、主権の「物象化」と呼ぶ。

国家全体が生きる有機体として擬人化される思考様式も一九世紀に定着した。それによって、擬人化された諸国家が集まる国際社会の考え方も生まれてくる。さらに、諸個人が生活する国内社会と、諸国家が生活する国際社会を類推比較する、いわゆる「国内的類推」の考え方も、しばしば見られるようになっていく。

一九世紀から二〇世紀初頭にかけての時代には、「国内的類推」は帝国主義を肯定する方向で働いた。一九世紀のヨーロッパ諸国はまだ階級が色濃く残る社会であり、同時に適者生存のダーウィン流の進化論が近代的進歩主義の装いを持って広まっていった時期でもあった。国家間関係における巨大な力と地位の格差、そしてその反映としての植民地主義・帝国主義は、進化論と同じように自然にかなったものとして当然視されたのである。

本章はこのような時代を分析するにあたって、第1節において、議論の導入としてフランス革命後のヨーロッパ大陸諸国における国家主権をめぐる議論について考察する。第2節は、一九世紀から二〇世紀初頭にかけてのイギリスの政治・法思想における国家主権概念の変容をたどる。第3節は、第一次世界大戦勃発時までのイギリスの国際法学の文献を渉猟《しょうりょう》する。第4節は、同じ時期のアメリカの政治・法思想の変遷を対象とする。第5節では、アメリカの国際法学者に焦点をあてることにする。

1　大陸における国民国家思想の台頭

フランス革命後の主権論

一七八九年に起こったフランス革命は、それ以前に英米で起こった市民革命とは異なる要素を持っていた。フランス革命において初めて「国民」概念が重要な政治原則として現れ、主権概念とも結びつけられたからである。たとえば一七八九年「人と市民の権利宣言」は、「あらゆる主権の原理は、本質的に国民に存する」と規定した。また一七九一年のフランス憲法は、「主権は、単一、不可分で消滅することがなく、かつ譲渡することができない」とした。より急進的な一七九三年憲法によれば、「人民のいずれの部分も、人民全体の権力を行使することができない」としても、「主権的議会の各部分は、完全な自由をそなえてその意思を表明する権利を享有すべき」であり、また「主権を侵奪する全ての個人は、直ちに自由な人びとによって死刑に処せられるべき」なのであった(1)。

このようなフランス革命が放った影響は巨大であった。それはヨーロッパ全土に広がり、政治的立場を超えて主権概念をめぐる思想にも変化をもたらした。カトリックの伝統にそって代表的な反革命的主権論を展開したジョセフ・ド・メストルの例を見てみよう(2)。「主権は神に由来する」と主張したメストルによれば、社会と主権は同時発生した不可分なものであり、主権者が存在しなければ「人民」も存在しえない。したがって人民主権という考えは愚かなものであり、民主主義とは「主権なき人びとの結合」以外のものではない(3)。「大共和国」とは「四角い円」と同じように矛盾した語であり、どんな政体でも主権者と臣民の区別は存在するのだという(4)。ところがこのような反動的思想を展開したメストルでさえ、国民概念の重要性は認識していた。むしろ統治者と被統治者の分離は国民的統一にとって必要なものであり、「国民は人間のように生まれて死ぬ」のであり、「国民は全体的精神を持っている」。宗教と政治とは「ひとつの全体的あるいは国民的理性（une raison universelle ou nationale）」に収斂するはずであり、信仰と愛国心は世界の二大奇跡だと論じた(5)。

革命後のフランスでは、さらに特異な主権概念が、さまざまな論者によって語られていた。ひとつの興味深い例が、抽象概念の主権の考え方である。それはたとえば、「理性こそが権利と主権の真の、そして唯一の原則である」といった言い方で表現された(6)。著名な歴史家であり、一八四八年二月革命時には内務大臣を務めることになるフランソワ・ギゾーは、人民主権も神の主権も否定したうえで、「理性・正義・権利の主権」なるものを提唱した(7)。ルソーの一般意思に対抗して、ギゾーは、「正統権力の唯一の真の源泉である永遠の理性」が主権であるとした(8)。この理性の主権論は時には代議制政府の正当化に用いられるかもしれず(9)、あるいは国王を「主権的理性・真理・善の人的表現」とするのに役立つかもしれなかった(10)。

実はこれらの新奇な言説の背景にこそ、革命後の時代状況があった。革命がもたらしたのは、主権者と主権概念との分離という事態だった。革命は主権者である国王を殺害した。絶対的権力の保持者である主権者が殺されたということは、彼にかわる新しい主権者が登場しなければならないことを意味した。しかし革命後の政治的混乱のなかでは、新しい主権者である国民が主権者として統治することは非現実的であった。つまり主権を担う主権者が不在となったのである。それにもかかわらず、革命で重要視された主権という概念は依然として崇高な理念として意識され続けた。その結果、主権概念が主権者たちとは離れて至高なものとして君臨するための論理構成が模索されることになったのである。

メストルは「アルキメデスは、世界を存立させるには世界の外に支点が必要だということを知っていた」と述べた[11]。メストルにとって主権が必要だったのは、社会を存立させるためには何らかの超越的「支点」が必要だったからであった。もし「支点」となっていた特定の人物が消滅したのであれば、神であれ、理性であれ、何らかの超人間的な存在が「支点」を形成しなければならない。革命後の特異な主権をめぐる言説は、主権概念が主権者から切り離され、いわば浮遊する超越的概念となってしまった状況を示している。

フランス革命後のヨーロッパの混乱を収拾するために形成された一八一五年の神聖同盟では、次のように宣言された。「ひとつの家族、つまりオーストリア、プロシア、ロシアは、彼らと彼らの人民が属するキリスト教世界が、神以外のいかなる主権者も持たないと告白する」[12]。神聖同盟は反革命の反動勢力による時代遅れの産物とみなされがちだが、実は革命後のヨーロッパにおける主権概念の変容によって必要とされたものだった。メストルは神あるいは教皇の権威に訴え、ギゾーは理性なるものの権威に訴えて、国民国家の存立を基礎づけようとし、神聖同盟の参加者たちもまた神なる超越的権威に訴えて自らの主権の超越性を担保しようとした。これらはすべて、フランス革命によって主権者から離れて浮遊し始めた主権概念を、別の超越的価値によってつなぎとめようとする試みだったと言えよう。神聖同盟に参加しなかったイギリスやアメリカにおいては、「支点」の必要性は大陸諸国においてほど強くは感じられていなかった[13]。両国では、むしろ主権を規則づけるものとしての憲法、つまり立憲主義的国制が信頼されるようになっていたのである。

もっとも、主権の至高性は、主権者の権威によってだけでは維持できない。そこで主権概念の抽象性は高まった。とくにヨーロッパ大陸においては、主権の絶対的至高性という抽象的観念が一人歩きを始めるようになった。そこで登場したのが、人格化された国民国家全体が生きる実体として至高の主権を保持する、という理論であった。

ドイツ国法学と主権の物象化

超越化した主権概念を、超越的人格となった国民国家によって救い出す試みでは、ヘーゲル以降のドイツの思想家たちが指導的役割を演じた。ドイツでは英米流の立憲主義は根づかず、リベラルな「法国家（Rechtsstaat）」の学派に属するフリードリッヒ・シュタールですら、権力分立などではなく、むしろ国家の有機的統一性によって立憲主義は達成されると考えていた(14)。また、一九世紀中盤の法思想家ヨハン・ブルンチュリは、人格を持つ有機的全体性としての「国家の主権」を強調した(15)。ドイツの政治・法思想家は次々と、従来の君主主権論から法思想を脱皮させる国家主権論の意義を論じたのである。オットー・ギールケは中世以来の団体法理論を精緻化したが(16)、団体（Genossenschaft）の法人格に関する議論は、実はドイツ帝国の有機的主権論へとつながっていくものでもあった。ドイツ帝国成立以降は、パウル・ラバンド、ゲオルグ・イェリネック、ルドルフ・イェーリングといった国法学者たちが活発な議論を展開し、ドイツ法学の水準の高さを世界各国に見せつけていった。一九世紀末になると、ハインリッヒ・トライチュケのように、国家を力と定義して戦争を必然的なものとする者も現れた(17)。

一八七一年の統一以前のドイツは、ひとつの国家としての姿をなしていなかった。神聖ローマ帝国が一八〇六年に最終的に崩壊した後に成立したドイツ連邦は「主権君主と自由国家の国際連合（völkerrechtlicher Verein）」と規定されていた(18)。一八七一年以前に制定されたドイツ連邦諸国の憲法は、主権君主と貴族の名において制定されたものばかりであり、国家主権という考えを持っていなかった(19)。ドイツ国民に国家としての人格が与えられたのは、一九世紀の国民主義のうねりのなかで生まれた統一ドイツ帝国においてであった。

ただし、一九世紀帝国主義の時代には、あらゆる国家に主権が認められたわけではなかった。ヨーロッパとアメリカ大陸の外では、主権国家の存在はほとんど認識されなかった。そしてヨーロッパの帝国内部にも、主権の消滅が見られた。ドイツ法学者たちはドイツ連邦・帝国とその内部の諸国の主権の性質を論じ合い、帝国内の弱小国家を「半主権」「不完全主権」「擬似主権」国家と呼んだりした(20)。そして真の主権が帝国にあるか、諸国にあるか、プロシアにあるかと、推量しあった。近代以前であれば、複数の主権が共存する枠組みが分析対象となりえたが、近代において抽象的価値としての超越性を高めた主権は、そのような対象となることを許さない。真の主権はどこに実在するのか、という問いが繰り返しなされていくのであった。

このような近代の主権をめぐる思想状況を、主権の「物象化」と呼ぼう。なぜなら、主権が現実の状況に応じて操作される概念としてではなく、現実世界のどこかに存在している実在物として想定されたからである。たとえどんなに発見が困難であっても、絶対不可分の主権という実体は必ず存在していなければならない。そのような仮定を適用するのであれば、真の主権を担えるのは、自然人を越えた超越的存在だけになるだろう。主権概念が特定の人間の手から離れて抽象的性格を高めたのである。そして、国民全体の意思を基盤とし、有機的に理解された国家が、真正な主権の担い手として現れることになる。

一九世紀の国民国家原則は、二〇世紀後半のそれとは異なる。二〇世紀後半においては、国民国家原則は民族自決権を媒介として、普遍的に適用されるものとなった。しかし一九世紀においては、主権の至高性は民族自決権などで相対化されるものではなかった。主権の担い手としての国民の至高性が高まる一方で、その至高性は決して世界のあらゆる民族（国民）に与えられるものではなかった。ヨーロッパの一部の国民をむしろ例外とし、世界のほとんどの民族には主権が認められなかった。二〇世紀後半では民族自決権が主権付与の理由となったのとは全く逆に、一九世紀においては主権の至高性に値する実力を持つ国民だけが国家としての地位を認められたのである。

おそらく一九世紀末の帝国主義の時代には、「国内的類推」の特殊な思考様式が広まっていた。国民国家の主権という原則がヨーロッパで確立される一方、主権の名に値しないと思われた民族は、容赦なき植民地化・併合の対象となった。人間の構成する社会において適者生存の法則が存在するように、集団的人格である国民が構成する社会においてもやはり適者生存の法則が存在するという思考形態があった。それが、この時代の帝国主義を正当化する「国内的類推」の特徴である。国民だけが真の絶対主権を担うことができるとしても、各国民は主権国家の称号に値する実力を持っていることを自らの力で証明しなければならなかった。主権は国民の存在に従って与えられるのではなく、国民の実力を審査する基準として働いた。一九世紀に国民国家と帝国主義が同時に広がったのは、決して偶然ではなかった。

2　イギリスにおける近代主権論の進展

一九世紀に入ると、イギリスでも次第に古典主義的な立憲主義が時代遅れだと感じられていった。ブラックストンを批判して功利主義を打ち立てたのはベンサムであったが、本節ではその後に登場した一九世紀前半のジョン・オースティンから、一九世紀後半に議会主権の原理を体系的に説明したA・V・ダイシーへとつながるイギリスの法思想の流れに着目して、イギリスにおける主権概念の変遷を見ることにする。

オースティンの主権論

一八三二年、イギリスの選挙人数を大幅に増加させる一連の選挙法改正が始まり、オースティンの講義録はその年に出版された。オースティンによれば、主権には二つの要件が必要である。第一に、「その社会の大部分が特定の共通の上位者に従属する慣習（a habit of obedience or submission）を持っていること」、第二に、「上位者である個人、あるいは諸個人の集団は、特定の人的上位者に従属する慣習を持たないこと」である。そこで「あらゆる法は、主権者あるいは主権集団によって、主権独立政治社会の構成員に対して定められた」ものだというオースティンの実定法主義が生まれる。(21)

オースティンは憲法規範を、国制を定める「実証的道徳」と定義し、主権者の違法行為は問えないが、違憲行為は問えると述べた。しかし、自然法的発想や社会契約論は拒絶した。「あらゆる政府の永続性と起源は、(功利の原則に基づく)人民の同意に由来する」。つまり「主権者の権力は人民から流れ出すのであり、あるいは人民こそが主権権力の源泉である」。オースティンはまたアメリカ合衆国やスイス連邦やドイツ連邦の例をとって、連邦政府の主権について考察しつつ、各国(州)で主権者である市民集団が構成する一大集団に連邦の主権も宿ると結論づけてもいた[22]。だがそれでは、アメリカなどにおいては圧倒的多数の市民が主権者であり服従者であることになる。そこでオースティンは、「憲法を決定した部分的集団が実際には主権者である」とも論じた。ただし彼は、憲法規範を決する集団は可変的だと考えていた。「至高の政府の憲法(constitution)は成長する。……共同体の連続する諸世代の実証的道徳規則が、大まかな正確さを持って徐々に、そして非体系的に憲法を決してきた[23]」。

このようなオースティンの法理論が一九世紀のイギリスで頻繁に参照されたことは、功利主義の政治論や自由放任主義の経済論が隆盛した当時のイギリスの時代背景を考えなくては理解できないだろう。主権を「服従の慣習」によって基礎づけるオースティンの法理論が示すのは、服従することの功利主義的な利益であった。オースティンの理解者であったジョン・スチュアート・ミルが断言したように、「実践的な」イギリスにおいては人民主権の教義は根付いていなかった[24]。一八六五年にウォルター・バジョットは、そもそも主権の問題はイギリスの諸制度の「威厳部分」に関するものでしかなく、より重要な「実効的部分」の問題は内閣などにかかわるとした[25]。「実践的な」イギリス人には伝統的な立憲主義が形式的虚構に見え始めたのである[26]。また、大陸的な人民主権論や国民国家論も理念的すぎるものとして映っていた。一九世紀イギリスの「実践的」思考は、「服従の慣習」を功利主義的に理解することに注意を向けていた。

しかし、一九世紀初頭に四〇〇〇人にすぎなかったイギリスの選挙民の数は、第三回選挙法改正が行われた一八八四年以降には五〇〇〇万人にまで膨れ上がった。このような数の人びとがすべて主権者であり、ほかの者たちの上位に君臨しているというのはどういうことだろうか。適者生存説に基づく社会進化論を唱えていたハーバート・スペンサーは、ベンサムやオースティンの理論に従えば、同一個人が公的には主権者であるが私的には服従者であるという馬鹿げた事態に陥ると述べた(27)。このスペンサーが嘲笑した事態こそが、まさにベンサムやオースティンが伝統的な立憲主義の枠組みを完全には壊すことなく解決しようとした問題であり、イギリスの立憲主義が一九世紀を通じて深刻に意識した解決困難な問題であった。

ダイシーの主権論

一九世紀最後の四半世紀になると、イギリスも本格的に帝国主義的拡張の時代に入った。そこでイギリス帝国の国力増強と国内（連合王国［United Kingdom］内）の民主化を同時に推進すべきという声が、さらに強まった。ダイシーが一八八五年に出版した憲法学の概説書が、瞬く間に新しいイギリス国制の権威的「解説書」として受け入れられることになったのは、そのような時代においてであった(28)。

ダイシーにとって憲法とは「国家の主権権力の配分と行使に直接的・間接的に影響するすべての

規則」[29]、つまり主権にかかわる法のことであった。ダイシーによれば、イギリスの主権は国王、貴族院、庶民院の三者から成る議会に属している。だが主権者が相互制限されているわけではない。ダイシーは「制限主権」のような考えを言語矛盾だとして拒絶し、主権が制限されているように見えるのはすべて、主権の場所が移動していたり、主権の範囲が拡大してかつての主権者がその一部となったりした場合にすぎないと説明した[30]。つまり、国王の主権は制限されているのではなく、国王が議会の絶対主権の一部になったにすぎないのであった。またダイシーは、議会主権から選挙民を排除した。むしろ、「法的主権」と「政治的主権」とを混同したとの理由で、オースティンを批判した。ダイシーの議会主権はあくまでも「法的主権」であり、それは主権者の法創造権力には法的にいかなる制限も課されないということを意味した。選挙民は「政治的主権」を構成しているかもしれない。しかし「政治的主権」とは政治的主権者の意思に国家の市民が究極的には服することを意味し、憲法が定める議会の「法的主権」とは別の事柄なのであった[31]。

このことは、単なる制限主権論や分割主権論の否定を超えて、イギリスの主権概念史において重大な意味を持つ。ダイシーは、「法的主権」と「政治的主権」を区分する議論によって、「法的主権」の保持者としての議会主権の絶対性を確保した。なぜならダイシーは、結果として人民が主権者の称号を持つことをかなりの程度認めた一方で、その人民の主権は議会の法的主権と決して矛盾しないかわりに、重なり合うこともないと断定したからである。

くわえてダイシーは「法的主権」者に対しても、臣民の抵抗というある種の制限が働くかもしれないことを認めた。しかしそれはあくまでも外的なものであり、「法的主権」の憲法秩序にかかわるものではなかった。彼はただ「真の代議制政府のシステム」では主権者と外的制限との摩擦が生じないだろうと付記するだけで、憲法の「解説者」として、その摩擦の性質や正当性については、いっさい論じなかった。「法的主権」と「政治的主権」はそれぞれが別の世界に押しやられることによって、それぞれの閉じられた世界においてのみ絶対的な存在となった。ダイシーは、イギリスでは両者は対立しないという楽観的な態度を表明するだけで、両者の関係を規定する憲法規範を論じようとはしなかった。(32) いわばダイシーは、主権の絶対性を取り戻すために、ロックの「通常権力」と「制憲権力」がひとつの秩序で共存する古典的な立憲主義の枠組みを放棄することを選んだのであった。

ダイシーの二つの主権によって、イギリス帝国の勢力拡充を図る議会の主権と、連合王国内の民主化を求める人民の主権が、同時に満たされることになる。ダイシーはヴィクトリア（ニュージーランド）などを、鉄道会社や学校などとまとめて、「非主権的法創造体」と呼んだ。真の主権者はウェストミンスターの帝国議会だけであり、その他の組織はすべて、植民地議会であろうと企業であろうと、何であろうと大差なかった。しかもダイシーは、フランスやベルギーなどの諸国の議会さえも、成文憲法典に服するという点で「非主権的法創造体」だとした。アメリカ合衆国の法的主権者は、「いくつかの諸国の四分の三の共同行動によって成立する集合体の過半数」だとされるが、それは「居眠りをしている君主」のようなものである。(33) さらにダイシーは、フランスの「行政法」優位の伝統と比べて、英米の「法の支配」の伝統が諸個人の権利をよく保護してきたと誇る。(34) 要するに、あらゆる側面において、イギリスの帝国議会が最も優越的な主権を保持しており、帝国議会に優る法的主権者はいないのであった。

しかしこのようなダイシーの憲法解釈は、二〇世紀に入るとさらにすばやく流れる現実に取り残されそうになってしまう。一九一五年に彼の憲法論の第三版が出されたとき、ダイシーは長大な序文を設けて憲法秩序の変化についてさらに解説をしなければならなかった。まず一九一一年の議会法によって貴族院の権限は著しく奪い取られたため、ダイシーは主権の所在そのものは変化していないが「庶民院が持つ主権の割合が増加した」との説明を施さなければならなかった。また植民地の自治権が拡大したため、ダイシーは帝国議会の全能性が十分にあてはまるのは連合王国内部のみであると認めなければならなくなった。ダイシーの説明によれば、帝国議会は自治領（Dominions）に対する主権を維持しているが、イングランドの植民地政策として各自治領に「地方自治」が与えられた。さらにダイシーは「法の支配の衰退」にかかわる国民意識の変化についても懸念していた。「イングランドでは民主政府が、法の支配からの逸脱が招く危険や破滅について何ら知ることのない市民たちに、すでに投票権を与えてしまった」。そこで彼は訴えた。「国民の権威あるいは国民主権、または国民的意思の概念などというものは、賢明な人物が適切にも放棄する政治的もしくは形而上的虚構の一種である」[35]。

一九一五年当時八〇歳ちかくになっていたダイシーにとって、依然としてフランス革命で表明された国民主権論は忌むべき危険な形而上的観念であった。もちろん彼は、その理念の力を無視できなかったため、「政治的主権」を考案し、人民主権をそのなかに押し込めた。しかし二〇世紀になって労働運動や社会主義運動の支援を得た大衆運動の力は、「法的主権」を圧倒する勢いを「政治的主権」にもたらしていた。ダイシーはあくまでも帝国主義時代のイギリス憲法の擁護者であった。

真の主権者の探索

一方で、ダイシーと同時代の政治学者ヘンリー・シジウィックは、人民主権の契機を認めた。彼は選挙民に主権が宿っていることは否定できないとし、いかなる国においても人民の多数派集団が至高の政治権力を持っているとした[36]。政治哲学者デヴィッド・リッチーは、「名目的」、「法的」、「政治的」の三つの主権を見出した。リッチーによれば、多元的な主権は、政治体の有機的統一性によって説明されるべきものだった。彼はさらに、自然淘汰が、どの国民が生き残るべきかを決するとも論じた[37]。スコットランドの憲法学者ウィリアム・マッキニーは、議会の「法的」主権と人民の「政治的」主権、そして国王の「名目的」主権を認めたうえで、「政治的」主権は「国家の独立」と「全体のあらゆる部分に対する権力」とを表すもので、国家それ自体に属し、「国家自体が消滅しない限り失われえない」ものだとした。「法的」主権は、「政治的」主権者である人民の意志の表明であり、「ある国民の立憲主義の歴史全体は、法の源泉である一般意思が外的形式に自己実現をはかる努力の記録」なのだった[38]。政治学者ジェイムズ・ブライスは、主権には「法律上の（*de iure*）」主権と「事実上の（*de facto*）」主権があると主張した。前者は法的・形式的世界の主権だが、後者は現実的・物質的世界の主権である。前者は分割可能であり制限可能だが、後者は最強の人物のみに属し、分割できないうえに、定義上制限されえない。ブライスによれば、この二つの主権を分化することによって、主権は国内の法的領域で制限されるが、法規範の通用しない国際的な場では制限されえないことがわかるという[39]。

二〇世紀初頭にオースティン法理論の注釈書を出版したジェトロ・ブラウンは、一九世紀に起こったことを簡明に説明した。ブラウンによれば、イギリスには政府、選挙民、多数派人民、道徳的有機体という四つの担い手に応じた四つの主権があったが、彼はそこに社会の進歩の要素を考慮すべきことを提唱した。社会は単なる政治集団から、民主的共同体をへて、国民的生命の実現へと至る。成文憲法がないイギリスでは形式的至高性がどの権力に与えられるかを決めるために「人民の同意」概念が用いられてきたが、「より論理的な解決策は、主権を国家それ自体に帰属させることである」。国家の主権という理論こそが、主権の意味を完璧に維持してくれる。なぜなら国家そのものだけが、究極的な法の源泉としての真の主権者の地位を保持できるからである。「近未来の法学は国家自体を真の主権者と認め、イギリス議会などの機関を主権者としてではなく、主権器官(the sovereign-organ)として描写するだろう。……われわれは国家をひとつの統一体、ひとつの人格、ひとつの主権者として考えることを、恐れてはならない[40]」。ブラウンがどうしてもイギリス人が恐れてしまうものとして指摘したのは、すでにドイツで広く認められていた国家の主権の教義であった。イギリス人たちは大陸の形而上的思考を軽蔑し、自らの実務的思考を誇っていた。ところがついにイギリス人たちも二〇世紀に入るころには、国家の有機的人格を認め、その抽象的人格に主権を帰属させる以外には時代の流れに応じた国制を維持できないと考え始めたのである。

すでに指摘したように、この時代の特徴は、主権をあたかも現実世界の実在物であるかのようにみなし、その所在を探し当てる試みが多くなされたことである。かつては主権が制限的あるいは多元的に認められ、主権の問題は立憲主義的な国制の枠組みに解消された。ところが近代になると、主権が制限されているかのような状況に直面したとき、制限されているものは主権ではないとの理由から、それでは真の主権はいったいどこにあるのか、という問いがなされることになった。そして、真の主権者探しという困難な作業を解決するために、有機的人格を持つ国家の至高性が強調されるようになったのである。

政治思想における理想主義者

一九世紀末にイギリスにおいてすら国民国家主権論が台頭したことを如実に示すのは、政治理論におけるいわゆる「理想主義者（idealists）」たちの登場である。T・H・グリーンによれば、ルソーの一般意思論の主権者は単に「法律上の（*de jure*）」主権者であり、「事実上の（*de facto*）」主権者は強制力を行使する権力者であった。しかし一般意思が主権の源泉であるので、諸個人は主権に参画しており、それゆえ主権者を批判できない。グリーンによれば、主権者と臣民は実際には相互関連的なのであり、「共通善」の合理的認識に基づいて一体のものとして融合する。(41)

グリーンよりもさらにヘーゲル哲学の要素を取り入れたのが、バーナード・ボサンケトであった。彼は心理学の成果を国家理論や真の一般意思説にあてはめ、国家の有機体的性質をイギリスでは初めて全面的に論じた。ボサンケトによれば、近代国民国家は「自意識的に目的を持った有機体」である。このような認識からボサンケトが着目するのは、「自己統治（self-government）」の概念であった。浅薄な見方では諸個人はお互いに分離している単位でしかないので、人びとは政府に強制力を行使されるだけの存在となり、「自己統治」の概念は奇妙なものでしかなくなってしまう。しかし「消極的自由」ではなく「積極的自由」の理念を取り入れることによって、つまり諸個人が国家と同一化することによって、「自己統治」のシステムが説明され、政治的義務の基盤もまた説明される。国家とは、単に多くの人間が集まってできるものではなく、「生命の活動的概念」である。そして「主権は部分に存するものではなく、組織化された全体に対して働く組織化された全体にのみ存する」。したがって法や憲法は、「国民精神の発現」として位置づけられる。ボサンケトによれば、「共通善」に依拠する「自己統治」のシステムは「国民国家（the Nation-State）」の高次の観念を必要とし、国民国家は「個人に対する絶対権力を持ち、外的世界での個人の代表者かつ擁護者となる」[42]。

イギリスで彼らのようにヘーゲル流の国家論を導入した者は、一九世紀の末期以前には存在しなかった。この時代までに、イギリスの伝統的な立憲主義的主権論も、大きく変容していたのである。

3　イギリスにおける国際法学者の主権概念

イギリスの国際法学

第一次世界大戦以前のイギリスにおける主権概念を理解するためには、当時の国際法学を検討しなければならない。一九世紀においてほとんど唯一の国際問題に関する学術的議論の場となっていた国際法学においても、立憲主義的な主権概念の変遷を見ることができる。

そもそも多くのイギリス人たちにとっては、「諸国民の法（law of nations）」という表現ですら、「国家（states）」ではなく「国民（nations）」が主体であるかのような誤解を与えるという理由で、満足できないものだった。同じ不備は、「国際法（international law）」という表現にも当然あてはまる。(43)「国民」とは、連合王国（United Kingdom）を例にとってみれば、イングランド人、ウェールズ人、スコットランド人、アイルランド人のいずれにも適用される概念であり、国際法学における法的主体の関係を表現するものとしては適切ではない。まして領域内のすべての国民と植民地・自治領を含む大英帝国の国際法上の地位は、「国民」とは切り離された「国家」であるべきだった。(44)

また、一九世紀中盤のある国際法学者の見解では、国家は自然法における個人とは異なるが、それは「国家が形而上的実体であり、単なる抽象物である」からだった。(45)同じ立場から別の国際法学者は、国際法の現実の主体は国家の代表者、つまり主権者と大使だと論じた。(46)国際法学的に見て、イギリスの「すべての主権は、評議会の大臣を通じて行動し、議会に責任を持つ女王に委ねられている」と考えられた。(47)

さらに一九世紀前半に、ウィリアム・マニングは次のように述べていた。「国家内の私人と諸国家の社会の一員としての国家自体のあいだの類縁性は、実際のところ、どんどん目立たないものになっている。というのは政府の単純な君主システムが、ますます多くの国家において、より複雑なシステム、つまり立憲君主制や共和制あるいは連邦政府へと変更されているからである」。国家はいまや「人間の集積体」とみなされ、主権とは「国家が自らの政府の形態を選択し、維持し、変更するために持つ生来の能力」と定義される、とマニングは論じた。(48)このような見方に立ったマニングが主張したのは、「諸国家の平等という教義は、さまざまな面において人工的なものであり、実際の政治的営みにきわめて不完全に対応している」ということであった。その弊害を是正するためには、少なくとも「法的平等と政治的平等との区別」がなされなくてはならなかった(49)。つまり、仮に諸国家が「法的」には平等だとしても、それは実際の国際「政治」における平等を全く意味しないのであった。

イギリス人法学者の「実務主義」は、国際法の分野で大国（Great Powers）支配の秩序を所与のものとする態度を容易に導き出した。「ヨーロッパの大国が他の諸国に対する卓越性を行使できる権威ある地位を獲得した」ことは、国際法秩序の一部として承認されている、と主張された(50)。諸国家はせいぜい「形式的」にのみ平等なのであり、現実に大国が至高の地位を与えられていることは自明であった(51)。また諸国家の社会から「部分的主権国家」を除外するだけでなく、さらに「大国」と「普通の独立国」とを区別することが必要だった(52)。

くわえて、ケンブリッジ大学国際法講座で唯一の教授職にあったジョン・ウェストレイクは、国際法学の学徒に対し「ヨーロッパの大国の実際の地位を認識する」ことを促した。「地球上のどこでもどんなときでも小国が大国自身によって平等を認められたことなどなかった」のであり、国際法学はこの現実から離れては存立しえない(53)。ウェストレイクの表現を用いれば、二つの事実が存在している。第一の事実における諸国家の平等にもかかわらず、第二の事実は、「国際法の一般的諸規則が十分に適用されるのは、フランスやイギリスのような主権国家に対してのみであり、また主権国家と関係づけられた自然人に対してだけである」ことを示す。したがって「主権国家と自然人とのあいだに、主権国家とは平等ではないブルガリアなどを例とする自然人の諸集団を、国際法は認識する。だがそれらの集団は、個別の状態や権利において異なっているとはいえ、ともに擬似主権者（semi-sovereign）として分類される」。つまりウェストレイクによれば、ブルガリアなどの諸国は、純然たる主権国家よりも、自然人を含むあらゆる非主権国家のほうに、より近い存在なのであった。こうした二つの事実から導かれるのは、「主権は分割されうるが、独立はそうではない」ことである。つまり、ブルガリアは、仮に独立しているとしても、少なくとも十分には主権国家ではない。ウェストレイクによれば、「十分主権」としての独立を持たない国家は、「擬似主権」と呼ぶべき属性しか持ち合わせていない存在なのであった(54)。

オッペンハイムの国際法学

ドイツからイギリスに移住し、ロンドン大学（後にケンブリッジ大学）で教鞭をとったラサ・オッペンハイムが一九〇五年に出版した国際法の概説書は、第一次世界大戦以前のイギリス国際法学で最も権威ある書物となった。その内容は一九世紀の国際法学の集大成でもあり、またイギリスの国際法学がその特徴を維持しながらも、大陸的な発想に影響されていく時期を象徴するものでもあった。この書物のなかでオッペンハイムが提示した主権論は、イギリスの伝統に踏みとどまりつつ、大陸における新しい法学の動向にも配慮したものであった。

オッペンハイムは、「主権国家は、排他的な国際的人格であり、つまり国際法の主体である」と宣言し、君主や大使などの自然人が国際的人格を持つわけではないという原則を明らかにした。国家の存立には、人民、国土、政府、そして主権という四つの要件が必要であった。もし国家が「十分主権」を欠いているならば、それは「不十分主権国家」であり、「不完全な国際的人格」だと理解される。オッペンハイムはそのような人格が変則的であることを認めるが、それは国際法学が変則的だからではない。「そのような国家が存在しているということが、変則的なのである」(55)。

オッペンハイムは、主権概念は「普遍的に合意される意味を決して持ったことがない」と指摘し、主権に関しては二つの大きな学派が存在するとした。ひとつの学派は主権の分割性を認め、もうひとつは認めない。オッペンハイムによれば、とくにウェストファリアの講和以降、大陸において数百の君主たちの独立性は危うくなる一方であったため、主権の分割性を認める学派が現れた。「一方における絶対・完全・十分主権と、他方における相対・不完全・不十分あるいは半主権を区別する必要性を、著述家たちは強いられた」(56)。

制限される君主の権力、分割主権を標榜する連邦国家、国家主権ではない国家権力を行使する機関などの事例により、「今日では多くの著述家たちが、国家のなかの原初的な主権者が、君主でも議会でも人民でもなく、国家そのものであると教えている」。もちろん「決して主権の分割性に関する古い論争がなくなったわけではない」。しかしながらオッペンハイムによれば、「さらなる学術的論争に陥りたくなく、たとえ変則的で非論理的であっても生活の事実や事物の実際の状態を重視したいのであれば、擬似主権国家が存在していることに疑いがない以上、主権が分割されると考えるのはもっともなことである」(57)。

帝国主義時代の現実の要請

高らかに主権の分割性を謳うオッペンハイムにまで至るイギリスの国際法学者たちの言説は、絶対不可分の議会主権を主張した憲法学者ダイシーと、同時代の同じ国においてどのように並存できたのだろうか。たしかに、ダイシーやオッペンハイムは異なる学問を専門とし、たとえば主権の分割性に関する学説では異なった見解を持っていたように見える。しかし、実は両者のあいだの相違とは、同じ一つの現実を異なる角度から説明しようと試みた結果として生まれたものである。つまり、両者の相違の背景には、帝国主義時代の世界の現実という共有認識物があった。むしろ同じ現実を違う分野で説明しようとしたために、両者はやむをえず異なる主権概念をつくりだしたのだとも言える。

この時代に完全主権の称号を与えられたものの数は少なかったが、国際的人格としての大英帝国それ自体と、その権威の象徴である帝国議会は、主権者と呼ばれるにふさわしい力を保持しているように見えた。大英帝国に代表される数少ない国家だけが主権国家と呼ばれるにふさわしいだろうという感覚は、この時代においてきわめて現実的なものであった。したがって、大英帝国を主権国家のモデルとみなし、その国家構造を支えているウェストミンスター議会を完全な主権者のモデルとみなすことは、現実的感覚に訴える態度であった。逆に言えば、大英帝国とはかけ離れた存在である小国群は、大英帝国が保持しているような完全主権を欠いていると判断することも、同じように現実的感覚に訴える態度だったのである。

ダイシーは、イギリス憲法学における議会主権の重要性を強調するために、法的主権に関する議論を発展させ、政治的主権を度外視した。オッペンハイムは、国際法の存在を支えている実際の国際政治の仕組みを尊重するために国際関係における政治的現実を把握しようとし、国家間平等などという法的原則には留保を付けた。したがって両者は、主権に関する形式的表現の違いにもかかわらず、結果として帝国主義時代の現実世界に存在していた階層的な権力構造を是認するという点で、同一歩調をとっていたのである。同じ現実を分析するために、憲法学者と国際法学者は、異なる主権概念を提示しなければならなかった。憲法学と国際法学を結びつける統合的な主権概念は見出されていなかったのである。ダイシーの法的主権者は、政治的主権者を臣民として統治するための絶対的権力を与えられた。オッペンハイムの主権国家は、大国が不完全主権国家を支配する現実を説明した。いずれの場合でも、主権理論が絶対的なものとして正当化するのは、帝国主義時代の階層的な力関係であった。ダイシーとオッペンハイムを突き動かしていたのは、一九世紀の世界の現実であり、両者によって「古典主義時代」の立憲主義的主権が変容を遂げたのも、やはり一九世紀の現実によってなのであった。

4　アメリカにおける近代主権論の進展

国民主義者と特殊主義者

アメリカでは憲法制定によって分割主権論が正統な教義となったが、それによって合衆国内の政治的対立が解消したわけではなかった。一八世紀に連邦政府を糾弾する決議がヴァージニアとケンタッキーの国（州）議会で採択された後、一八〇〇年南部出身のトマス・ジェファーソンが合衆国大統領に選出された際には、北部諸国（州）のほうが連合からの離脱を考えるほどであった[58]。合衆国構成国（州）の拡大によって北部諸国（州）が優勢になってくると、南部諸国（州）は各国（州）の主権に基づく「無効化（nullification）」教義（各国（州）は憲法に反すると考える連邦法を拒絶できるとする法理論）を展開した[59]。一八三八年と一八六〇年には、南部諸国（州）に導かれて合衆国議会上院が各国（州）の主権を確認した。だが合衆国憲法からは、はたして各国（州）に拒否権があるのか、そして連合から離脱する権限があるのかについての答えを見つけることはできなかった。結果として南北戦争（the Civil War）に至るまでのあいだ、のちに「国民主義者（nationalists）」（連合擁護者）と「特殊主義者（particularists）」（州擁護者）として特徴づけられる南北諸国（州）間の対立が、人民主義的な方向に向かって過熱していった。

サウスカロライナ選出の南部の大物政治家であり、のちに合衆国副大統領にまでなったジョン・カルフーンらによれば、合衆国憲法は、連邦レベルの主権をつくりださなかった。そもそも連合や連邦といった用語自体が、主権が各国（州）に残っていることを示している[60]。なぜならば「主権は分割できず、半分の四角や半分の三角形などと言えないのと同様に、半分の主権などとは言えない」からである[61]。カルフーンらの立場では、国（州）議会こそが「国民的」なものであり、連合政府は単に「連邦的」なものとして存在しているにすぎなかった[62]。

ただし、一九世紀の文脈では、必ずしも連合擁護者のほうが強く立憲主義的傾向を持っていたとは言えない。たとえば大統領アンドリュー・ジャクソンは一八三二年に「国民主義者」の立場から、各国（州）は実質的にはもはや主権者ではないとしたうえで、「諸国（州）の市民の忠誠（allegiance）は、合衆国政府に移行した」と主張した。[63] 一八三三年に上院でカルフーンと論戦したダニエル・ウェブスターでさえ、主権は諸国（州）の教義ではなく、国民全体としての人民の教義であると主張した。「政府の主権は、大西洋の反対側に属する考えであり、北米大陸にそのようなものはない。われわれにとっては人民だけが主権者である」。そして「合衆国人民はひとつの人民（one people）である」[64]。人民に主権が属すると考える点では、カルフーンもウェブスターも同じであった。[65]

主権の所在をめぐる議論は、最終的には主権者である人民が、自らをどのような存在として認識するかという問題に帰結する。南北戦争が近付いてくると、人民の「忠誠」が大きな問題として意識されるようになる。主権者である人民が、連合市民として自分たちに忠誠を誓うか、あるいは国（州）市民として自分たちに忠誠を誓うかは、立憲主義的枠組みでは容易には解決できない問題だった。しかしそれこそが、合衆国を二分した戦争に直面した人びとが自問しなければならない問題であった。

一八六一年に分離を宣言した南部諸国（州）にとって、各国（州）の主権は中心的な問題であった。南部諸国（州）はそれぞれの分離宣言で、「自由で独立した国家に属する主権の権利の十分な保持と行使」といった表現を用いて、自己の立場を正当化するために、主権論を展開した。[66] 最初に分離を宣言したサウスカロライナは宣言のなかで主権について触れていなかったが、それはむしろサウスカロライナの人びとが合衆国憲法成立後においても各国（州）に完全な主権が存することは自明だとの立場をとっていたためであった。[67] 連邦からの離脱を宣言した南部諸国が形成した南部

「アメリカ連合国（the Confederate States of America）」憲法も、各国（州）に主権が属していることを自明視した[68]。

南北戦争後に書かれた書物において、南部「アメリカ連合国」大統領だったジェファーソン・デイヴィスは、「人民が主権を行使できる唯一の政治共同体は国（州）（State）であり」、それは歴史的事実のみならず、主権は分割されないという原理からも説明されると論じた。「市民の忠誠は主権者にのみ与えられる」ので、主権を持つ各国（州）だけが市民の「忠誠」を受けるのにふさわしい[69]。「アメリカ連合国」副大統領だったアレクサンダー・スティーヴンスもやはり戦後の書物において、自分もデイヴィスも奴隷制擁護論者ではなく、ただ合衆国が連邦制であるという原則に従ったのだと弁明した。そして諸国（州）の「究極的絶対主権」の問題と比べれば、奴隷制の問題などは大海の一滴に等しいとし、「主権を持つジョージア」が適正な手続きで表明した「国（州）の主権的意思」への「忠誠」のために、分離主義者ではなかった自分も戦ったのだと述べた。スティーヴンスによれば、「忠誠と主権は互換的」であり、憲法を含む法的問題の上位に位置づけられる崇高なものであった[70]。

多数派の主権

南北戦争以前の国（州）の主権の理論的基盤は、すでに著述家でもあったカルフーンによって明快に表明されていた[71]。彼の見解では、合衆国は各国（州）から成立しており、合衆国は何ら「国民的」なものではない。憲法の創造者である各国（州）が、自らの創造物である憲法に服従するはずはなく、憲法とは各国（州）の上ではなく、あいだに存在するにすぎない。

ただし興味深いのは、カルフーンが一般政治理論として、「数的・絶対的多数派（the numerical or absolute majority）」に対する「共同作用的・立憲的多数派（the concurrent or constitutional majority）」論の考えを持っていたことである。カルフーンによれば、共同体はつねに多数派と少数派に分かれ、両者は闘争を繰り広げる。そこで権力の分割と分配の原理が、憲法の理念を完成させる。そこで参政権によって数的に構成される多数派と、さらに利益を考慮して構成される多数派の二つの形態が想定されることになる。前者が共同体全体を一つの単位（a unit）とみなす「数的・絶対的多数派」であり、後者が共同体をさまざまな利害関係によって成立している特有の有機体（a proper organism）とみなす「共同作用的・立憲的多数派」である。「消極的権力は憲法をつくり、積極的権力が政府をつくる。……二つが結合して立憲的政府ができる」[72]。カルフーンによれば、立憲政府の「保守的原則」は妥協であり、絶対政府の原則は力なのであった[73]。

カルフーン自身は、国（州）の持つ主権が尊重されてこそ、連邦における立憲主義がよりよく尊重されるはずだと考えていたと思われる。しかしそれは、主権者たちの「妥協」によって支えられる、危うい立憲主義であった。立憲政府がただ妥協によって成り立っているとすれば、妥協が存在しないときには必然的に立憲政府は崩壊することになる。南北戦争に至る時代において南部諸国（州）政府は、多数派の専制を警告していた。だがその警告は国（州）の内部には適用されなかった[74]。その一方で連邦側の論者は、合衆国の多数派を尊重することを唱えたが、南部諸国（州）内部の多数派は考慮しなかった。二つのレベルの主権が絶対不可分なものとして唱えられるとき、立憲主義は危機に陥る。

アメリカにおける多数派論の混乱を象徴的に示してくれるのは、南部諸国（州）が分離宣言を出した際の二人の合衆国大統領の対応である。サウスカロライナが一八六〇年一二月に分離宣言を出した際、当時の大統領ジェイムズ・ブキャナンは、「二三の主権国家間の連合（Confederacy）の解体を承認する権限を単なる行政官に与えてしまう」との理由で、大統領は国（州）の独立を認める権限を持たないと表明した。[75] 同じ月に「連邦政府は国民主権の最高の属性を持っている」と述べていたブキャナンだったが、[76] 分離宣言に直面して、ただ問題を議会に預ける以外にはなす術《すべ》を持たなかった。ところが翌月に大統領に就任したエブラハム・リンカーンは、全く異なった態度で、少数派が多数派に同意する必要性を唱えた。就任演説においてリンカーンは、次のように述べたのである。

「立憲的監視と制限によって抑制され、人民の意見と感情の慎重な変化に合わせて容易かつつねに変化している多数派が、自由な人民の唯一の真の主権者である。このことを否定する者は誰であれ、必然的に無政府か専制のいずれかに陥る。満場一致は不可能である。したがって、永続的取り決めとしての多数派の統治は、全く受け入れられないが、多数派原則を拒絶するならば何らかの形態の無政府か専制が残されるだけとなる」[77]。

たしかにリンカーンは伝統的な立憲主義を尊重して、「立憲的監視と制限による抑制」について言及した。しかしそれでも彼は、多数派を「唯一の真の主権者」とした。リンカーンは少数派に対して、憲法ではなく多数派に従うべきことを強調したのである。恒常的ではなく変化する多数派という条件つきではあるが、リンカーンは主権を持つ国民の意思を表明する存在として、多数派を承認した。彼は力を用いてでも合衆国を維持することを誓ったが、それは実は多数派の専制を恐れたフェデラリストたちの議論から逸脱することで初めて可能となるような態度であった。そのリンカーンが、最終的には南北戦争という壮大な「内戦」に勝利したことは、アメリカにおける立憲主義の変化を告げるものであった。

合衆国の国民主義の進展

南北戦争以後、南部諸国（州）に強制的措置をとるため、連邦政府の権限は拡大した。また当時のアメリカでは国内産業が飛躍的に発展し、対外的には伝統的なモンロー・ドクトリンを修正する拡張主義的傾向が、とくに南米諸国に対して強まっていた。一八九五年には国務長官リチャード・オルニーが次のように述べるに至った。「合衆国はこの大陸の実際上の主権者である」[78]。南北戦争以後の時代は、帝国主義の世界に参入していく合衆国が国内の「忠誠」を一身に集め、至高の国民国家として生まれ変わっていく時代なのであった。

伝統的な分割主権論を唱える者や国（州）主権論者が[79]、南北戦争後に全く見られなくなったわけではない。主権は諸国（州）に存するが、ただ結合したときのみ存する、などといった折衷的な立場をとる者も依然として存在した[80]。しかし顕著に現れ始めたのは、合衆国全体の人民を主権者と想定したうえで、より明快に国民主義的な立場をとる者たちであった[81]。たとえば、ジョン・ジェイムソンは、主権は「単一にして不可分の政治体である国民」に存するとしたが、それは連合（Union）

の主権などではなかった。そうではなく、国民という「唯一の真の主権者」があって初めて、連合と国（州）に権力が分配されるのであった[82]。またジョン・ポメロイは、「政治的主権なくして国民はありえないが、国民なくして政治的主権はありえない」として、国民と主権との不可分性を強調した。そして絶対的な概念である主権はいかなる場合でも等級・劣位・依存・分割を認めないので、合衆国人民だけが主権国民の条件を満たす存在として考えることができるとした[83]。

一九世紀の時代の要請に従えば、「主権の存在そのものと同じように、主権権力がどこまで及ぶかは純粋な事実問題であり、実際に提供されている服従の程度による」[84]。「国民」とは、合衆国憲法には規定されていない概念である。だからこそ「国民」こそが、真の主権者として合衆国全体を支えることができる。主権概念の絶対性を審査基準にして、次にその保持者がどこに存在するかを識別しようとする「真の主権者」探しは、ドイツやイギリスと同じように、この時代のアメリカにおいてもきわめて顕著に、大きな時代の思潮として現れることになった[85]。

イギリス法思想の伝統の根強かったアメリカに、有機的社会観をもたらしたことで知られるドイツからの移民フランシス・リーバーは、「主権は本質的に社会の属性である……。それは組織されたまたは組織する人民の属性である」と述べた[86]。この有機的社会論から、リーバーは「二重の忠誠」は不可能であるとし、一八六五年にニューヨーク国（州）の憲法から同国（州）を規定する「主権的」という語を除去することを提案した[87]。

さらに顕著な国民主義思想を展開したＥ・ムルフォードによれば、「国民は道徳的人格であり、その人格の中心的属性は意思である」。そして「主権とは、国民として構成された有機的人民に属し」、「政治的主権は、有機的人民の自己決定意志の表明である」。「国民の主権こそが、その自己決定の行為を通じて政治的秩序が形成される原初的権力である」。つまり「国民こそが法の領域であり、法は国民にかかわり、国民のためにある」。ムルフォードにとって各国（州）は単に形式的な主権を持っているにすぎず、「真の主権は、その意思が至高の法となる有機的人民（the organic people）に存する。合衆国人民こそが主権者であり、その意思が至高の法である」(88)。

ジョン・ジェイムソンは、法や権利ではない「数学的・社会学的」事実としてのアメリカの人民主権こそが「国民主権」だと強調した。国民が主権者ではないとすれば、南北戦争中に無償で提供された人びとの多大な努力を説明することができない、とジェイムソンは強調した。アメリカが対決すべきなのは国（州）主権などではなく、ヨーロッパの「封建的」主権である。人民主権は「アメリカの教義であり、ヨーロッパのものではない」(89)。

一九世紀末のアメリカで政治学確立の礎となったジョン・バージェスも、ドイツ留学の経験を生かした国民主義的な国家主権論を、アメリカの文脈で発展的に提示した。バージェスにとって国家とは「全体包括的で、排他的で、永続的で、主権的である」。彼の定義によれば、主権とは「個々人と彼らの集団すべてに対する始原的で、絶対的で、無制限で、普遍的な権力である」。バージェスによれば、主権は制限されることがないため、制限されているように見える場合には「表面的（apparent）主権者」を越えた「真の主権者」を探し出さなければならない。国家は「形式」と「実質」とを統合して主権権力を確立するのであり、もしそのようにして諸個人を服従させることができなければ、それは国家ではない。さらにバージェスが強調したのは、国家の主権があって初めて個人の自由も守られるということだった。政府と国家とを同一視するヨーロッパ人たちはこの点を理解しないだろうが、「アメリカにおいてわれわれが大きな優位を持っているのは、われわれの政府が、国家の主権を持つ組織ではないからである」。バージェスの主張によれば、アメリカのように人民が主権を持つ「近代の国民的人民国家（the modern national popular state）」だけが、科学的政治システムを標榜する政治学が依拠できる客観的な現実を提供できる(90)。

さらに顕著にドイツ国法学に近い議論を駆使して草創期のアメリカ政治学で活躍したのは、ウェステル・ウィロビィである。彼によれば「主権とは国家生命における死活的原則」であり、「人格としての国家に属し、その意思の至高性を表現する」。あらゆる国家機関は国家の意思に基づいて主権を行使するが、主権が存在しているのはあくまでも国家そのものにおいてである。主権は政治的に組織された共同体に人格を与え、不可分なものである。したがって国際法はもちろん憲法も、実質的な意味で国家を制限することはできない。なぜならウィロビィによれば、すべての法が依拠する主権とは、事実の問題であり、法の問題ではないからである。人間が生命や人格を譲り渡す力を持たないのと同様に、国家の生命と人格そのものである主権も委譲されえない(91)。

これら南北戦争後に登場したアメリカの政治学者たちにとって、立憲主義的に構築された分割主権論は時代遅れの虚構でしかなく、彼らにとっての「事実」は、絶対主権によって説明される国民国家の至高性であった。国家そのものに主権を見出すことを、この時代のアメリカ人たちは、新大陸での革新的な出来事として表現した。彼らのこのような態度は、南北戦争をへて高まる国民主義的感情と、増大するアメリカの国力に裏づけられたものだったと言えるだろう。国民主義的な主権論を導入することによって、合衆国国民というかつては抽象的な観念でしかなかった超越的主体に、主権を全面的に帰属させることが可能になり、南北戦争以後の国民を統合する必要性にも対応できるようになったのである。

5　アメリカにおける国際法学者の主権概念

アメリカの国際法学

ここで検討対象を、同時代のアメリカの国際法学者に移してみよう。すでに見たイギリスの国際法学者と比べてみるならば、アメリカの国際法学者は同じ時代認識を共有していた一方で、異なる背景を持ってもいた。たとえばイギリスの国際法学者たちが軽視した諸国家の平等の原則は、アメリカではむしろ原則的に維持される傾向があった。実際のところ、大きさや国力にかかわらず諸国は平等であるという原則は、合衆国憲法が合衆国の諸国（州）に対して採用した原則でもあった。大国主導のヨーロッパ協調を説明しなければならなかったヨーロッパ人に対して、独立戦争をへて植民地支配を終結させたアメリカ人が説明しなければならなかったのは、むしろ国際関係における諸国の独立平等と、不干渉原則に由来するモンロー・ドクトリンであった。

一九世紀前半にアメリカにおける国際法学の権威となったヘンリー・ホィートンによれば、「文明化されたキリスト教諸国民のあいだで理解される諸国民の法、あるいは国際法は、独立諸国民のあいだに存在する社会の性質から、理性が正義に一致するとして導き出した行動規則から成っている」。ヴァッテルの影響を色濃く見せながら、ホィートンは国際法の主体である主権国家を「互いに独立して生きる人びとの個別的政治社会」と定義し、それを「国民」と同一視した。このような自然法的発想に基づく国家と国民の同一視は、同時代のイギリスではあまり見られなかったものである。ホィートンはいくつかの国々だけが「完全に主権的で独立している」一方、「ほかの諸国の主権がさまざまな程度に制限され条件づけられている」ことを認める。だがそれにもかかわらず彼が強調したのは、「すべての独立国は、保持する相対的力にかかわらず、国際法の眼から見れば平等である」ということだった(92)。

セオドア・ウールセイは、主権、独立、平等という三つの属性を国家に見出しつつ、主権を「無統御で排他的な国家権力の行使」、独立を「主権の消極的側面」と定義したうえで、「主権国家は権利に関して、つねに独立・平等である」と説明した。もっともウールセイは、すべての国家が完全に独立的で平等であるわけではないことを認め、ただ主権国家だけが十分に独立的で平等であると付け加えた。ただし、その際に彼が十分な主権を持っていない国家として言及する例は、連邦国家内の諸国の主権であり、保護領となった国家の主権であった(93)。

Ｈ・Ｗ・ハレックは、国家は対外的に依存しているからといって個別的な主権を持つことは不可能というわけではない、と説明した。多くのヨーロッパの主権国家が他国から完全に独立して自治権を行使するわけではなく、それらの諸国の主権がさまざまな程度に制限されていることを認めつつ、ハレックは「すべての主権国家は」、保持する相対的力にかかわらず、国際法の眼から見れば平等であると強調した(94)。

別の国際法学者によれば、「国際法のひとつの主要な自明の原則は、すべての国家が、絶対的に疑いなく平等だということである。……これはハワイからロシアにまで、最小国家から最強国家にまであてはまる」[95]。少なくとも国家が保持する「主権の権利と権力」に関して[96]、あるいは「権利と義務、そして主権と独立」に関して[97]、国家は平等だとされた。

一九世紀半ばのアメリカの国際関係観を特徴づけるうえで、古典主義時代のイギリスのペンのように国際議会の提案を行った「アメリカ平和会」という民間団体の会長ウィリアム・ラドの言説は有益である。興味深いことにラドは、一八四〇年に公刊された論考において、国際議会と国際裁判所を設立する提案を行った[98]。彼の立論の出発点は、人間と国民のあいだの類似性、そして平等な諸国民の相互的同意であった。ラドは平等な投票権が議会における諸国民の平等を保証すると考えた。また国際裁判所に関してラドは、「市長あるいは判事の裁判所から、下位・上位裁判所に至り、ついには合衆国最高裁判所にいたる司法の上方に向かう等級」は、「主権独立諸国民のあいだの紛争を解決する裁判所」によって完結すると考えた。国際裁判所は、「北米主権独立諸国（州）のあいだのいくつもの紛争を合衆国最高裁判所が解決してきたのと同じやり方で、機能するだろう」[99]。つまりラドは、合衆国の憲法システムの延長線上に、国際議会や国際裁判所を構想したのであった。

ラドと同じように、合衆国の国制を諸国民の社会としての国際社会に当てはめる試みは、二〇世紀になってもなお見られた。共通していたのは、合衆国憲法を踏襲する限り、国際機関に加入しても、諸国家の平等は維持されるという考え方であった。たとえばジョセフ・クレイトンは、一九〇七年ハーグ平和会議の後に「連合諸国民（the United Nations）」案について書いたとき、合衆国憲法システムが、国際機関が国民主権に干渉しない制度の実例だと主張した。主権の維持と国際機関の設立の同時追求は、アメリカ的理念が標榜するものであったのである。[100]

ラリー・ミノーの「連合諸国民」案もまた、合衆国憲法の焼き直しであった。ミノーによれば、「連合諸国民」ができてからはもちろん、それ以前であっても、諸国民は絶対的な主権や独立など持たない。しかし合衆国憲法修正一〇条のように、「連合諸国民」憲法の一文によれば、「この憲法によって連合諸国民に明示的に委譲されず、憲法によって構成諸国民に禁止されていない権力は、構成諸国民の主権と独立とともに、それらの諸国民にそれぞれ保持される」。また合衆国と同じように、「連合諸国民」では、「上院における主権の平等な代表と、下院における人口に応じた不平等な代表とのバランス」が保たれる。[101]

帝国主義時代のアメリカ

しかしアメリカの主権論が、南北戦争をへて国民主義的絶対主権論の方向に変質していくにつれて、かつてラドが前提としていたような合衆国憲法体制を模範とした国際制度構想は、時代遅れとなった。そしてアメリカにおいても、国内法と国際法の乖離が覆いがたくなっていった。二〇世紀初頭になると、多くの国際法学者が、「対内」主権と「対外」主権の区別の必要性を強調するようになった。

ハニス・テイラーによれば、「対内」主権は「人民全体に本質的に宿り、憲法に則って統治者たちによって行使される」。それに対して「対外」主権は、「国際法の規則のもとに平等関係で他の同

表4　19世紀の主権論の展開

	ヨーロッパ大陸	イギリス	アメリカ
国家主権論の特徴	国民国家の統一的意思の至高性を象徴する絶対的権威	絶対主権論の導入にともなう法的主権と政治的主権の区別による伝統的立憲主義（二つの最高権力）の変質	（南北戦争後の）合衆国を国民国家とする憲法秩序の変質と絶対主権論の導入
国際社会論の特徴	絶対的な権威を持つ擬人化された国民国家だけが生きる社会	主権国家・疑似主権国家・非主権国家が併存する帝国主義を許容する秩序	平等だが分割・制限可能である対外主権を持つ諸国家が構成する領域

類者たちを扱う独立政治共同体としての権利からなる」[102]。主権国家間の関係にかかわるのは、ただ「対外」主権だけである。ロバート・クレインは、憲法における主権は「不可分の至高の意思」だが、国際法における主権は「分割される至高の権力」であると主張した[103]。アモス・ハーシーは、「外的側面において、主権はさまざまなかたちで制限されるだろう」と述べた[104]。エドウィン・マクシーによれば、内側から見た国家の至高権力は主権だが、外側から見ればそれは独立である。憲法の問題である前者は、事実上の（*de facto*）国家と法律上の（*de jure*）国家によって保持されるが、国際法の問題である後者は、法律上の国家によって保持されるだけである[105]。

当時の国際法学者たちは、国内的文脈で確立された主権概念を絶対不可分とみなしつつ、国際法が扱う「対外」主権は依然として分割可能だということを強調した。本章ではすでに、イギリスにおいてオッペンハイムが主権の分割性を容認し、帝国主義時代の国際関係を説明したことを見た。その意味ではアメリカの国際法学者たちが、絶対的な「対内」主権とは異なる分割可能な「対外」主権について論じたのは、不思議なことではない。ただしその含意は異なる。イギリスでは一九世紀から大国主導の国際政治を考慮して、諸国家の平等原則に留保を付ける傾向が見られた。「対内」主権の絶対化と「対外」主権の相対化は、イギリス帝国の勢力充実・拡大と合致していた。それに対してアメリカでは、伝統的には、国家間の平等原則を正当化原理とするモンロー・ドクトリンを国際秩序構想の基本に置いていた。「対外」主権の相対化は、アメリカ自身がひとつの帝国主義国家として参入し始めた一九世紀末以降の帝国主義時代の現実に合わせて、世界観を修正したことの結果だったとも言える。[106]

もちろんこのように言うことは、アメリカにおいて伝統的な立憲主義が完全に消滅してしまったということまでも意味しない。[107] 新たな変化が現実世界に生まれるならば、伝統的な立憲主義もまた復権することもあるだろう。次章では、第一次世界大戦の後に、英米両国において国際的文脈で立憲主義が再興されたこと、そして英米諸国において一九世紀末からの絶対主権論の流れが一時的な悪夢であったかのように扱われるのを見ていくことにする。

注

（1）高木八尺・末延三次・宮沢俊義（編）『人権宣言集』（岩波書店、一九五七年）、一三一、一四六頁、参照。なおルソーの一般意思説の影響については、John McDonald, *Rousseau and the French Revolution 1762–1791* (London: Athlone Press, 1965), p. 94 を参照。また、Maurice Cranston, "The Sovereignty of the Nation," in Colin Lucas (ed.), *The French Revolution and the*

Creation of Modern Political Culture, vol. 2, *The Political Culture of the French Revolution* (Oxford: Pergamon Press, 1988); J. K. Wright, "National Sovereignty and the General Will: the Political Program of the Declaration of Rights," in Dale Van Kley (ed.), *The French Idea of Freedom: the Old Regime and the Declaration of Rights of 1789* (Stanford, CA: Stanford University Press, 1994) も参照

(2) カトリックの立場からの人民主権論擁護としては Félicité R. de Lamennais, *Le livre du peuple* (Paris: Pagnerre, 1838)、反革命側では Count Joseph de Maistre, *Du Pape* (Anvers, 1820) を参照。See also Charles E. Merriam, *History of the Theory of Sovereignty since Rousseau* (New York: Columbia University Press, 1900), pp. 52–62; Harold J. Laski, *Authority in the Modern State* (New Haven: Yale University Press, 1919), pp. 123–188.

(3) Count Joseph de Maistre, "Study on Sovereignty," in *The Works of Joseph de Maistre*, translated by Jack Lively (London: George Allen & Unwin, 1965), pp. 94–120; *Étude sur la soveraineté, Œuvres compllètes*, I, written in 1794–1795 (Lyon, Vitte et Perrussel, 1884), pp. 314–324, 465–466.

(4) Count Joseph de Maistre, *Considerations on France*, translated by Richard A. Lebrun (Montreal and London: McGill-Queen's University Press, 1974), pp. 72, 147; *Considérations sur la France*, seconde édition (Londres, 1797), pp. 68–69, 179–180.

(5) Maistre, "Study," pp. 99, 107–109; *Étude*, pp. 325, 369–377.

(6) Victor Cousin, *Cours d'histoire de la philosophie morale au dix-huitième siècle* (Paris: Librairie de ladrange, 1839), pp. 297–300. See also Charles E. Merriam, *History of the Theory of Sove-*

reignty since Rousseau (New York: Columbia University Press, 1900), pp. 75-77.

(7) François Guizot, *Du gouvernement de la France depuis la Restauration et du ministere actuel*, quatrième Édition (Paris: Éditeur des fastes de la gloire, 1821), p. 201.

(8) François Guizot, *Of Democracy in Modern Societies* (London: Henry Hooper, 1838), p. 18.

(9) François Guizot, *Histoire des origines du gouvernement représentatif en Europe* (Paris: Didier, 1851), p. 112.

(10) François Guizot, "The History of Civilization in Europe," in Stanley Mellon (ed.), *Historical Essays and Lectures* (Chicago and London: University of Chicago Press, 1972), p. 234.

(11) Maistre, "Study," p. 128; *Étude*, p. 525.

(12) "Treaty between Austria, Prussia, and Russia, Signed at Paris, 18th (26th) September, 1815," in René Albrecht-Carrié, *The Concert of Europe* (London and Melbourne: Macmillan, 1968), p. 34.

(13) ただし、同様の現象は、革命後の英米においても見られた現象ではあった。一六七三年に出版されて以来一九四八年に至るまで改訂出版され続けた『神の主権』書によれば、「最高権力は混合王政や共和制のように多くに属するかもしれないが、法創造者は単一であり、神だけに主権が属する。」Elisha Coles, *A Practical Discourse of God's Sovereignty* (London: Ben. Griffin, 1673), pp. 1-2. See also Hideaki Shinoda, "Conflicting Notions of National and Constitutional Sovereignty in the Discourses of Political Theory and International Relations: a Genealogical Perspective," (Ph. D. thesis, University of London, March 1998), Chapter 2, note 178.

(14) See Rupert Emerson, *State and Sovereignty in Modern Germany* (New Haven: Yale Universi-

ty Press, 1928), p. 27.

(15) Johann C. Bluntschli, *Allgemeines Staatsrecht* (München: Verlag der literarisch-artistischen Anstalt, 1852).

(16) Otto von Gierke, *Rechtsgeschichte der deutschen Genossenschaft* (Berlin: Weidmann, 1868).

(17) Heinrich von Treitschke, *Politik*, erster und zweiter Bände (Leibzig: Verlag von S. Hirzel, 1897).

(18) 一八一五年ドイツ連邦条約および一八二〇年ウィーン最終条約。See Emerson, *State and Sovereignty in Modern Germany*, pp. 20–21.

(19) Edwin H. Zeydel (ed.), *Constitutions of the German Empire and German States* (Washington: Government Printing Office, 1919).

(20) Merriam, *History of the Theory of Sovereignty*, pp. 185–216.

(21) John Austin, *The Austinian Theory of Law*, edited by Jethro Brown (London: John Murray, Albemarle Street, W., 1931), originally published as *The Province of Jurisprudence determined* in 1832, pp. 96–97.

(22) *Ibid.*, pp. 126, 136, 160–169, 198–199, 144–147.

(23) *Ibid.*, pp. 96, 21, 223.

(24) John Stuart Mill, *Collected Works of John Stuart Mill XXIII, Newspaper Writings, August 1831–October 1834*, edited by Ann P. Robson and John M. Robson (Toronto: University of Toronto Press, 1986), p. 445.

(25) Walter Bagehot, "The English Constitution," in Norman St John-Stevas (ed.), *The Collected*

Works of Walter Bagehot V: Political Essays (London: Economist, 1974), first published between 1865–1867, pp. 204–206.

(26) オースティンの講義録と同じ年に出版された政治用語の解説書によれば、主権とは「絶対的かつ無制限な権力」だが、それは「何か理念的なもの、実際には政府が決して持ったことのない卓越性の想像上のモデル」であった。George Cornwell Lewis, *Remarks on the Use and Abuse of Some Political Terms* (Oxford: Clarendon House, 1898), first published in 1832, pp. 20, 41.

(27) Herbert Spencer, "The Man versus the State," in John Offer (ed.), *Political Writings* (Cambridge: Cambridge University Press, 1994), pp. 151–152.

(28) A. V. Dicey, *Lectures Introductory to the Study of the Law of the Constitution* (London: Macmillan, 1885), p. 4.

(29) *Ibid.*, pp. 9–12, 24, 25.

(30) Dicey, *The Law of the Constitution*, third edition (1889), pp. 65–66.

(31) *Ibid.*, pp. 64–70, 85–124.

(32) *Ibid.*, pp 70, 77.

(33) *Ibid.*, p. 136.

(34) *Ibid.*, pp. 179–216.

(35) Dicey, *Introduction to the Study of the Law of the Constitution*, eighth edition, published in 1915, pp. xxiv, xxvi–xxvii, xxix–xxxii, lix, xliii.

(36) Henry Sidgwick, *The Elements of Politics*, second edition (London: Macmillan, 1897), first published 1891, pp. 628–630.

(37) David G. Ritchie, "On the Conception of Sovereignty," *Annals of the Academy of Political and Social Science*, vol. I, no. 3, January 1891, pp. 393–395, 410.

(38) William Sharp M'Kechnie, *The State and the Individual* (Glasgow: James MacLehose and Sons, 1896), pp. 127–130, 131, 137.

(39) James Bryce, "The Nature of Sovereignty," in *Studies in History and Jurisprudence*, vol. II (Oxford: Clarendon Press, 1901), pp. 69–70, 70–71.

(40) Austin, *The Austinian Theory of Law*, edited by Jethro Brown, p. 277, 282–283, 284, 296–297.

(41) Thomas Hill Green, "Lectures on the Principles of Political Obligation," in R. L. Nettleship (ed.), *Works of Thomas Hill Green*, vol. II (London: Longmans, Green, and Co., 1886), delivered in 1879–80., pp. 395–398, 409, 427, 427–431.

(42) Bernard Bosanquet, *The Philosophical Theory of the State* (London: Macmillan, 1899), p. ix, 36, 80–149, 282, 283, 320.

(43) See T. J. Lawrence, *A Handbook of Public International Law* (Cambridge: Deighton, Bell and Co., 1885), p. 3. これに対してアメリカ人は国際法上の「国家（state）」という表現に不満を持っていた。なぜなら、それはある領域の一部分だけを指すかもしれないからである。See Herbert W. Bowen, *International Law* (New York and London: G. P. Putnam's Sons, 1896), p. 3.

(44) See Leone Levi, *International Law with Materials for a Code of International Law* (London: Kegan Paul, Trench & Co., 1887), p. 80.

(45) Archer Polson, *Principles of the Law of Nations, with Practical Notes* (London: John Joseph Griffin and Co., 1848), pp. 2–3.

（46） Robert Phillimore, *Commentaries upon International Law*, vol. 1（London: William G. Benning and Co., 1854）, p. 10.

（47） Levi, *International Law*, p. 82.

（48） William O. Manning, *Commentaries on the Law of Nations*, revised by Sheldon Amos（London: Law Publisher, 1875）, first published in 1839, pp. 91–94.

（49） *Ibid.*, pp. 100–101.

（50） Sherston Baker, *First Steps in International Law*（London: Kegan Paul, Trench, Trübner & Co., 1899）, p. 46.

（51） See Thomas A. Walker, *The Science of International Law*（London: C. J. Clay and Sons, 1893）, pp. 37, 41, and Thomas A. Walker, *A Manual of Public International Law*（Cambridge: Cambridge University Press, 1895）, pp. 11–13.

（52） Lawrence, *A Handbook*, pp. 18–21. See also T. J. Lawrence, *The Principle of International Law*, third edition（Boston: D. C. Heath & Co., Publishers, 1905）, copyright 1895, pp. 55–77.

（53） John Westlake, *The Collected Papers of John Westlake on Public International Law*, edited by L. Oppenheim（Cambridge: Cambridge University Press, 1914）, pp. 92–93.

（54） John Westlake, *Chapters on the Principles of International Law*（Cambridge: Cambridge University Press, 1894）, pp. 86–87. See also John Westlake, *International Law, Part I Peace*（Cambridge: Cambridge University Press, 1904）, pp. 20–22. T・バティは「擬似主権（semi-sovereignty）」の概念を当時の南アフリカの地位に関連づけて採用した。See T. Baty, *International Law in South Africa*（London: Stevens and Haynes, 1900）, pp. 45–68. ホラス・シールは「完全」主権と

「不完全」主権を分けたが、後者は「無答責で不可分だが、制限された間接的なもの」であった。Horace S. Seal, *Sovereignty and the State: their Nature and Relation* (London: Watts & Co., 1907), pp. 7, 10.

(55) Lassa Francis Lawrence Oppenheim, *International Law: A Treatise, vol 1, Peace* (London: Longmans, Green, and Co., 1905), pp. 99–100, 100–102.

(56) *Ibid.*, p. 105.

(57) *Ibid.*, pp. 103–108.

(58) See J. Mark Jacobson, *The Development of American Political Thought* (New York, London: Century, 1932), p. 411.

(59) Allen Johnson (ed.), *Readings in American Constitutional History 1776–1876* (Boston, *et al.*: Houghton Milfflin Company, 1912), pp. 308–334.

(60) 最初の合衆国憲法修正条項のうちのひとつは、原初的な権限が各州に存在し、残存していることを示していた。Article X, Articles in Addition to, and in Amendment of, the Constitution of the United States of America, proposed by Congress, and ratified by the Legislatures of the Several States pursuant to the Fifth Article of the Original Constitution.

(61) John C. Calhoun, "Speech on the Revenue Collection [Force] Bill," in John C. Calhoun, *Union and Liberty: The Political Philosophy of John C. Calhoun*, edited by Ross M. Lence (Indianapolis: Liberty Fund, 1992), pp. 433–434.

(62) See Abel P. Upshur, *A Brief Enquiry into the True Nature and Character of our Federal Government: Being a Review of Judge Story's Commentaries on the Constitution of the United States*

(Philadelphia: John Campbell Publisher, 1863), p. 72.

(63) "Proclamation of President Jackson to the people of South Carolina," December 10, 1832, in Johnson (ed.), *Readings in American Constitutional History*, p. 337.

(64) Daniel Webster, *The Papers of Daniel Webster: Speeches and Formal Writings*, vol. 1, *1800–1833*, edited by Charles M. Wiltse (Hanover, NH and London: University Press of New England, 1986), pp. 589-592. 一八三〇年のウェブスターの言葉によれば、「人民の憲法、人民の政府は、人民のためにつくられ、人民によってつくられ、人民に責任を持っている」。なおウェブスターは人民主権である限り、州単位で認められる主権を否定はしなかった。See *Ibid.*, p. 330.

(65) John C. Calhoun, "Exposition and Protest," December 19, 1828, in *ibid.*, pp. 343-344. 同様の各国（州）の人民の主権の擁護論としては、William D. Porter, *State Sovereignty and the Doctrine of Coercion* (Charleston, S. C.: Evans & Cogswell's Steam-Power Presses, 1860). 南北戦争中は、南部各国（州）の政府は（主権者ではないにせよ）自国（州）の人民に対しても反逆を試みているとの主張もなされた。"An Address delivered at Mount Kisco, Westchester County, New York, on the 4th of July, 1861, by John Jay," in Frank Moore (ed.), *The Rebellion Record: A Diary of American Events*, volume I (New York: G. P. Putnam, 1861), Documents and Narratives, p. 381. See also John Jay, *New Plottings in Aid of the Rebel Doctrine of State Sovereignty* (New York: American News Company, 1864).

(66) See Moore, *The Rebellion Record*, Documents and Narratives, pp. 20, 22, 26, 27, 70, 203, 260, 264.

(67) See *ibid.*, p. 3.

(68) See "Constitution for the Provisional Government of the Confederate States of America," and "Constitution of the Confederate States of America," in *Provisional and Permanent Constitutions of the Confederate States* (Richmond: Ritchie and Dunnavant, 1861).

(69) Jefferson Davis, *The Rise and Fall of the Confederate Government* (London: Longmans, Green and Co, 1881), pp. 141, 145, 154.

(70) Alexander H. Stephens, *A Constitutional View of the Late War between the States* (Philadelphia, PA, Cincinnati, Ohio, Atlanta, GA: National Publishing Company, 1868), pp. 10, 19–20, 542. 同じような説明としては、Sam Houston, "Sam Houston's Speech, Texas, May 10, 1861," in Moore, *The Rebellion Record*, Documents and Narratives, pp. 19–25, 267, 492.

(71) John C. Calhoun, "A Discourse on the Constitution and Government," written shortly before 1850, in Calhoun, *Union and Liberty*, p. 83.

(72) John C. Calhoun, "A Disquisition on Government," written shortly before 1850, in Calhoun, *Union and Liberty*, pp. 5–23, 23–24, 29.

(73) *Ibid*., p. 30. カルフーンは、分離（secession）と無効化（nullification）とを区別していた。See "The Fort Hill Letter on State Interposition," Calhoun to Governor Hamilton, August 28, 1832, quoted in Johnson (ed.), *Readings in American Constitutional History*, pp. 324–325.

(74) "Sovereignty of South Carolina/The Address of the people of South Carolina, assembled in Convention, December, 1860, to the People of the Slaveholding States of the United States/Dec. 29, 1860," in Moore, *The Rebellion Record*, Documents and Narratives, pp. 396–400.

(75) "The President Reply/Washington City, Dec. 30. 1860," in *ibid*., p. 12.

(76) "President Buchanan's Message of December 3, 1860," in Johnson (ed.), *Readings in American Constitutional History*, p. 456.

(77) "Inaugural of Abraham Lincoln," in Moore, *The Rebellion Record*, Documents and Narratives, p. 38. なおリンカーンは別の機会に主権を「政治的上位者を持たない政治共同体」と定義した。"President Lincoln's Message of July 4, 1861," in Johnson (ed.), *Readings in American Constitutional History*, p. 470.

(78) Quoted in Dexter Perkins, *A History of the Monroe Doctrine* (Boston and Toronto: Little, Brown and Company, 1963), first published in 1941, p. 175.

(79) Thomas M. Cooley, *A Treatise on the Constitutional Limitations which rest upon the Legislative Power of the States of the American Union* (Boston: Little, Brown, and Company, 1868); Thomas M. Cooley, *The General Principles of Constitutional Law in the United States of America* (Boston: Little, Brown, and Company, 1880).

(80) P. C. Centz, *The Republic of Republics; or, American Federal Liberty*, fourth edition (Boston: Little, Brown, and Company., 1865); John C. Hurd, *The Theory of our National Existence, as shown by the Action of the Government of the United States since 1861* (Boston: Little, Brown, and Company, 1881).

(81) O. A. Brown, *The American Republic: Its Constitution, Tendencies, and Destiny* (New York: P. O'shea, 1866), p. 133.

(82) John Alexander Jameson, *The Constitutional Convention; its History, Powers, and Modes of Proceeding* (New York: Charles Schribner and Company, 1867), p. 54.

(83) John Norton Pomeroy, *An Introduction to the Constitutional Law of the United States* (New York: Hurd and Houghton, 1868), pp. 27, 30–31.

(84) Lawrence A. Lowell, "The Limits of Sovereignty," *Harvard Law Review*, vol. II, no. 2, May 15, 1888. このころ社会学的な主権誕生についての探求なども行われた。Franklin Henry Giddings, *The Principles of Sociology: An Analysis of the Phenomena of Association and of Social Organization* (New York: Macmillan, 1896). ギデンスは人的、階級的、大衆的、一般的の四つに主権を分類した。Franklin Henry Giddings, "Sovereignty and Government," *Political Science Quarterly*, vol. XXI, no. I, March 1906, p. 12.

(85) ウィリアム・グリーンは、連合にも国（州）にも絶対主権はないとしながら、そもそも主権は与えられるものではなく奪い取るものだと強調した。William B. Greene, *The Sovereignty of the People* (Boston: A Williams and Co., 1868), pp. 5–11.

(86) Francis Lieber, "Amendments Proposed for the Constitution of the United States, 1865," in *Contributions to Political Science, including Lectures on the Constitution of the United States and Other Papers, Being* vol. II *of his Miscellaneous Writings* (Philadelphia: J. B. Lippincott & Co., 1881), pp. 155, 157. なおリーバーはすでに一八三八年に「社会の主権」論を唱えていた。Francis Lieber, *Manual of Political Ethics, Part1* (Boston: Charles C. Little and James Brown, 1838), pp. 246–270.

(87) Francis Lieber, "Amendments Proposed for the Constitution of New York, 1867," in *ibid.*, p. 216. 一八四六年に採択されたニューヨーク国（州）第三憲法は、他の多くの国（州）と同様に、同国（州）の人民が「主権の権利」を持つことを定めていた。*The Constitution of the Several*

States of the Union and United States, p. 144.

(88) E. Mulford, *The Nation: The Foundation of Civil Order and Political Life in the United States* (New York: Hurd and Houghton, 1872), pp. 72–73, 129, 135, 136–139, 302–303, 313.

(89) John A. Jameson, "National Sovereignty," *Political Science Quarterly*, vol. V, no. 2, June 1890, pp. 202, 209–210, 213.

(90) John W. Burgess, *Political Science and Comparative Constitutional Law*, vol. I (Boston and London: Ginn & Company, 1896), pp. 51–53, 53–55, 57–58.

(91) Westel Woodbury Willoughby, *An Examination of the Nature of the State: A Study in Political Philosophy* (New York: Macmillan, 1896), pp. 185, 195, 217, 219, 221, 307.

(92) Henry Wheaton, *Elements of International Law*, vol. 1 (London: B. Fellowes, 1836), pp. 54, 62.

(93) Theodore D. Woolsey, *Introduction to the Study of International Law* (Boston and Cambridge: James Munroe and Company, 1860), pp. 82–84.

(94) H. W. Halleck, *International Law: or, Rules regarding the Intercourse of States in Peace and War* (New York: D. Van Nostrand, 1861), pp. 65, 97–98.

(95) Cushman K. Davis, *A Treatise on International Law including American Diplomacy* (St. Paul: Keefe-Davidson Law Book, 1901), pp. 45–46.

(96) Davis, George B., *The Elements of International Law*, third edition (New York and London: Harper & Brothers publishers, 1908), copyright 1900, pp. 35–36.

(97) Charles H. Stockton, *Outlines of International Law* (New York, Chicago and Boston: Charles Scribner's Sons, 1914), pp. 62–63.

(98) James Brown Scott, "Introduction," in William Ladd, *An Essay on a Congress of Nations* (New York: Oxford University Press, 1916); Hidemi Suganami, *The Domestic Analogy and World Order Proposals* (Cambridge: Cambridge University Press, 1989), pp. 49–54.

(99) William Ladd, *Essay on a Congress of Nations* (Boston: Whipple & Damrell, 1840), pp. 8–10, 112.

(100) See Joseph C. Clayton, *Pax Nobiscum: A Plan for a Tentative Constitution of the United Nations* (New York: reprinted from The American Lawyer of April 1907).

(101) Raleigh C. Minor, *A Republic of Nations: A Study of the Organization of a Federal League of Nations* (New York: Oxford University Press, 1918), pp. xxiv, xxviii, 28, 222, 240.

(102) Hannis Taylor, *A Treatise on International Public Law* (Chicago: Callaghan & Company, 1901), pp. 184–185.

(103) See Robert T. Crane, *The State in Constitutional and International Law* (Baltimore: Johns Hopkins Press, 1907).

(104) Amos S. Hershey, *The Essentials of International Public Law* (New York: Macmillan, 1912), p. 100.

(105) Edwin Maxey, *International Law with Illustrative Cases* (St. Louis: F. H. Thomas Law Book, 1906), p. 85.

(106) モンロー・ドクトリンの帝国主義的な性格については、篠田英朗「重層的な国際秩序観における法と力——『モンロー・ドクトリン』の思想的伝統の再検討」大沼保昭（編）『国際社会における法と力』（日本評論社、二〇〇八年）、二三一—二七四頁を参照。

(107) See James Brown Scott, "Preface," in *James Madison's Notes of Debates in the Federal Convention of 1787 and their Relation to a More Perfect Society of Nations* (New York: Oxford University Press, 1918); James Brown Scott, "Preface," in *The United States of America: A Study in International Organization* (New York: Oxford University Press, 1920), p. x; Thomas W. Balch, *A World Court in the Light of the United States Supreme Court* (Philadelphia: Allen, Lane and Scott, 1918), p. 6; H. G. Wells, *In the Fourth Year: Anticipation of a World Peace* (London: Chatto & Windus, 1918), pp. 4–6.

第3章

国際連盟と国際立憲主義の登場

●二〇世紀の始まり

本章では、第一次世界大戦の悲劇が国家主権概念に与えた変質を検討していくことにする。「大戦争（the Great War）」は、一八一五年ウィーン条約以来続いた大国指導のヨーロッパ協調体制への信頼を、決定的に裏切るものであった。国民国家原則に依拠した緩やかな国際秩序が崩壊したとき、国家主権絶対論に対する反省の気運が高まったのは当然であった。国際連盟設立にともなう議論において、英米の知識人の多くは、平和のために国家主権絶対論を克服しなければならないと考えた。もっとも彼らは、主権の廃止を唱えたわけではない。新しい国際社会の法秩序のなかで国家主権を規則づけ、制限しようとしたのである。本章は、そうした英米主導の試みを、国際関係に立憲主義をもたらそうとしたものであったという意味で、「国際立憲主義」と呼ぶ(1)。そこでは大戦後の政治情勢も反映して、帝国主義時代以前の英米の立憲主義的思想の伝統が、好戦的なドイツ思想の対極に位置するものとして想起されることになったのである。

本章では、第1節で、まずイギリスにおける第一次世界大戦終結時の国際構想をめぐる議論を扱う。第2節では、アメリカにおける同様の議論を検討する。第3節は、アメリカ大統領ウッドロー・ウィルソンと彼の政権で国務長官を務めたロバート・ランシングがともに学者時代に書いた主権に関する論文に焦点をあてて両者を比較し、両者の一九一九年パリ講和会議での対立の思想的背景を探る。

1　イギリスにおける国際連盟設立時の議論

国際法学者による漸進主義的国際組織論

第一次世界大戦終結時のイギリスでは、主権を制限するような国際秩序をつくらなければならないという議論が大きく高まった。ただし、ほかの戦勝国と比べて、イギリスでは、急進的に世界政府設立を唱える者はほとんど見られず、多くの者は漸進主義を標榜した。国家主権を原則的には維持しつつ、必要な程度にまで制限すべきだとする主張である(2)。

パリ講和会議においてイギリス代表団は次のような一句を挿入することを提案した。「この規約のいかなるものも、明示的に述べられているのでなければ、連盟加盟国の主権あるいは国内政策を決定する権利を制限しない」。代表団の一員であったセシル卿は、「主権が明示的に制限されているときのみ、主権は制限される」と述べた(3)。

また、オッペンハイムは、国家連合としての国際連盟を設立する案を拒絶し、超国家的憲法は非現実的だと主張した(4)。もっともオッペンハイムは、主権の絶対性に固執してはいなかった。一八九九年と一九〇七年のハーグ平和会議の成果としての国際憲法の枠組みは、国家の主権と独立を脅かすわけではなく、ただ結果として主権の意味内容が変転するだけだと考えていたのである(5)。国際連盟規約が成立するとき、彼は次のように述べた。「もし主権が絶対的に無制約な行動の自由であるならば、主権の喪失は連盟加入によって確かにもたらされるだろう」。しかし「実際には主権は絶対的に無制約的な行動の自由を意味しない」。オッペンハイムによれば、国家の独立は紛争を国際裁判所に提訴しても侵されず、そもそも国際連盟への加入による主権や独立の侵害は、とりたてて深刻な問題ではなかった。オッペンハイムの見解の要点は、「目的それ自体としての国家というプロシア的概念と、国家の権威はあらゆるものの上位に位置づけられる神聖なものだというヘーゲルや彼の追随者によって支持されてきた考えは、民主主義と立憲主義政府の理念に反する」、ということであった(6)。

同じケンブリッジ大学のT・J・ローレンスにとっても、新しいアメリカ合衆国をつくるかのように国際連盟設立を考えるのは、加盟諸国の人びとのあいだに何の共通の文化的基盤もない以上、「根拠なき夢」であった(7)。しかし彼は、主権の「制限（limitation）」と「放棄（surrender）」とを区別することによって、実際に設立された国際連盟は肯定しようとした。ローレンスは、連盟が国家の独立と主権を侵害し（derogate）、国家が戦争に訴える権利に制限を課していることを認めた。しかしその制限は、主権の放棄にまでは至らないとした。国家は自らを制限する権利に基づいて連盟に加入するからであった。もし連盟加入が主権の放棄であれば、地球上から主権国家は消滅してしまうことになる。ローレンスにとってそれは、ありえないことだった。「イギリスやアメリカ合衆国やイタリアやその他の文明世界の指導的大国の独立と主権を否定するのは、最大の愚挙である」(8)。

ローレンスの認めた「主権の侵害」は、ほかのイギリスの学者たちによっても指摘された。J・G・S・マクネイルもまた、たしかに連盟加入は主権に対する制限を意味するが、広義の主権は国家の無制約な自由を意味しないことを強調した(9)。ジェフリー・バトラーは、外的主権の分野で、国際連盟規約によって初めて「適切な意味」の主権が現れたと賞賛した(10)。レオナルド・ウルフのように左翼的立場からは、そもそも国家主権の理論は非論理的で、混乱した思考の産物でしかないという議論を展開していた者もいたが(11)、多くのイギリス人は主権の再解釈によって国際連盟の秩序を説明しようとしたのである。

ドイツ思想としての絶対主権論

ローレンスの説明において特徴的なのは、イギリスなどの「文明世界の指導的大国」が主権国家ではないことはありえない、という論理にもとづいて、主権の絶対性が留保された点にある。このような態度の背景には、絶対主権論をドイツ思想の特徴とし、イギリスの自由民主主義的伝統をそこから切り離す「連合国」中心の発想があった(12)。しかし理論的に重要なのは、絶対主権を基準としてある国家が主権を持っているかを審査するという一九世紀的な思考ではなく、ある主権国家の存在を前提として、逆に主権概念のほうを柔軟に理解することによって現実との調整を図ろうとする思考が見られたことである。これは、一九世紀特有の「真の主権者探し」の思考様式が、少なくとも英米両国においては終焉していく時代に入ったことのひとつの徴候でもある。

オックスフォード大学のW・T・S・スタリブラスは、連盟体制において「主権の侵害は一般的」であると指摘した。だが主権、独立、平等などという教義は、もともとまやかしでしかない。「絶対主権と諸国の独立という教義は事実と整合していないので、もはや何ら有益な目的に資することはない」。その意味では国際連盟は、主権理論史に分裂をもたらすとしても、現実世界の実践から大きく飛躍するものではない。スタリブラスによれば、事実から逸脱して主権論をあまりに論理的な理論に陥れたのは、ドイツ人たちであった。ドイツ人たちは絶対主権の前提から、他国を犠牲にする主権の全体的保持や拡大を、主要な目的とした。「しかしながら、すべての国民が、ドイツ人ほどに明晰で論理的であるわけではない」。イギリス人であれば、容易に次のように言えるのだという。「法は事実と整合していなければならない。……諸国家は、あらゆる点で平等であるわけではない。絶対的な意味で、諸国家が主権的あるいは独立的であるとするのは、全く正しくない。……国際法学者にとっては、主権や独立などは、額面通りの意味など持っていない」。とくに平等の権利は、「ほとんど全く幻想」であり、せいぜい「主権、独立、平等の権利は道徳的なものであり、法的権利ではない」。「ドイツ人にとっては、自らが選んだのではない主権国家の判事がいるべきだなどということは、全く考えることはできない。……イギリスの常識は、……法の支配が、国家による主権権力の保持と、整合性を持つと判断してきた」[13]。

スタリブラスによれば、著述家たちは、内的な法的主権は分割できるとしてきた。しかし「実際には外的主権もまた、異なった目的に応じて異なった組織に分配されている」。つまり国際連盟の設立は、実際の修正された主権概念に対して、何ら大きな変更をもたらさないのであった。もし国際連盟が将来その権限を拡大させるならば、ただ主権の分割の程度がかつてないほど大きなものになる、というだけのことだという[14]。スタリブラスは、「国際法は進歩する学問」だと考えたが、彼にとっては過去と同じように将来にわたっても、主権概念は修正され続けるのであった。内的主権が残存するとしても、外的主権は疑わしいものとなる。主権概念が修正され続ければ、主権独立国家は、「自由な自治国家」と呼ぶべきものになるかもしれない[15]。

コモン・ロー研究の権威であったフレデリック・ポロックは、国際連盟設立には「主権の放棄」が必要だと論じた[16]。ただしそれは主権の限定的な維持と両立しえないものではなかった[17]。著名な政治思想家アーネスト・バーカーは、「国際連合（a Confederation of the Nations）」の理想形態を立案したが、バーカーによれば、国際連盟は二つの点で、主権あるいは独立の放棄を意味した。すなわち戦争をする権利の放棄と、（連盟のために）戦争をする義務の受諾であった[18]。しかしこの主権放棄は、ただ「国家間関係」の領域でのみ起こるのであり、連盟加入後も国家は主権的であり続けるのだった。バーカーはそこで訴えた。「国際連盟における主権の喪失を恐れてはならない」。力は決して自由をもたらさず、法だけが自由なのであるから、連盟加入によって「あなたはあなた自身の運命の主人となるだろう」[19]。

このようにイギリスでの新しい国際秩序構想にあたっては、第一に、主権は容易に制限されるものとして理解された。しかし、第二にイギリス人たちは急進的な国家連合を嫌い、漸進主義的に主権を制限していく方向性を好んだ。第三に、彼らはそうした態度を、自国の立憲主義的政治思想の伝統と結びつけた。第四に、そうした自己肯定的態度は、ドイツ思想に対する軽蔑と不可分の関係にあった。結局のところ、イギリス人の標榜した「国際立憲主義」は、第一次世界大戦の戦勝国という自らの地位を前提にしたものだったのである。それに従えば、主権放棄の名のもとに、敗戦国は否定され、また一九世紀と同じように小国は無視されるかたちで戦後処理が行われることは、当然であった。

2　アメリカにおける国際連盟設立時の議論

モンロー・ドクトリンの拡張

アメリカでも第一次世界大戦以後、同様の主権制限論を中核とする「国際立憲主義」の機運が高まった。しかし思考の枠組みは、必ずしもイギリス人たちと同じではなかった。そもそもアメリカにとって第一次世界大戦は、堕落したヨーロッパ国際政治がもたらした悲劇でしかなかった。アメリカは単に勝者として戦後処理にあたるのではなく、新世界の理念で世界を刷新する使命を持っていると考えられた。たとえばヨーロッパ諸国が国際連盟の先駆者としてヨーロッパ協調体制を思い浮かべていたとすれば、アメリカにとって国際連盟は伝統的アメリカ外交政策の象徴であるモンロー・ドクトリンの延長線上に位置づけられるものであった。連盟規約第二一条は、連盟がモンロー・ドクトリンを侵害しないことを明記した[20]。それはもちろんアメリカ国内の反対勢力への配慮のために挿入されたものだったが、合衆国憲法からモンロー・ドクトリンへとつながる立憲主義の連鎖と矛盾せずに国際連盟が位置づけられるべきことを示したものでもあったと言えよう。

モンロー・ドクトリンは、しばしば「孤立主義」の外交政策として解釈される。しかし正しくは、それは「新世界」への「旧世界」による干渉からの独立を宣言したものである。モンロー・ドクトリンの背景には、「明白な運命（manifest destiny）」にもとづいて膨張を続けるアメリカこそが神の恩寵を受けた理想郷であるという、アメリカ社会に特有の思想があった。モンロー・ドクトリンは、理想を実現する「新世界」は汚れた「旧世界」から守られなければならないという政治的宣言であり、より積極的な意味に転化されれば、理念擁護のためのアメリカの介入主義的行動を正当化するために用いられることもありうるものであった。その場合、アメリカという特別な使命と特別な力を持った国は、特別な義務を負い、自らの標榜する理念を国外で防衛することも辞さないかもしれない。こうした含意において、モンロー・ドクトリンは確かに、アメリカが主導して二〇世紀に実現させた集団的自衛権、あるいは集団的安全保障のシステムの思想的淵源となったものであると言える[21]。そしてそれは、一九世紀を支配したヨーロッパ人たちが決して想像することがなかった国際関係の秩序維持システムであった。

アメリカで絶対主権論と結びつけられ、最大の標的とされたのは、やはりドイツ思想であった。一九世紀ドイツ国法学は専制主義を招く危険な理論であり、アメリカの自由主義的政治体制の対極にあるものとして考えられた。主権概念も、そのような図式にそって理解される傾向にあった。たとえばアメリカ大統領を務めた後、世界大戦中に「平和執行連盟（the League to Enforce Peace）」という国際連盟設立のための団体の長となったウィリアム・タフトは、戦後の演説のなかで次のように述べた。

「主権とは何か。さてドイツの見解とアメリカの見解とを提示してみよう。ドイツの見解では、主権とは武力でほかの諸国民（nations）の主権を蹂躙する力であり、それだけである。アメリカ的な主権概念とは何か。それは国際法、国際道義、国際儀礼、国際隣人感情によって制御された主権である。われわれはそれ以上の主権を望むのだろうか。主権とは、個人の自由に類するものである。後者は、自由を守る法によって制御される自由である。そして主権とは、諸国に適用された同様のものなのである[22]」。

やはり「平和執行連盟」に属しながら活発な論述を行ったセオドア・マーブルグもまた、「主権とは、国際法・国際道徳によって国家に課せられた義務と両立する範囲内での行動の自由のことであり、ほかの諸国が自由に行動するための平等な主権の行使を認めるものである」とした。そしてそれ以上の利己的な放恣《ほうし》を求めるのは、単に「主権のドイツ的概念」でしかない[23]。マーブルグによれば、アメリカ合衆国の歴史は、自治を維持しながらもドイツ的絶対主権を放棄した国家連合の実例を示すものであった[24]。セオドア・ローズヴェルト政権時代に国務長官を務め、ウィルソン政権時にも国際連盟設立にあたって重要な役割を演じた上院議員エリュ・ルートによれば、国際連盟による「変化は主権の制限をともない、平和を維持するために、あらゆる主権国家を諸主権国家の共同体の至高の権利に服させる。このような原則を受け入れることは、国家と政府のプロシア理論全体にとって致命的となるだろう」[25]。ドワイト・モロウによれば、もし主権という語が、「各国が対外関係において自らの力によってなしうるすべてをなす権利を意味するのであれば、ドイツの敗戦がそのような教義に終止符を打ったことを期待する」[26]。

このような「主権のドイツ的概念」を否定することは、イギリス人とアメリカ人のあいだに共通していた。ところが、イギリスにはイギリスの思想伝統があったように、アメリカには「主権のアメリカ的理解」があった。それは諸国家の平等や内政不干渉を支柱とし、ある種の集団的自衛権に裏打ちされたモンロー・ドクトリンによって象徴的に説明される主権の理解であった。だがそれは、イギリス人が必ずしも伝統的に信奉してきた理解ではなく、第一次世界大戦後の世界においてもイギリス人たちが全面的に信奉するかどうかはわからない理解であった。

一九一五年一月に「平和執行連盟」の第一回会合が開かれた際、将来の国際連盟のための二つの原則が参加者によって合意されたが、そのうちのひとつは、「外部者に対して、連盟加盟国の領土的一体性と主権を保証する」というものだった。この原則に関しては、むしろ連盟加盟諸国と外部の国との戦争を誘発する、との反対意見が出されたという[27]。モンロー・ドクトリンの原則からすれば、内政不干渉に基づく主権は、国際法秩序の一大支柱であるはずだった。しかしそのような原則的理解は、イギリスをはじめとするヨーロッパの大国が運営してきた国際政治の実情とは相容れないものだった。はたして「主権のドイツ的理解」の否定が、「主権のアメリカ的理解」の肯定的導入を意味するのか、あるいは帝国主義と大国指導に特徴づけられる「主権のイギリス的理解」への回帰に行き着くのかは、同盟国間で必ずしも合意があったわけではない。この点は、国際連盟のあり方を考える際のひとつの大きな論点になるものであった。

主権のアメリカ的理解

明らかにアメリカにおける連盟擁護者は、主権制限論によって、主権のアメリカ的理解を推進することを目指していた。マーブルグは、すでに大戦中から、絶対主権は他国から自国を守るための概念だが、諸国民の社会の概念に対しては道を譲らなければならないと主張していた。主権が災いをもたらすのであれば、国家は国民の福祉のために必要な程度以上の主権を維持するべきではない。このような考え方を実際に適用した歴史的事例が、マーブルグによれば、アメリカ合衆国であった。というのは合衆国は「主権的かつ独立的諸国（州）から構成されている」ものであったからである。「諸国（州）は、主権を放棄したが、自治は放棄していない。……相互の同意によって、絶対主権が放棄されたのである」[28]。

マーブルグと並んでタフトもまた、繰り返し「アメリカの」主権概念について説いていた。彼によれば、「主権は、ただ定義と程度の問題である」。合衆国の主権は国際連盟以前にも、もろもろの条約によって制限されていた。むしろそれは誇るべきことである。国際連盟は「超主権」体であり、国民主権は保障されるがゆえに制限されるべきである。主権とは「諸国民の行動の自由」なのだが、一国の主権は、他国の主権と一貫性を持つかたちでのみ行使される。制限を越えた主権は、「アメリカの諸原則のみならず合衆国憲法と一致しない」[29]。

ダーウィン・キングスレーによれば、「無条件主権は一九一四年の文明の根本的誤り」であったが、合衆国は、「いわゆる主権国家が個別性と民主的諸原理を失うことなく、ひとつのより大きな国家に統合されうること」を示した。そこで彼は、「もし現在の無条件主権を廃止しなければならないのであれば、そしてもし、各植民地が一七八九年に放棄したように国民としてのわれわれも放棄しなければならないのであれば、われわれはそうすべきだ」と主張した。(30)

さらにイェール大学教授シメオン・ボールドウィンは、分割されない主権という概念を否定した。そもそもそれは合衆国最高裁判所の決定と異なる。ボールドウィンによれば、主権が分割されることは、歴史が多くの事例で示してきた。少なくともアメリカの主権概念に関する限り、「主権者の存在は人民の同意に依拠する」ということと、「彼らは主権権力を部分的に維持する」ということが承認されてきた。だとすれば「なぜ主権全体の一部をひとつの公的機関に委譲し、残りのすべてを別の機関に委譲するという前提で、分割がなされてはいけないのだろうか」。「アメリカのプラグマティストは、一世紀以上にわたって機能し、そして今日でも機能し続けている主権権力の分割を、遠くにまで捜し求める必要はない」。ボールドウィンは、アメリカ人は国際連盟における主権に理論的困難を全く見出さない、と主張したのである。それは、合衆国の歴史が変則的だからではない。むしろボールドウィンによれば、合衆国は人類の未来を示している。ヨーロッパ諸国が国家や教会の神権理論を放棄したように、人類はあともう少しで分割主権論を承認するはずなのだった。(31)

二〇世紀初頭の国際連盟推進派と一八世紀末のフェデラリストたちとのあいだに論理的な親縁性があるとすれば、一八世紀末のアンチ・フェデラリストとのあいだに親縁性を持つ二〇世紀初頭の国際連盟批判者もいたであろう。その代表例は、アメリカの連盟加入を食い止めた議会勢力であった。ただし議会の反ウィルソン勢力は、必ずしも連盟加入それ自体に反対していたというわけではなかった。連盟加入の前提となるヴェルサイユ条約の批准にあたって問題になったのは、連盟規約第一〇条が、合衆国をヨーロッパでの戦争に巻き込むかもしれないという懸念であった[32]。

ヘンリー・ロッジ上院議員は、どのような条約にも主権に対する犠牲はある、という一般論を認めた。だが「われわれにとっての唯一の問題は、どの程度の主権を犠牲にすることがわれわれに許されているか」であり、「アメリカ兵をどこにでも送る権限は、決して渡してはならない主権の一部分である」のだった[33]。別の上院議員の言葉によれば、「ワシントンは、自らの事柄を制御する主権者としてのこの国民の権利を確立するために戦った。ウッドロー・ウィルソンは国王の代理たちと相談し、ワシントンが獲得した主権を、彼らが支配する連盟に委譲する」[34]。主権は制限されうるとしても、放棄されてはならないのであり、戦争に関する権限は渡すことのできない主権の中核部分だとされた。また、主権がアメリカ的理解にそって制限されるか、あるいはヨーロッパ的理解にそって制限されるかが問題になりえた。ウィルソンはモンロー・ドクトリンの拡大として国際連盟を考えたが、反ウィルソン派は国際連盟規約を旧大陸の伝統的な国際関係における大国支配の制度化だとみなした。

議会の外でも、国際連盟加入反対を訴える者は少なくなかった。ヘンリー・ウッドは、タフトに公開質問状を送った。「合衆国の主権が依拠している安全保障を、そのようなヨーロッパとアジアの大国の連合の手に譲り渡すべきことを、あなたは望むのか。私は望まない」。国際連盟は諸国家に対する主権を行使する世界大の超国家だと、ウッドは感じていた。もっとも彼によれば、超国家連盟を推進しているのは一部の理想主義者だが、連盟のような弱小機関が合衆国の主権を肩代わりできるはずがなく、ウッドは理想主義者の挫折を予言した(35)。

反ウィルソン派の論客デヴィッド・ヒルは、君主主権であれ、人民主権であれ、絶対主権の考えにはいかなるものでも反対すると、戦争中に著した書物のなかで述べていた。フランス革命で単に君主から人民に移行しただけの絶対主権は、人権の否定につながった。それはアメリカ革命の成果の対極に位置するものであった。たとえ民主主義であっても、帝国主義的で反立憲主義的なものになりうる。ヒルによれば、本当に重要な思想対立は民主制と君主制のあいだにあるのではなく、立憲主義と帝国主義のあいだにある。ナポレオンが体現した絶対的民主主義は人間に信頼を置くものだったが、合衆国で開花したワシントンの民主主義は原則に信頼を置くものであった(36)。興味深いのは、絶対主権を否定する「アメリカニズム」の名においてヒルが念頭に置いていたのは、「安全保障と諸個人の権利のために結合した、一体性を持つ人民の有機的統一性」であった(37)。ギールケの解釈を媒介としたアルジュジウスに影響されたヒルは、「すでに有機的関係にある諸部分の調整を通じて、主権は生まれる」と考えていた(38)。

このように、立憲主義の「アメリカニズム」を標榜しながらギールケ流の有機的国家の主権を信奉していたヒルがアメリカの国際連盟加入に強く反対したのは、不思議なことではなかった。アメリカの立憲主義は、有機的に結びついたアメリカ人民の国家で初めて開花するはずだからである。ヒルの目に映った国際連盟は、「国際法の維持や諸国家の本源的権利の承認」に関心を抱かない「少数の大国集団の制御のもとで世界を規制するための帝国主義的シンジケート」であった。ヒルにとっては、「部分的な国民主権の放棄と、自己統治の完全な達成」とは、両立しえない命題であった。国際連盟は、「単に大英帝国を拡張するだけのシステム」であり、「諸国家の主権を無効にする主権」を行使して、あるべき国際法から逸脱する超国家に見えたのである。(39) アメリカ人は人類の歴史上初めて、法の支配への同意が主権の放棄ではないことを示した人民であるが、(40) それは他国では達成されたことのない偉業であった。ヒルは、有機的に結びついたアメリカ人民による法の支配をアメリカニズムと呼んで賞賛した。その一方で、他国が加わる法の支配を非アメリカニズムとして警戒したのであった。

このように、国際連盟推進派がアメリカの歴史のなかに自らの立場を補強するものを見つけ出したように、連盟加入反対者たちも、アメリカの歴史のなかから自らの立場を正当化するものを取り出した。一九世紀のアメリカの歴史のなかには、主権をめぐる二つの立場の対立が内包されていたのである。国際連盟もまた、アメリカ的な理念の実現としての拡大されたモンロー・ドクトリンとしての性格と、ヨーロッパ的な権力政治の継続としての拡大されたウィーン体制としての性格を複雑にあわせ持っていた。つまり国際連盟推進派も連盟加入反対者たちも、自らに有利な歴史を引き合いに出すことができた。過去の歴史は、単純ではなかったからである。

3　ウィルソンとランシング

　ここまで本章は、イギリスとアメリカにおける国際連盟設立時の主権をめぐる言説を追ってきた。そのなかで、あえて意図的にウィルソンについて触れないできた。それはウィルソンが、ほかの著述家よりも、さらに慎重に検討しなければならない重要な人物だからである。ウィルソンは、一般的には、民族自決権を国際社会に広めたことで知られる。彼が人民主権論の布教者であったかのような印象もつくりだされている。しかし彼がプリンストン大学政治学教授であった時代に書いた主権論を読むならば、そのような単純な図式に彼を押し込めることができないことがわかる。この節ではさらに、ウィルソン政権で国務長官を務めながら、パリ講和会議でウィルソンと対立したランシングについても焦点をあてる。彼が国際法学者だった時期に著したきわめて特異な主権論は、彼とウィルソンとのあいだの政治的対立が、主権に関する思想的対立の反映でもあったことを教えてくれるだろう。

ウィルソンの主権論

ウィルソンは、一八九三年の「政治的主権」と題された論文で、主権について正面からとりあげていた。そこで彼は、人民主権論にいくつかの留保条件をつけた。ウィルソンによれば、「アメリカ人民は、ひとつの単位として行動したことがなかったし、われわれの憲法においてはひとつの単位として行動することができないのである。彼らは、諸国家集団としてつねに行動してきたし、つねに行動しなければならない。……彼らは政府について相談されることがあっても、政府を指揮することはない」。主権とは、「有機体の一般的生命力ではなく、諸組織の特定の創造的権力である」。主権者たちは確かに存在するのだが、国家全体のことではない、とウィルソンは述べた(41)。

ウィルソンは明らかに、ヘーゲル流の有機体的国家論に抗して、むしろ古典的な立憲主義の枠組みで主権を理解しようとしていた。彼は「統治する権力と過程」を、「その権力と過程に対する人民の関係」から区別しようとした。「指揮の現象あるいは統治すること」と「服従の現象あるいは統治されること」の区別が、つねになされなくてはいけないのであった。政治の発展は、両者の同一性の歴史にではなく、両者の差異化の過程にこそあるという。「独立した個人的行動の領域」と「専制的権威」を同一視するのは古代国家の世界観であり、ウィルソンが同時代に見たのは、「国家が徐々に解体し、構成要素に分解し(42)、統治する者と統治される者とが、もはや同一ではないところにまで十分に至る」過程であった。

このような立場から、ウィルソンはオースティンの「共同体の慣習的な服従」という主権の定義を受け入れた。この定義は、自由と主権が両立する事実とは矛盾しなかった。というのは、主権の基盤と主権の行使とは、全く異なる事柄であるからだった。ウィルソンは、「共同体の意思、つまり政治体全体の性向と欲求」がつねに法の基盤であることを認めた。しかしそのような共同体の選択は、承認か不承認、あるいは同意か抵抗というかたちで明らかになるにすぎないのだった。重要なのは、「共同体が主権者と交わす規約（covenant）」である憲法が、統治する者と統治される者との関係を決めることであった。そしてウィルソンは、主権の対概念として「制御（control）」の概念を導入しつつ、次のように述べた。「主権権力は積極的なものであり、制御は消極的なものである。権力は政府に属し、主導権を持つ組織に存する。制御は共同体に属し、投票者に存する。これら二つの事柄を同じ名前で呼ぶのは、ひとつの言葉に多様な意味を与え、単に言語を不毛にすることでしかない」(43)。

ただしウィルソンは、別の機会に、「制御」を主権と呼んでいると思われる言い方をした。主著である『国家』（一八八九年）において彼は、「われわれに関しては、主権はその全体性において、それほど確定的ではない人びとの集団である合衆国の人民に存している。主権の諸権限は、人民からの委託によって、国（州）と連邦当局に存している」と述べた。ウィルソンが「主権は共同体に存している」としながら、「法理論で理念的に想定される主権は、実際にはどこにも存在していない」と言うとき意味したのは(44)、立憲主義的な機能分化だった。共同体の主権とは、「主権権力」と対比させられる「制御」の消極的な役割だった。ロック的な立憲主義的枠組みで、政府が持つ「通常権力」と区別された共同体の「制憲権力」が、ウィルソンが「制御」と呼んだものである。

このようにして見ると、ウィルソンが信奉していた国制の枠組みが、ロック的な立憲主義にそったものだったことがわかる。独立宣言やイギリスの立憲制の歴史を検討した後、ウィルソンは次のように「立憲政府の哲学」を定義した。「人間は、いつも自分たちのために決定を下す権利を持つ。……人びとがそのもとで生活する政府が、そのような原則に依拠しているか、あるいはそのような形態に則って運営されているかは、彼らの安全や幸福に影響を与えるだろう。端的に言って、政治的自由とは、統治される者たちが彼ら自身の必要性や利益に政府を適合させる権利なのである」。イギリスとアメリカの法理論は、「代議制政治は、法または政府と被統治者とのあいだで合意された諸規則から得ていない権威は持たない」と決めたのだった。しかし統治者に一定の原則を遵守させることは、同時代の思想家の多くがなしたように統治者と被統治者の関係を有機体的国家のなかで解消することとは違う。ウィルソンにとって、「国民は諸個人から成立している」のであり、「人間は代議制議会を通じて自由であるのではなく、彼自身の行動において自由である。……さもなければ彼は自由ではない。集団的自由などというものはない。自由は個人に属するものであり、そうでなければ存在しない」(45)。

おそらくウィルソンが市民革命期の立憲主義者とは異なり、同時代人と共有していたのは、社会的進歩への信頼であった。政府を機械のようにみなす「宇宙のニュートン的理論」と対比される「ダーウィンの有機体的営み」は、ウィルソンによれば、立憲政府の進展の「最終段階をイギリス型かアメリカ型のどちらか」に到達させる。いわばウィルソンは、伝統的形態のイギリスとアメリカの国制を理念形としつつ、絶え間なく社会が発展するという進歩主義に信頼を置く近代的な立憲主義者であった(46)。この進歩主義的な立憲主義的信念こそが、ウィルソンの国際主義の基盤となったものでもあった(47)。

政治家としてのウィルソンの発言は、実際のところ、彼が本来信奉していた立憲主義の方向性にそったものだった。ウィルソンの有名な言葉によれば、「すべての人民は、彼らがそのもとで生きる主権を選択する権利を持つ」(48)。「まるで所有物であるかのように、人民を主権から主権へと譲り渡す」権利を否定するのは、「政府は被統治者の同意から正当な諸権限を引き出す」からであった[49]。こうした発言で、ウィルソンは同意が主権の源泉だと主張したのだが、それは人民自体が主権者として国民国家の名のもとに行動することを意味してはいなかった。ウィルソンが言ったのは、政府の主権権力を基礎づける同意の権威を、人民が持っているということであった[50]。

ウィルソンは、たしかに「人民の主権」という表現を用いたこともある。しかしそれは、ウィルソンが「帝国ドイツ政府」やメキシコの「単なる軍事独裁制」に抑圧された人民について言及しているときなどであった[51]。これはむしろロック的な立憲主義的思考に沿うものである。人民の「制憲権力」が発現するのは、政府に委託された「通常権力」が濫用されたときであった。革命権が正当化されるような場面でのみ、人民主権は現れる。介入が正当化されるとすれば、そうした革命権が正当化されるときであろう[52]。

理論的な混乱が生じたのは、ウィルソンが「被統治者の同意」という表現のかわりに、「自決(self-determination)」という語を用い始めてからである。「自己決定」をする主体としての「自己」は、理論的には、ある国家の憲法秩序のなかに住む人民を指す。それは憲法によってかたちづくられる作為的な存在である。しかし実際には、パリにおける講和会議の過程において、多くの人びとが「自己」を「国民」あるいは「民族」と解釈した。ウィルソン自身も、「自己決定」と「諸国民の独立」という原則を標榜する際に生じる理論的な複雑さを、処理することができなかった。第一次世界大戦後の小国の独立は、現実には大国によって決められたのであり、「被統治者の同意」によってではなかった。現実世界においてドイツの人びとは、帝国ドイツ政府の行為への責任追及から、逃れられなかった。このことは、ウィルソン政権で一九一五年から一九二〇年のあいだに国務長官を務め、パリ講和会議の際にもウィルソンに同行したランシングにとっては、悲劇的な混乱にしか映らなかった。

ランシングの主権論

ランシングは国務省で勤務し始める前は、国際法学者として活躍していた。彼が学者時代に残した四つの主権に関する論考は、ウィルソンの主権論とは全く異質なものであった。ランシングの主権論とウィルソンの主権論との違いは、単に理論的な意味で興味深いだけではなく、パリ講和会議においてなぜ両者が激しく対立したのかを説明するものとして重要である。

ランシングの主権論は、徹底して力の概念に依存したものであった。国家のなかの主権（sovereignty in a state）は、「責任を負うことなく、国家内部のあらゆる事柄をなす、（主権の）所有者が持つ自然的な能力の程度に応じた権力」と定義された。ランシングによれば、「その所有者が、国家を構成するあらゆる個人を、主権的意思に服従させることができるとき、主権は現実のものとなる」。したがって主権は、「ほかのいかなる力にも優る卓越した物理的力の所有」から生まれるのであり、単に「凶暴な力の適用あるいは脅迫」によって行使される(53)。

特徴的なのは、ランシングが国家「のなかの」主権についてのみ語ったことである。彼は意識的に、「国家の主権（sovereignty of a state）」を否定した。というのは、主権が国家によって所有されることはなく、「物理的強さを所有する国家のなかの個人あるいは諸個人の集団」によってのみ所有されるからであった。主権は国家のような抽象的人格によって所有されることはなく、あくまでも服従を強制する物理的権力を持つ人間によって所有されるのであった。これに応じて、ランシングは「現実の（real）」主権者と「人工の（artificial）」主権者とを区別した。ランシング自らが論じたのは、もちろん「現実の主権者」であり、彼にとって「人工の」主権者などは虚構であり、実際には主権者ではないのであった(54)。

このランシングの主権概念が、本書が第2章で指摘した「主権の物象化」現象にそうものであったことは、言うまでもない。つまり、抽象的概念である主権が、国家存在とは独立して実体を持つものして想定されていたのである。ランシングが、「全能で永遠の存在」の純粋主権について真剣な考察を加えたのも、そのためであった(55)。ランシングにとっては、神や絶対主権の実在性のほうが、法的人格を持つにすぎない国家よりも現実的なものだった。たしかに「現実の主権者」は、平和時であれば、つねに目に見えて活動しているわけではないかもしれない。しかしそれは「現実の主権者」が存在しないことを意味しない。「真の主権者探し」に突き動かされた国際法学者ランシングは、「現実の主権者」は内戦や革命のときに現れると考えたのであった。アメリカの南北戦争は、南部諸国（州）に服従を強いた（連邦側の）人びとの集団に主権が宿っていたことを証明した。「革命の成功は、法に対する抵抗を、現実の主権者の行為へと変える」(56)。

このようなランシングの論拠に従えば、南北戦争が南部諸国（州）の勝利に終わり、南部の分離が成功してさえいれば、真の主権者は南部諸国（州）にいたということになる。つまり主権の所在を決めるのは、いかなる論理でもなく、現実世界を動かす人間たちの力の大きさである。現実世界の政治紛争の結果以外には、主権がどこに宿っているのかを教えてくれるものはない。言うまでもなく、このようなランシングの主権論に従えば、「被統治者の同意」などの論理によって、主権者に制約を課すことはできない。ランシングは、「本物の主権者が国家の全構成員を含むことはない」ので、被統治者が「現実の主権者」になることはありえず、「同意」論は単なる知識人の空想的産物だと断じた(57)。

ランシングはさらに、「世界主権」なるものにも考察を加えた。「現実の主権」にこだわるランシングが「世界主権」に興味を示すのは、一見奇妙に見えるかもしれない。しかし、これは彼の主権論と矛盾するものではなかった。もし諸国家の相互依存と相互責任が、人類をひとつの集合体として考えることを可能にするならば、「世界中の人類すべての構成員に服従を強いるのに十分な物理的力を所有している諸個人の集団が、存在していなければならない」。つまり人類が世界共同体を構築するためには、世界主権というべきものの実在を認めなければならないのだった。そのとき国家のなかの主権は、世界主権の現実と比すならば、人工的なものになるだろう(58)。自分が徹底して「現実性」を追求していると考えていた国際法学者ランシングは、(国家を含む)「法的虚構」を超えて思考しようとした(59)。ランシングは、「主権の本質は物理的権力である」と断じ、それを「実践的作業理論」と呼んだ(59)。

このようなランシングの主権論からは、立憲主義的契機がほとんど失われている。ランシングの言う主権者は徹底して権力化された世界の最強権力の所有者であり、それはむしろ帝国主義的世界の主権論にふさわしい。ランシングの主権論は、近代の「物象化」された絶対主権論が、ひとつの極限にまで至ったものだったと言えるだろう。徹底して絶対視された主権の実在性は、ついには国家存在の超越性も飛び越え、自らの絶対性にふさわしいさらなる超越的な権力者を求めて、さまよい歩くのである。国家構成員全員を力で服従させる主権者が必ずどこかに存在しているという確信は、いつも容易に裏づけられるとは決して思えないが、ランシングは自説とは異なる見方を「虚構」と考えて軽蔑した。国際法学者ランシングは、自らが現実を見つめる卓越した視点を持っていることを誇った。彼が自信に満ち溢れて信奉した主権の「現実性」は、絶対的主権者がこの世に存在するという前提から出発しており、そこでの世界は徹底して「物象化」されたものであった。

ウィルソンとランシングの対立

それでは学者時代のランシングの主権論は、国務長官として参加したパリ講和会議でのランシングの見解と、どのように関連しているのだろうか。ランシングは、国際紛争を解決するのに武力を用いる条項を含んだ国際連盟規約案に反対した。彼は連盟が「大国の国際寡頭制」を生み出し、「諸国家の平等」原則を破壊するのではないかと恐れた。さらに彼は、民族「自決」の適用にも反対した。「自決」は将来の大きな惨禍をつくると考えたからである。委任統治システムも、彼にとっては、その法的性格に深刻な問題をはらむものであった。[60]

しかし、諸国民の平等の原則を維持すべきと主張した一方で自決権を否定したために、ランシングの態度は一貫性のないものになった、という指摘がある。[61] たしかに自決権にもとづく平等原則の観点から見れば、ランシングは矛盾していた。

しかしパリで彼が規約に反対したのは、主権のためであった。諸国家の平等が尊重されるのは、それが「主権の本質的性格」に由来する限りにおいてである。自決権の適用に反対したのは、国際連盟が少数者の権利を定めるのは内政干渉であり、主権者の主権の侵害にあたると考えたからであった。委任統治システムが誤りだとされたのは、属地に対するドイツの主権が、主権を持たない国際連盟に委譲されるからだった。このような理由での反対が不可避であったのは、ただ単にランシングが「政治哲学の用語として、また憲法の用語として、国民主権の概念」を信奉していたからであった(62)。

パリでの会議の最中、ウィルソンはランシングにひとつの決議案を作成するように指示したが、結局その案は討議されなかった。ランシングは後に、ウィルソンは最初から全く自分の意見を聞くつもりがなく、ただ討議されない決議案とともに彼の口を封じようとしたのではないかと疑った。その討議されなかったランシングの決議案の主眼は、次のようなものだった。「あらゆる国民は平等に、それぞれの領域の安全な所有と、それぞれの主権の十分な使用の権利を持つ(63)」。ウィルソンがこのようなランシングの主権尊重主義を受け入れることができなかったのは、想像するにかたくない。実際のところ、ウィルソンはランシングに、「平和条約を起草する法律家などを持つつもりはない」と告げた。またウィルソンは、委任統治システムにおける主権の所在についてのランシングの懸念を、「法技術事項」にすぎないと一蹴し、取り合うことすらなかった。

学術論文で政治的かつ「現実的」な主権概念を持っていると自負した国際法学者ランシングは、パリ講和会議の最中という歴史的瞬間において、自らを国務長官に任命した大統領ウィルソンによって使い道のない法律家として扱われてしまったのだった。パリ講和会議において、ウィルソンは国際立憲主義者であった。つまり彼は国際法秩序をつくり変える使命を自らに与えていたのであり、主権概念を制限し、修正し、再解釈する立場にあった。彼は政治学者としての自らの学術的背景を、国際的な法秩序を構築するために用いようとしていた。一方、ランシングは、政治とは法を超えた世界だと考えていた伝統的法学者であった。政治は「現実」の世界であり、法律は「人工的な」諸原則の積み重ねであった。そして政治的現実の世界は不変であり、その現実の根幹に存在している主権も不変なのであった。ランシングが法的原則を変更することができないと考えていたのは、法的観念を絶対的に支えている政治的現実を変更することは不可能だと考えていたからであった。

つまりランシングは、主権の「物象化」を当然視していた。彼の主張の一貫性は、主権の現実性への特有の信念によって裏づけられていた。たとえどれだけ真の主権者を見つけるのが困難であろうとも、たとえどれだけ国際連盟にとって大国の「積極的保証（affirmative guaranty）」が必要であろうとも、またたとえどれだけ二〇世紀の民主主義諸国にとって自決権を承認することが不可避に見えたとしても、主権こそがつねに現実的なのであり、主権の非現実性を語る者は現実的ではないのであった。ランシングのように、不可分なまでに強固に現実が絶対主権と結びついている世界を信奉するのであれば、絶対主権に反するいっさいの出来事が非現実的だと判断せざるをえない。ランシングにとっては、ウィルソンが国際連盟の設立を通じて行おうとしていたことは、主権という現実に反しており、根本的に間違った考え方にもとづいていたのである。絶対主権の存在こそが真に現実的なものであるという信念こそが、ランシングがウィルソンとともに国際立憲主義の流れに乗って国際社会の「憲法」を作成することができなかった理由だった。

主権の現実性を信奉したランシングとは異なり、ウィルソンにとっては「被統治者の同意」などの立憲主義的原則は、国際的に立憲主義的規則を遵守しようとする大国によって適用されうる、あるいは適用されるべきものであった。ウィルソンは、自らが制定する立憲主義的秩序によって変更されて設立されるものが新たな現実となると信じる、進歩主義的な立憲主義者であった。そのようなウィルソンであればこそ、外国からの脅威に対してアメリカの諸国（州）が連邦政府の保護を受けているように、あるいは欧州列強の脅威に対して中南米諸国が合衆国の庇護を受けているように、国際連盟は、諸国民の平等な権利を守ることができる（べきだ）と考えることができた。

これに対してランシングにとっては、立憲主義的原則などというものは、法的理論の領域にあるものでしかなかった。そして非現実的な法的原則を現実に適用することは、多大な混乱を招くことにほかならなかった。「世界主権者」ならば世界共同体の構造を決めるだろうが、「大国の寡頭支配」と小国の独立は全く違う方向を向いているように見えた。ランシングにとっては、「法的虚構」を「現実性」と混同することは、「現実的」でもなければ決して「理想主義的」なことでもなく、「邪悪なこと」であった。

さらに、自決権に反対しつつランシングは、はたしてウィルソンは南部諸国（州）が合衆国から離脱するのを認めただろうかと、邪推した[64]。おそらくウィルソンであれば、主権理論などという「法的技術事項」にかかわらず、先見性のある連邦主義者たちの努力によって、合衆国の憲法システムは樹立され、維持されてきたのだ、と答えるだろう。ウィルソンであれば、なぜ世界大戦によ

表５　国際連盟設立期の国際立憲主義

思想的枠組み	擬人的な国家が構成員である国際社会に国際政府を設立することによって，国内社会における統治者と被統治者の関係に類似した関係を導入（「国内的類推」にもとづいた国際立憲主義）
国家主権をめぐる議論の特徴	独裁国家としての敗戦国の絶対主権論の否定と，民主主義国としての戦勝国の制限主権論
新しい国家主権を実現する方法論	国際組織等を通じて漸進的に変更（イギリスで顕著），国家を規律する国際的な成文憲法典の導入（ウィルソンが推進）

って得た力を用いて国際的に立憲主義的原則を打ち立ててはならないのだ、とランシングに問うたかもしれない。ランシングであれば、そのような原則は法的虚構にすぎないと答えただろう。ランシングは、国際立憲主義の風潮には、いかなる「現実性」も存在しないと考えたはずである。彼にとっての「現実」とは、あるいは力という「現実」の最高の実現形態は、主権であった。主権とは、いついかなるときでも厳然たる「現実」として君臨し、いかなる立憲主義的「虚構」によっても覆い隠されることのないはずのものであり、それ以外のものは主権ではないのであった。

ウィルソンとランシングの対立は、ある意味で一方における独立宣言と一七七七年連合規約と南北戦争の記憶、そして他方における一七七七年連合規約と一七八七年合衆国憲法の対立の構造と、重なり合う。主権が憲法秩序と調和するときには、ウィルソンの伝統的立憲主義が君臨する。立憲主義が主権に従属するときには、ランシングの主権の「現実性」が勝利を収める。ランシングは国民主義や有機体的国家の思想家ではなかったが、彼の思想あるいは「現実」感覚は、アメリカの思想史のある一面によって培われたものだったと考えることができる。

第一次世界大戦後の時期は、ドイツへの敵対心に彩られたイギリスとアメリカで、英米の伝統的立憲主義が国際的文脈で復興され、本書が国際立憲主義と呼ぶものが開花した時期であった。ただし、もちろんウィルソンが代表した国際連盟設立の動きには、ランシングをはじめとする多くの人びとが反対を表明した。そして、そこで繰り広げられた論争の中心問題のひとつが、主権概念の理解であった。結果として、国際連盟規約が採択されてウィルソンはパリで勝利したが、ワシントンでは議会での批准を果たせず敗北した。彼が象徴する国際立憲主義の動きは、第一次世界大戦後しばらくは英米国際思想の支配的な流れとなる。しかしそれでも、ウィルソンが確立しようとした国際秩序は、完全に機能するものではなかった。ランシングの「現実」感覚は、実はやがてほかの多くの人びとの「現実」感覚に急速に近づいていく。国際連盟などという一時的な事件の範囲を超えて、ウィルソンとランシングの戦いは続いていくのである。

注

（1）　ウッドロー・ウィルソンが用意した当初の草稿では、国際連盟「規約（Covenant）」は、「憲法（Constitution）」という語で表現されていた。ウィルソンは、国際的な立憲主義の枠組みを模索していたのである。しかしアルフレッド・ジンマーンの指摘によれば、それはウィルソンが世界国家を求めていたことを意味しない。ジンマーンによれば、たとえば世界国家を志向するフランスが背負っていた政治思想の伝統とウィルソンとの対立は、「世界主権とアメリカの主権のあいだ、世界戦争の経験によって拡大したルソーと、いやいやながら合衆国の完全な連合を受け入れたジェファーソンとのあいだ」の対立として描写できるものであったという。Alfred Zimmern, *The League of Nations and the Rule of Law, 1918–1935* (London: Macmillan, 1936), pp. 253–254.

（2） See, for instance, Viscount Bryce, *Proposals for the Prevention of Future Wars* (London: George Allen & Unwin, 1917), p. 13.

（3） David Hunter Miller, *The Drafting of the Covenant*, vol. I (New York and London: G. P. Putnam's Sons, 1928), pp. 306, 332.

（4） "Notes by Professor L. Oppenheim on the Tentative Plan for the Organization of the League to Enforce Peace as Submitted by Mr. Theodore Marburg (Referred to in Oppenheim letter of Nov. 29, 1917)," in John H. Latané (ed.), *Development of the League of Nations Idea: Documents and Correspondence of Theodore Marburg*, vol. II (New York: Macmillan, 1932), pp. 804–805.

（5） Lassa Francis Lawrence Oppenheim, *The Future of International Law* (Oxford: Clarendon Press, 1921), p. 20.

（6） Lassa Francis Lawrence Oppenheim, *The League of Nations and its Problems* (London: Longman, Green and Co., 1919), pp. 75–76, 78. ホラス・シールは、「チュートン（Teuton）（ゲルマン民族の一派）の著述家たちは、政府の機関を真の主権者としての人民と混同した。……イギリスの伝統的考えは、主権は人民に属するというものである」と説明した。Horace S. Seal, *The State: True and False with further Consideration Concerning Sovereignty* (Watts & Co., 1921), p. 3.

（7） T. J. Lawrence, *Lectures on the League of Nations* (Bristol: J. W. Arrowsmith, 1919), pp. 27–28.

（8） *Ibid.*, pp. 22–24.

（9）J. G. S. MacNeil, "Is a League of Nations Illusory?" *The Fortnightly Review*, no. DCXX, August 1, 1918, p. 302.

（10）Geoffrey Butler, "Sovereignty and the League of Nations," in *The British Year Book of International Law 1920–1921* (London: Henry Frowde and Hodder and Stoughton, 1920), p. 41.

（11）Leonard S. Woolf, *International Government* (Westminster: Fabian Society, 1916), p. 219.

（12）ヘンリー・ブレイスフォードは、連盟規約に盛り込まれた主権の概念は「アングロ・アメリカン」特有のものなので、「われわれは」国際裁判所がどのように主権を制限するのかの詳細を明確に説明していかなければならないと論じた。Henry N. Brailsford, *A League of Nations* (London: Headley Bros. Publishers, 1917), pp. 309–310.

（13）W. T. S. Stallybrass, *A Society of States or Sovereignty, Independence, and Equality in a League of Nations* (London: George Routledge & Sons, 1918), pp. 16, 24, 25, 27, 58, 62, 67, 79, 80.

（14）*Ibid.*, pp. 94, 112, 114.

（15）*Ibid*, pp. 117–121.

（16）Frederick Pollock, *The League of Nations and the Coming Rule of Law* (London: Oxford University Press, 1918), pp. 5–6.

（17）See Frederick Pollock, *The League of Nations* (London: Stevens and Sons, 1920), pp. 80, 128.

（18）Earnest Barker, *A Confederation of the Nations: Its Powers and Constitution* (Oxford: Clarendon Press, 1918), p. 18.

（19）*Ibid.*, pp. 30, 31, 36.

（20）フランス代表団はこの条項に反対した。フランス語版の連盟規約では、ニュアンスの相違が見られる。

（21）篠田英朗「重層的な国際秩序観における法と力――『モンロー・ドクトリン』の思想的伝統の再検討」大沼保昭（編）『国際社会における法と力』（日本評論社、二〇〇八年）、篠田英朗「ウッドロー・ウィルソン――介入主義、国家主権、国際連盟」遠藤乾（編）『グローバル・ガバナンスの歴史と思想』（有斐閣、二〇一〇年）、などを参照。

（22）William H. Taft, "Address at San Francisco, Feb. 19, 1919," quoted in Theodore Marburg and Horace E. Flack (eds.), *Taft Papers on League of Nations* (New York: Macmillan, 1920), p. 148.

（23）Theodore Marburg, "Introduction," in Marburg and Flack (eds.), *op. cit.*, p. vii.

（24）Theodore Marburg, "Sovereignty and Race as affected by a League of Nations," *America's Relation to the World Conflict and to the Coming Peace, The Annals*, vol. LXXII, 1917, pp. 142-143.

（25）Quoted in Zimmern, *op. cit.*, p. 232.

（26）Dwight W. Morrow, *The Society of Free States* (New York and London: Harper & Brothers Publishers, 1919), p. 184. See also Baron S. A. Korff, "The Problem of Sovereignty," *The American Political Science*, vol. XVII, no. 3, August 1923, pp. 404-405.

（27）John H. Latané (ed.), *Development of the League of Nations Idea: Documents and Correspondence of Theodore Marburg*, vol. I (New York: Macmillan, 1932), pp. 704-705.

（28）Theodore Marburg, "Sovereignty and Race as affected by a League of Nations," *America's Relation to the World Conflict and to the Coming Peace, The Annals*, vol. LXXII, 1917, pp. 142-143.

（29）　Taft, *op. cit.*, p. 191, 279.

（30）　Darwin P. Kingsley, *Democracy vs. Sovereignty* (New York: 1915), pp. 10–12.

（31）　Simeon E. Baldwin, "The Vesting of Sovereignty in a League of Nations," *Yale Law Journal*, vol. XXVIII, January, 1919, pp. 212, 213–217, 218. See also Simeon E. Baldwin, "The Division of Sovereignty," *International Law Notes*, vol. III, no. 26, July 1918, pp. 57–59.

（32）　第一〇条の修正を嫌って加盟申請を見送ったのは、ウィルソン大統領の判断であった。

（33）　"Speech of Henry Cabot Lodge in the Senate of the United States, August 12, 1919," in Henry C. Lodge, *The Senate and the League of Nations* (New York and London: Charles Scribner's Sons, 1925), p. 407.

（34）　James A. Reed, *The League of Nations: Speech of Senator James A. Reed of Missouri in the Senate of the United States, September 22, 1919* (Washington: G. P. O., 1919), p. 47.

（35）　Henry A. Wise Wood, *Address Opposing the Ratification of the Constitution of the League of Nations* (1919), pp. 9–11, 18, 32 (originally published as "Fellow Americans," *The Washington Post*, Feb. 24, 1919).

（36）　David J. Hill, *The People's Government* (New York and London: D. Appleton and Company, 1915), pp. 41, 106–107, 116, 215, 220–222.

（37）　David J. Hill, *Americanism What It Is* (New York & London: D. Appleton and Company, 1918), pp. 19–20.

（38）　David J. Hill, *World Organization as affected by the Nature of the Modern State* (New York: Columbia University Press, 1911), pp. 23, 100. ヒルは実際の事柄ではなく、理念的世界の事柄を

論じているとの書評は、古典的なアメリカ立憲主義の立場からの批判だと言えよう。Thomas R. Powell's Review of *Americanism: What It Is* and *The People's Government*, *Political Science Quarterly*, vol. XXXI, no. 4, December 1916.

（39） David J. Hill, *Present Problems in Foreign Policy* (New York and London: D. Appleton and Company, 1919), pp. x-xi, 27, 32, 104-133, 255.

（40） David J. Hill, *The Problem of a World Court: The Story of an Unrealized American Idea* (New York: Longmans, Green and Co., 1927), pp. 9-10.

（41） Woodrow Wilson, "Political Sovereignty," in Woodrow Wilson, *An Old Master and Other Political Essays* (New York: Charles Schribner's Sons, 1893), pp. 73-74, 80.

（42） *Ibid.*, pp. 80, 82, 83.

（43） *Ibid.*, pp. 84-88, 90.

（44） Woodrow Wilson, *The State: Elements of Historical and Practical Politics* (Boston: D. C. Heath & Co., 1889), pp. 625, 635.

（45） Woodrow Wilson, *Constitutional Government in the United States* (New York: Columbia University Press, 1911), first published in 1908, pp. 4, 9-10, 16, 20.

（46） *Ibid.*, pp. 40, 54-56.

（47） ウィルソンが伝統的な立憲主義の思想傾向を持っていた一方で、その進歩主義への信奉から、南北戦争以前の分割主権論が近代的国民主義の熱情によって危機に陥ることを懸念していた。たとえば国際連盟から脱退する権利について討議している際、ウィルソンは、国家の主権は、多くの共和国の人びとの物神（fetish）であるとした脱退条項は実際的な効果を持たない一方、その削除は深刻な影響をもたらす、と発言した。そしてこう付け加えた。「人びとが人類の主権を、彼らの国民主権と同程度の熱意をもって切望する日もいつかは来るだろうが。」Quoted in Florence Wilson, *The Origins of the League Covenant: Documentary History of its Drafting* (London: Leonard and Virginia Woolf, 1928), p. 26. ウィルソンはフェデラリストについて、次のように述べていた。「連邦憲法をかたちづくり、唱導した人びとの卓越した洞察と見通しだけが、そしてワシントンやハミルトンやマジソンといった人びとの優れた力だけが、地方利益の嫉妬心に直面しながらも引き締まった強力な中央政府を確保することができたのだ。」Wilson, *Constitutional Government*, p. 45.

(48)　"Wilson's Address at the First Annual National Assemblage for the League to Enforce Peace in Washington D. C., May 27, 1916," quoted in *ibid.*, p. 72. ウィルソンによれば、「強力な大国が期待し、主張する、主権と領土的統一性への同等の敬意を、世界の小国は享受する権利を持っている」。See Woodrow Wilson, "Broader Aspects of the League Program," in The League to Enforce Peace, *Enforced Peace* (New York: League to Enforce Peace, 1916), pp. 159-164.

(49)　Wilson's message to the Senate, January 22, 1917, quoted in Saul K. Padover (ed.), *Wilson's ideals* (Washington, D.C.: American Council on Public Affairs, 1942), p. 131.

(50)　ウィルソンの「一四カ条」の第五は、「主権の問題を決めるにあたり、関係する住民の利益が、住民の地位を決められる政府の公正な主張と同等の重みを持たなければならない」としていた。Quoted in *ibid.*, p. 113.

(51)　「この戦争において帝国ドイツ政府の猛烈で野蛮な権力によってなされた耐えがたい悪事は是正されるべきだが、いかなる人民の主権を犠牲にすることなく、そうされるべきだということを、われわれは信じる。」Wilson's Reply to the Pope, August 27, 1917, quoted in *ibid.*, p. 89. ヒュエルタ将軍の無承認政府に対して行ったメキシコへの介入を正当化して、ウィルソンは次のように述べた。「最大級の熱意を持って、私は言いたい。この政府は、可能な限りのあらゆる方法で、メキシコ人民の主権と独立を尊重することを望み、意図している。」Wilson's comment in *New York Times*, April 24, 1914, quoted in Cynthia Weber, *Simulating Sovereignty: Intervention, the State and Symbolic Exchange*（Cambridge: Cambridge University Press, 1995）, p. 64.

（52） 篠田英朗「主権、人権、そして立憲主義の限界点――抵抗権および介入権の歴史的・理論的考察」『年報政治学２００１』、参照。

（53） Robert Lansing, "Notes on Sovereignty in a State: First Paper,"（1907）in Robert Lansing, *Notes on Sovereignty: From the Standpoint of the State and of the World*（Washington, D.C.: Carnegie Endowment for International Peace, 1921）, written from 1906 to 1914, pp. 6-7.

（54） *Ibid.*, pp. 13-14.

（55） *Ibid.*, p. 3.

（56） Robert Lansing, "Notes on Sovereignty in a State: Second Paper,"（1907）in *ibid.*, p. 52.

（57） *Ibid.*, p. 53.

（58） Robert Lansing, "Notes on World Sovereignty,"（prepared in 1906, first published in 1921）in *ibid.*, pp. 57, 61.

（59） Robert Lansing, "A Definition of Sovereignty,"（1913-1914）, in *ibid.*, pp. 84, 95.

（60） Robert Lansing, *The Peace Negotiations: A Personal Narrative*（Boston and New York: Houghton Mifflin Company, 1921）, pp. 81-105, 149-161.

（61）See Robert A. Klein, *Sovereign Equality among States: The History of an Idea*（Toronto and Buffalo: University of Toronto Press, 1974）, pp. 71-72.

（62）Lansing, *The Peace Negotiations*, pp. 58, 164. 一九一六年五月の段階ですでに、ランシングは国際連盟が武力行使の手段をとれるという考えに反対し、ウィルソンへの手紙で次のように述べていた。「われわれの行動の自由、主権的権利、その他の権限に関する意思を、西半球世界を越えて制限することが賢いとは、私は思わない。」*Ibid*., p. 39.

（63）*Ibid*., pp. 113-121.

（64）*Ibid*., pp. 93-105, 147-148.

第4章

国際立憲主義の進展と挫折

●二つの世界大戦のあいだ

本章は、二つの世界大戦のあいだに、イギリスとアメリカで起こった主権をめぐる議論をとりあげる。この時期の国際思想は、国際関係学ではしばしば「理想主義的」であったと理解されてきた。このような偏った見方は、最近の研究で是正されつつある。[1] ただ、両大戦間期の最初の一〇年に、どちらかといえば楽観的な国際関係の見通しが広まっていたのは確かだろう。国際連盟規約や一九二八年不戦条約（Briand-Kellogg Pact）などに象徴される一九二〇年代は、新しい国際法秩序が生み出され、絶対主権万能の風潮に大きな修正が加えられたと信じられた時代だった。[2] 国際法学ではその後しばしば引用される、常設国際司法裁判所（ＰＣＩＪ）の一九二三年の判決（ウィンブルドン号事件）によれば、条約による主権の制限は、主権の放棄までは意味せず、ただ国際的義務に主権国家が服することを示すにすぎないのであった。この判決はヴェルサイユ条約の内容を問題としたドイツを敗訴させただけに、戦勝国指導のヴェルサイユ体制が主権制限論を媒介にして、新しい国際法秩序として確立されたことを宣言する効果を持った(3)。

ところが新しい国際法秩序は、一九三〇年代に入ると深刻な危機に陥った。世界恐慌による世界経済のブロック化の波と、ファシズム国家の台頭は、ついに第二次世界大戦を勃発させることになる。そこでの主権をめぐる言説のなかで、両大戦間期の風潮を反省する動きが生まれてきたのも、当然のことであった。

第一次世界大戦後、とくに一九二〇年代において、英米の知識人たちは徹底的に絶対主権論を攻撃し、同時代の国際関係の文脈で、制限主権や分割主権の考え方を唱えた。しかし、一九三〇年代になって、彼らが前提とした国際制度では第二次世界大戦の悲劇を避けられないことが明らかになり、それにつれて総合的に学問的議論を見直す動きが起こった。その過程で、主権概念を見直す気運も生まれてくることになる。それは英米圏諸国が第二次世界大戦を生き抜くための理論武装の一環であったが、その後の二〇世紀後半の主権概念を準備するものでもあった。

本章は、このように推移した両大戦間期の思潮を、第2節以降の四つの節において、まずイギリスにおける国内的文脈および国際的文脈での主権概念をめぐる議論、そしてアメリカにおける国内的文脈および国際的文脈での主権概念をめぐる議論の順に、整理していくことにする。そのまえに第1節では、後の英米の思想の展開をたどるために非常に有益な視点をもたらしてくれる、ドイツのカール・シュミットの主権論の意味について簡単に触れておく。

1　シュミット主権論の含意

例外状態に潜む主権者の挑戦

第一次世界大戦後の「両大戦間期」と呼ばれる時代には、「物象化」された絶対的国家主権概念を見直す動きは、イギリス以外のヨーロッパ諸国でも広がっていた。フランスでは、レオン・デュギーが社会学的見地から、主権を「神話への信仰」として攻撃した。デュギーによれば、国民の福祉向上のために公的サービスを行う国家は、恣意的に命令を行う存在としての主権者像とはかけ離れたものであった(4)。ドイツ語圏では、オーストリアのハンス・ケルゼンが「純粋法学」を唱えて、主権の形式主義的理解を徹底させていた。ケルゼンの特徴は、国家内部の法秩序に対する国際法の優位を主張した点にあり、主権もその秩序のなかでのみ拘束力を持つとされた(5)。H・クラッベは「法の主権」理論を展開した。かつて法は主権者を制限しただけだったが、主権者がすべて駆逐されたため、「法の無条件的勝利」がもたらされたというものである。クラッベによれば、自然人であろうと法人であろうと、人格の支配する時代は終わり、規範や精神的力による支配が始まった(6)。

これらはほんの数例にすぎないが、第一次世界大戦前後には大陸諸国においても、主権を制限的に解釈したり、無効と考えたりする人びとが勢力を強めた。第一次世界大戦後に一九世紀の知的遺産が根本的に見直される過程において、ヘーゲル哲学やドイツ国法学によって一九世紀に隆盛した国家主権論は恰好の標的となったのである。

だがケルゼンの対抗勢力として注目され、ナチスが政権を掌握したころにむしろ新しい主権理論の提供者としてドイツ法学界に新たに君臨するようになったのは、カール・シュミットである。シュミットの政治思想は、両大戦間期のヨーロッパの知的環境を象徴的に反映したものであり、その重要性は計り知れない。そこで同時代の英米圏で見られた主権論と対比させるためにも、シュミットの主権論について少し見ておくことにしたい。

一九二二年、つまり第一次世界大戦終了直後、あるいはヴェルサイユ体制構築直後に公刊された『政治神学』で展開されたシュミットの有名な定義によれば、「例外を決する者が主権者である」。極度な緊急状態において主権者は登場し、法にかわって国家を支える役目を担う。「規則は何も証明しない。例外がすべてを証明する」(7)と考えたシュミットにとって、ケルゼンやクラッベの理論などは二次的な重要性しか持たなかった。

しかしシュミットの主要な標的は、ドイツ語圏内の理論家だけではなかった。彼の議論があくまでもヴァイマール憲法の文脈でなされたのは確かであるが、思想のより一般的方向性において、シュミットは終始一貫して、英米的な立憲主義に敵対心を持っていた。彼の主権論がヴェルサイユ体制の構築と同時に編み出されたのは、単なる偶然ではないだろう。シュミットにとっては、英米流の「法の支配」という考えそのものが、拒絶されるべき欺瞞に満ちたものだった。

「法的営みの現実において重要なのは、誰が決めるか、である」(8)。シュミットに従えば、たとえどんなに立憲主義的規範のなかで主権が制限されているように見えようとも、緊急事態が発生すれば法的制約は終結する。たとえ通常状態では見ることができなくても、主権はつねに主権者とともに存在しているのであった。自由主義的立憲主義は、通常状態が続く限りは有効であるかもしれない。しかしシュミットによれば、国家にとって本質的なのは、通常状態ではなく例外状態なのであった。規則が例外をつくるのではなく、例外が規則をつくるのであった。

このシュミットの理論は、同時代の支配的思潮を批判的に鋭く貫き通す破壊的なものであったと言える。第一次世界大戦が終結した後、世界の安定は英米の主導する国際法秩序によって保たれるようになった。少なくともそのような前提で、国際制度の仕組みが構築されようとしていた。シュミット理論は事実上、そのような安定が一時的なまやかしでしかないことを暴き出すものであったと言える。シュミットは、表面的な安定が単なる通常状態であり、つまりそれは主権者によって裏づけられていない状態でしかないことを示唆したのである。通常状態は、緊急状態において決断を行う主権者の登場を待っている状態である。優越しているのは例外状態であり、通常状態ではない。

つまり英米の思想家たちによって、制限されているとか消滅したとさえ言われた主権概念は、実はどこかに潜伏しているだけであり、主権者は危機の到来とともに新しい秩序構築のために旧来の法規範を根底から覆すであろうことを、シュミットの主権理論は強烈な含意として世界に示した。この含意は、一九三〇年代に世界が未曾有の危機に陥っていくまでは、必ずしも多くの者の注意を引いたわけではなかったかもしれない。だが、英米主導で構築された国際制度とは異なる場所に本当の主権者が潜んでおり、それは例外状態が顕在化したときに瞬時に現れるという思想は、ある意味で両大戦間期の世界情勢の展開を予言するかのような洞察であった。

一九三三年にヒトラーが政権を握った後、シュミットが一時的にせよ、ナチス・ドイツの御用学者としての地位を固めたことは、単なる機会主義的なものでも、錯誤にもとづく事件でもなかったと考えるべきだろう。世界戦争の終結によって唐突にもたらされた新奇な国際制度と、現実の深層で鬱積し続けていた情念の力とのあいだにつくりあげられた巨大な乖離は、両大戦間期の「危機の二〇年」を特徴づける、構造的な矛盾そのものであった。[9][10]

やがて英米の立憲主義者たちは、シュミット理論の挑戦にさらされ、その破壊力に圧倒されることになる。しかし彼らがシュミットとは相容れない国際秩序に関与し、それを守る立場にある者たちだとしたら、実は彼らの手に残された選択肢は、ほとんどなかった。シュミットの例外主義の挑戦を真っ向から受け止め、そしてそれを乗り越えていく以外には、英米圏の立憲主義者たちに自らを守る手段は存在していなかったのである。

2　イギリスにおける国内的主権論

多元主義の興亡

戦間期イギリスは、「多元主義」の興隆によって特徴づけられるだろう。大きな知的流行となった多元主義は、国家主権理論を最大の標的としていた。多元主義者たちは、社会の多元的な諸集団に着目し、社会を一元的に理解しようとする国家主権概念の虚構性を告発した。多元主義にはギルド社会主義の流れなどもあったが、代表格はハロルド・ラスキであった。

ラスキはいわゆる「主権三部作」で、次々と主権を攻撃していった。イギリス思想史の文脈で、あたかもラスキの攻撃対象がオースティンの主権理論であったかのように語られることがある。[11] しかし一九一七年の『主権問題の研究』以来のラスキの議論を検討するならば、彼の標的がヘーゲル的な有機体的国家像であったことがわかる。[12] ラスキによれば、「国家の一元（monistic）理論」が一九世紀末に支配的となった。それは国家という絶対者のなかに、労働組合や教会や大学などあらゆる社会的集団を内包しようとする理論であった。主権は、その一元理論を哲学的に表現する概念であった。ラスキ自身は、国家とは人間が忠誠を誓う団体のなかのひとつにすぎない、と主張した。国家は本来、ほかの集団に命令を下すというよりも、調整機能が期待されているだけで、国家が質的にほかの集団と根本的に異なっているわけではない。[13]

ラスキの主張の基本線は、実は伝統的な立憲主義にそっていたと言ってよい。ラスキによれば、国家とは「政府と臣民とのあいだに区別がある領域社会」であり、多元主義は、ただ「社会と国家の一元性」を認めなかったにすぎない。ラスキは、国家主権とは実際には政府主権のことでしかなく、制限された政府が社会構成員の活動に介入すべきでないことを強調しただけであった。[14] 政治哲学者はやがて主権が存在しないことを認めざるをえなくなると述べたうえで、新たな探求の出発点は「国家の政府とその臣民の関係」にあると言うのだった。[15]

ラスキに代表される両大戦間期の多元主義者たちは、自らの「現実主義」を誇ったが、彼らの現実主義は、主権を政府の形式的権力以上のものとしては認めない、という点に依拠していた。[16] しかし実はこのような立憲主義的国制の認識は、ロック以来の伝統的なイギリス政治思想の基本線である。主権の廃止を訴えても、国家の廃止まではラスキは主張しなかった。[17] もちろん社会的諸集団が存在するという要素を強調した点は無視できないが、多元主義者ラスキは一元的国家論に反対したとはいえ、アナーキストではなく、むしろ実際には伝統的な立憲主義者に近い立場をとっていたのである。

一九三〇年代に入って英米主導の自由主義的秩序が国際的に揺らいでいったとき、ラスキはそれに敏感に反応した。一九二〇年代の英米圏での自信に満ちた時代が終わり、伝統的政治思想に対する幻滅がイギリスの知識人層に蔓延する時代になって初めて、ラスキは伝統的なイギリス政治思想の枠組みを捨てて、マルクス主義に近づいていった。一九三五年のラスキの主要標的は、資本主義国家であった。もちろん、主権が資本家階級の利益を保護する隠れ蓑として用いられるという理由で、主権を攻撃し続けたのである。ただ、多元主義からマルクス主義への脱皮を宣言したラスキにとって、主権の廃止は、あくまでも近代世界の経済構造に革命を起こすために必要な措置であった(18)。一九三〇年代のラスキは、単に国家と社会の分化を説いてヘーゲル的な一元的国家像を攻撃するのではなく、国家を特定の経済階級と同一視し、それを攻撃対象にしたのである。このラスキの態度は、一九三〇年代のイギリスの多くの知識人に共有された時代感覚であった。

多元主義は、伝統的立憲主義の統治者と被統治者の関係を、新しい時代の状況に適合させて再解釈する試みであった。選挙権の著しい拡大、庶民院の権限拡大、そして民主主義の旗印のもとに戦った世界大戦の経験は、被統治者である人民の力の高まりを示していた。しかしだからといって、イギリスで、国家の有機体的一体性に依拠したヘーゲル流の国民主権論が根づくことはなかった(19)。そこでラスキら革新的な勢力が、社会的諸集団の存在を強調して国家主権を攻撃する、いわば人民主義的な立憲主義の方法を模索した。しかし第一次世界大戦後の自由主義的価値観に依拠した高揚期が過ぎ去り、世界恐慌から第二次世界大戦に至る一九三〇年代になると、多元主義の試みは、さらに時代遅れなものになっていった。多元主義が前提としていた、世界に蔓延していた自由主義の勝利の雰囲気が、失われたからである。

主権としての憲法秩序

第一次世界大戦直後に現れた別の特徴的な理論のひとつは、「憲法の主権」論である。Ａ・Ｄ・リンゼイは、統治者と被統治者の区別を維持しつつも、単なる権力的な服従関係で両者を説明することを避けようとした。そこで彼が提示したのは、人びとが本当に服従しているのは憲法である、との洞察であった[20]。リンゼイによれば、主権者は、政府と強制力のともなった法を実現する認知された権威であり、その主権者とは憲法以外のものではありえないのであった。憲法は、統一性、不可分性、至高性という主権の本質を構成する要素を維持している（唯一の）ものなのであった[21]。この「憲法の主権」論は、ルイス・ロコウによっても提唱された[22]。あるいはＣ・Ｆ・ストロングは、連邦国家の主権者は憲法であると説明した[23]。

同じような推論から、トロント大学のＲ・Ｍ・マッキーヴァーは、「力の合法的な鎧を着ているのは、主権ではなく法と憲法である」と述べた。彼の説明によれば、「政府が権力を持っているのは、憲法の擁護者として、そして法の執行者としてなのであり、自らの権利に基づいてではない」。単なる政府の命令は政治的主権のいかなる要素も持たず、近代国家は「主権の制限的・相対的性格を明確に表明する」。マッキーヴァーが展開した主権論は、事実上の「憲法の主権」論であった。というのは彼が、「国家の個別的主権」に対する「法の主権」の優越を信奉していたからである。国家は、単なる共同体の器官にすぎないのだった[24]。

ウィリアム・ホールズワースは、議会の存在、法の至高性、地方政府システムのために、イギリスは決して主権の大陸的理論を受け入れなかった、と論じた。イギリスでは憲法上の権利や主権権力の分割などが大きな重要性を持ってきた。ホールズワースによれば、一八世紀末から一九世紀にかけての産業や知的土壌の変化が、議会が主権を持つことを不可避にした。しかし「われわれの法的歴史」においては、主権を廃止することなく憲法上の権利を認知することは可能だ、と考えられてきた。ホールズワースは、イギリスの主権と憲法上の権利が、共存し、同じ歴史を共有してきたことを誇るのであった[25]。

両大戦間期のイギリスでは、主権が無制限でも不可分でもないということは、もはや何ら驚くべきことではなかった[26]。主権は法的拘束に服するという考えは、むしろイギリスの伝統的政治思想の基盤にそった方向性で肯定されたのであった。

しかしイギリスの政治思想とは異なった伝統を持つ国、たとえばドイツでは、事情は異なるかもしれない。あるいは制限主権論は、実はイギリスの独善的な肯定につながるものかもしれない。E・H・カーが国際関係学の文脈でイギリス人に反省を促すことになるのは、その点であった。

3　イギリスにおける国際的主権論

国際的な法の支配の興亡

国際関係を扱う学問領域での主権への攻撃は、政治学におけるそれよりも激しいものであった。フィリップ・ケルは一九二三年に「戦争の根源的原因」は、主権概念が相互依存的な世界の現実に適合しないにもかかわらず、人類が主権国家に分断されていることにあると述べた。ケルは問う。「主権国民国家はいま、本当に世界的領域で主権を行使しているだろうか。明らかにしていない」。一アメリカでの講義においてケルは、合衆国憲法制定の歴史を諸国家連邦の前例として参照した。一七八一年から一七八九年のあいだ、アメリカの人びとは自由ではなかった。しかし一七八九年以降「彼らは自由になり、支配権を持つようになった。それは彼らが単一の主権的法の支配のもとに自らを置いたからであった」。ケルによれば、国際的戦争を終焉させる「唯一の方法は、現在の力の統治にかえて、すべての諸国民に対する法の支配を導入することである」のだった(27)。両大戦間期に特徴的な国際的な立憲主義の思潮を反映して、ケルはこう述べた。

「今日の世界の人民は、言葉の真の意味において主権的でも自由でもない。彼らの唯一の力は戦うことだが、それは自由ではない。彼らは自分たちが住む世界を管理することができないのだ。彼らが自由になり、主権的になる唯一の道は、彼らの主権を国民的権利を超えた領域に移譲することである。つまり彼ら自身が責任を持つ組織体をつくること、それを通じて彼らは、野蛮行為や戦争といったたいていは意味のない手段によってではなく、法によって世界の問題を管理できるのである」[28]。

興味深いことに、さらにケルはアメリカの聴衆に向かって、次のようにも付け加えた。「あなたがたにとって有益なのは、近代イギリスのコモンウェルス（the modern British Commonwealth）の憲法史、さらにはその実践と精神とを学ぶことである。イギリス帝国は、実際のところ、世界統一の理念が第一印象で感じられるほどには遠いことではなく、人びとが信じるよりもはるかに少ない干渉と変化を現存の国民システムに与えるにすぎないということを示すのである」[29]。

イギリスの国際法学者たちは、ケルほどに情熱的ではないにせよ、同じように国際的な法の支配を志向していた。彼らの多くは、国際連盟の将来について楽観的な見通しを立て、絶対主権の概念を神話的なものとみなした。ロバート・ジョーンズとS・S・シャーマンは、「いかなる国家や帝国も、近い将来において、十分主権をあえて主張することはないだろう」と予見した。彼らの見解では、国際連盟は連邦であり、「主権国家のルネサンス（絶対）理論の公的否認」なのであった[30]。C・ハワードエリスの表現を用いれば、主権とは「難解な法律教義で表現された不可解な感情」であり、「絶対主義の古い教義の世俗的神学であり、国民主義の新しい宗教である」[31]。彼は、そのような概念に依拠した国際法は、最大級に深刻な欠陥を抱えたものだと論じた。H・R・G・グリーヴスは、経済的かつ安全保障上の理由から、「主権国家の理論は、今日の世界の事実とは整合しない」と考え[32]、L・P・メアーによれば、主権概念は一九世紀の「幻想」でしかなかった[33]。

さらに、国際法の分野では、主権の変則的事例を見つけるのは容易なことであった。たとえば国際連盟規約の委任統治システムは、主権の所在が不明な領域をつくりだした[34]。イギリス帝国の自治領の国際的地位もまた、複雑な様相を呈していた。国際連盟に加入するなど、いくつかの自治領の地位は国際的に認められたものだったが、少なくとも一九三一年にウェストミンスター法を制定するまでは、自治領は形式的にはイギリスの帝国議会に服していた。

そこで、主権の分割性や、主権のさまざまな権威による共有の可能性が論じられた[35]。フィリップ・ベーカーの意見では、自治領は条約を締結する権利を持っているが、「十分に主権的な独立国家」とまでは言えないのだった。自治領は国際法上は個別の人格を持つが、イギリスの憲法に拘束されるのであった。ベーカーは、単一不可分の主権などは「古い誤謬」なのだと指摘した。彼によれば、自治領の主権は完全なものではないが、そもそも他の主権国家であっても完全に自由ではないのだった[36]。興味深いことに、H・ゴイテインは、イギリス帝国と国際連盟のあいだの類似性について考察した。両者の類似性に注目する彼の結論では、憲法と国際法の区別は緩和されるべきであり、そうすれば「使い古された危険な主権という概念」にとって代わる新しい理論が現れるはずであった[37]。

主権概念に浴びせられたこのような集中砲火を見て、F・A・ヴァリは、もはや二つの選択肢しか残されていないと論じた。国家主権から国際的領域での主権を取り除くか、もともとの意味を変更するかであった。前者のほうが論理的ではあるものの、後者がより便宜的で、実際の概念の使用法にも合致する、とヴァリは主張した。修正後の主権の概念は、「ある種の法的秩序もしくは能力」

を意味するにすぎないはずだった。したがって「国際的人格を持つすべての共同体は、主権的である」[38]。ヴァリは厳密な国家主権の概念を避けるために「主権の領域(sphere of sovereignty)」という表現を提唱したが、それはすでにジョン・ウィリアムズがたどりついていた考え方であった。ウィリアムズによれば、もし修正がなされないのであれば、もはや国際法は主権の概念を必要とはしない、と述べた[39]。

こうした主権蔑視の一般的傾向は、しかし一九三〇年代には、現実の深刻な問題の反映として考えられるようになる。やがてウィリアムズは、主権が国際関係で必然的に問題をもたらすと、悲観的な調子で考えるようになった[40]。主権が国際法秩序にもたらす度重なる混乱を観察して、もはや国際法に主権を修正する余裕はないと感じ、一九三九年には「主権であるものは法ではなく、法であるものは主権ではない」と述べるようになった[41]。世界恐慌下の国際関係では、主権が経済的問題として認識される新しい現象も起こった[42]。

ジョージ・キートンが嘆息したように、たとえ主権が制限されたとしても、国際連盟から枢軸国家が脱退したように、国家は同意の体系から離脱することができる[43]。ヒトラーは「国民主権」の名のもとに、制限主権の原則を無視し続けた、と解釈された[44]。主権という「誤った考え」あるいは「時代錯誤」が、「連盟が機能するのを妨げている主要な障害」あるいは「国際的進歩の道程を妨げる障害物」であった[45]。迫りくる破局を目前にして、論者たちは強い調子で、新しい強硬な手段をとる必要性を訴えた。デヴィッド・デイヴィスは、もはや主権の部分的移譲などでは十分ではなく、さらなる貢献が必要だとしていたが[46]、第二次世界大戦勃発前夜になるとケルらは、イギリスの漸進主義の伝統に反して、世界政府樹立構想を真剣に討議するようになった(47)。

カーの英米自由主義批判

E・H・カーが『危機の二〇年』を一九三九年に出版したのは、このように戦間期の国際関係をめぐる議論が混乱しているときであった。カーは「ユートピアニズム」と「リアリズム」の対比関係を論じて一躍有名になったが、本書の視点で言えば、前者は英米の国際立憲主義と結びつけることができる。カーにとって後者は、大陸諸国の思想であった。カーはユートピアニズムを標榜する思想家として、ベンサムやロックをあげた。リアリズムの説明にはヘーゲルをはじめとするドイツ知識人が登場し、なかにはマルクスの名前さえあった。カーによれば、「満足国家（satisfied states）」のイデオロギーであるユートピアニズムは、「アングロサクソン起源の明白な印を持つ(48)」。それに対してリアリズムは、「不満足国家（dissatisfied states）」のイデオロギーであり、英米主導の国際秩序に不信感を抱く勢力が信奉するものであった。

英米の人びとは自分たちが道徳的であると感じているが、ドイツ人などに言わせれば、彼らはただ偽善的であるにすぎない。カーによれば、どちらが正しいのかを問うことはほとんど意味がない。なぜならそうした見解の違いは、現実の国際関係の状況を反映して生まれるからである。「過去一〇〇年にわたって、とくに一九一八年以降、英語使用人民が世界の支配的集団を形成してきた。国際道徳の現在の理論もまた、彼らの至高の地位を永続化させるために、彼らに特有の言い回しで設定されたのである(49)」。

「ユートピア的」だったのは、ベンサムやロックの理論それ自体ではない。それは主に、彼らの理論を国際関係に適用しようとしたアメリカ人である。[50] つまり英米の国内社会で適用されていたにすぎない諸原則を普遍的なものだと考え、国際関係でも適用しようとしたことが「ユートピア的」なのであった。同様に、リアリズムも、ヘーゲルの思想を忠実に再現するものではない。それは英米主導の英米思想の国際的適用を批判的に見守る、ドイツを中心とする勢力の態度のことなのであった。

この点について考慮するならば、カーの主権に関する言及が、リアリズムに基づいていたことがわかる。カーは実は、次のように書いていた。

「主権の概念は、現在よりも将来においてさらに曖昧で不明確なものになるだろう。……それは決して便宜的なラベル以上のものではなかった。そして政治的、法的、経済的主権、あるいは内的主権や外的主権などの区別がなされ始めたとき、そのラベルが現象の単一の範疇を示すための印として適切に機能することを止めたのは、明らかだった。……力の将来の単位が形式的主権を重視するだろうとは、考えられない」[51]。

カーは「形式的主権」を、(是正されるべき)国際的に適用された立憲主義の産物とみなしていた。彼のリアリズムの視点と、「形式的主権」の拒絶とのあいだには、何の矛盾もない。第一次世界大戦後のイギリスにおいては、「形式的主権」が現実と対応していないことには広範な合意があった。当初、英米の国際法学者は、「形式的主権」をどのように制限すべきかについて語り合った。しかし両大戦間期の後半になると、法的制約から逸脱した野蛮な主権を嘆き、それが国際法秩序の

「形式性」の枠組みに収まらないのであれば、国際法は主権を排斥すべきだと息巻いた。カーは独自の主権概念を提示することなく、ただそうした「形式的主権」へのこだわり自体が意味のないことだと観察したのであった。

『危機の二〇年』は、両大戦間期の終わりに戦争を防ごうとしたイギリスの知識人によって書かれた。それは第二次世界大戦後に北米で現れる「政治的現実主義」とは異なる視点を持っていた。カーはむしろ主権を相対化して軽視し、その代わりにユートピアニズムとリアリズムの対話を、つまりアメリカ・イギリスとドイツの対話を望んだ。それはむしろ、第一次世界大戦の戦勝国への怨《えん》恨《こん》を抱くドイツの力が再台頭した第二次世界大戦前夜に、イギリスの元外交官によって書かれた、「宥和政策」の性格すら持つ書であった(52)。それはまた、イギリス人の自己（自国）反省の記録であり、世間知らずの弟分アメリカへの批判の表明であり、戦争を回避するためにヨーロッパ大陸の不満足諸国との和解を模索する試みであった。

4　アメリカにおける国内的主権論

虚構としての主権

両大戦間期の国際立憲主義の台頭と衰退は、同時代のアメリカでも確認できる。アメリカでは、多くの者がラスキの主権批判に懐疑的だったが、立憲主義的方向性を模索する態度は共有していた。もっとも、アメリカでは、多元主義が持つ政治的含意が懸念された。イギリスのように労働党を媒介にして社会主義運動が興隆することのなかったアメリカでは、中央権力への攻撃は反自由主義的な色彩を持つ危険を含んでいるように見えた。南北戦争の記憶がまだ消え去っていないアメリカでは、国民的統一は破壊すべきものではなく、守るべきものであった。そこでは、主権国家の論理は、アメリカ的価値を守るために必要だと主張された(53)。

マーシャル・ディモックは、「主権は虚構である」けれども、「何らかの実践的価値を持っているだろう」と考えた(54)。たとえばエドガー・ボーヘンハイマーの言葉で言えば、主権は「組合主義的《シンディカリスト》アナーキーに対する武器」として機能しうるのだった(55)。F・W・コカーもまた、多元主義が主権概念を廃止してしまうならば、アナーキズムとシンディカリズムが蔓延するだけだと主張した(56)。またウィリアム・ホッキングは、多元主義のような「現実主義的」教義は、最強の私的勢力の支配を招くだろうと警告した。ホッキングによれば、「理念の至高の権威」なくしては誰も生きることができないのであり、必要なのは「全体の相対的弱体化ではなく、全体と部分の相互的強化」であった(57)。

S・A・コルフは、英米における法の概念は個人を侵害する絶対的なものではないので、主権概念を恐れる必要はないと説明した(58)。W・Y・エリオットが容認するのも、「形式的あるいは知的な法的主権の概念」であった。南北戦争以降のアメリカの憲法史は、多元主義者の弱さを露呈するものであり、「法の支配の本質的統一性」を示していたのである。主権が維持されるのは、「立憲主義が単一の法体系に必要」だからであった(59)。また憲政史の権威C・H・マクイルウェインも「主権は権威であって、力ではない」と述べ、主権が純粋に法的概念であり、法的領域を離れては何の意味も持たないことを指摘した。したがってそもそも「政治的主権」などというものは存在しないのであり、主権はあくまでも法的擬制としてのみ機能するとされた。その限りにおいて、マクイルウェインによれば、「主権の法的概念は依然として有益であり、維持されなければならない」[60]。

注目を集めたジョン・ディキンソンの「主権の実用的理論」によれば、法秩序システムには権威の統一的組織化が必要であり、「実証法体制」では法的主権の存在が必須である[61]。ディキンソンは、多元主義者が、法的事柄と、道徳的・政治的・事実上の事柄を混同していると糾弾した。多様な社会的集団が存在しているからこそ、法的至高性を持つ中央権威が必要なのであって、実際にそのような権威が存在しているかどうかは二次的な問題であった。主権は移行したり消滅したりするものであり、どこに位置しているかさえ不明かもしれない。だが重要なのは主権の機能であり、主権が「法的秩序の必要条件」だという点であった[62]。

このような学術的議論の文脈において、マックス・ラディンの「断続的主権者（intermittent sovereign）」の概念も理解されるべきだろう。ラディンもやはり、単一無制限の主権は虚構であると述べ、ただ主権者として行動することが主権者であることだと論じた。主権者が存在するようになるのは、主権者が機能するときであり、機能しなくなると、主権者は消え去る。ラディンによれば、機能しない休止期間中に条件が整わなければ、主権者は存在しないに等しい。「十分主権者」の存在は、ある過去の出来事に関する推量から導き出されるにすぎず、同時代人には認識されない。ただし、たとえ主権者が断続的な存在でしかないとしても、緊急事態が起こるならば即座に、主権者は必要とされる[63]。

ラディンの奇妙な主権者論は、シュミットの主権論による影響を感じさせる。もっともラディンが主権者の潜伏状態を認めず、主権者は存在したり、しなかったりするだけだと説明したのは、シュミットとの重要な相違であろう。主権は虚構であるが、必要になるときもある、という当時のアメリカで共有されていた感覚を、ラディンは素朴に表明した。

このように両大戦間期のアメリカにおいて、多元主義者による主権への攻撃は受け入れにくいものであった。ただし、実は主権を擁護するアメリカ人たちも、主権の現実性を信じていたわけではなかった。主権は「虚構」だが、一定の機能を持った「虚構」なので、冷静にその機能だけを発揮させればよいと考えたのである(64)。

このような主権の相対化は、現存の法秩序の安定性を信頼していたことによる。主権が法秩序から排斥されそうになれば、立憲主義者は主権維持の論戦を展開する。もし主権が法秩序を破壊しそうになれば(65)、つまり「国民主権(ドイツ)vs. 法の支配(英米)」という一九三〇年代の問題設定に直面するならば、今度は法の支配の枠組みを擁護する(66)。とは言え、いずれの場合でも、立憲主義者の立場を維持できるのは、あくまでもアメリカが優越した力を保持している限りにおいてであった。

主権の復権へ

第二次世界大戦後に行動科学政治学の雄となるハインツ・ユーローが、亡命間もないころの一九四二年に公刊した主権についての論文は、危機の時代のアメリカに知的混乱がもたらされていることに警鐘を鳴らすものだった。ユーローによれば、「主権理論の現代の危機」は、近代立憲国家における「脱人格化」によって、主権概念が自らを支える主体を失って「ホームレス」となったことから生じた。だがその「危機」は一刻も早く解決されなければならない。第二次世界大戦の危機のなかでユーローはそう訴えた。なぜなら、権威主義的政権が立憲主義の成果を転覆し続け、法の支配に結びつく主権の明確な公式を理論家たちが提供できていない状況を、利用し続けたからである(67)。ユーローが訴えるのは、「民主主義と専制主義という二つの政治システムのあいだの闘争」が始まった以上、もはや主権の曖昧さと戯《たわむ》れている余裕はない、ということであった。さらにユーローは呼びかけた。

「選出あるいは任命された代表者によって統治される人民の同意に基づく民主的立憲国家は、カール・シュミットの理論の代替理論を、そしてイデオロギー闘争を戦うための武器として用いる理論を、必要としている。一世紀以上にわたっておおむね避けられてきた独裁制度と民主制度のあいだの問題は、もはやこれ以上は避けられえない。ここで主張したいのは、まだ残っている立憲民主主義国の政治・法理論家は、人民主権の存在と機能性とについての信念を表明する義務を負っている、ということである(68)」。

主権は、単なる学術的問題ではない。シュミットに対抗する理論が探し出されなければならないのは、学術的な理由のためではない。問題なのは、立憲民主主義それ自体の存続なのであった。民主主義を標榜する国家が消滅するのを防ぎ、再び巻き起こった世界大戦という未曾有の「危機」を克服しなければならなかったのである。主権理論がそこで言及されるのは、主権の問題に、国際社会の法秩序維持が委ねられているからであった。ナチスが権力拡張に用いた主権という概念を、民主主義国もまた「イデオロギー闘争」の武器として用いなければならない。イギリスのカーの「宥和政策」の限界が白日のもとにさらされたとき、ユーローは後のアメリカを席巻する政治的現実主義者の叫びを、先取りして示していた。

5　アメリカにおける国際的主権論

合衆国の主権の国際社会への投影

主権制限論は、両大戦間期のアメリカの国際法学者にも広く共有されていた。アメリカが参加しなかったとはいえ、国際連盟設立という事件を、旧来の絶対主権論にそって説明するのは不可能であった。主権概念を新しい国際法秩序と適合させるのがあまりに困難であるため、ある国際法学者は、「幻影を追いかけて時間を潰さないように、主権などという語はもう使用しない」と宣言した(69)。チャールズ・フェンウィックは、主権が制限されているのは「国際法規則の拘束的性格の直接的結果」であると指摘した(70)。別の国際法学者は、あらゆる条約は主権の制限を含み、国際連盟はその原則を推し進めたものであると解説した(71)。合衆国憲法システムとの類推から、国際連盟が「主権のいくつかの属性」を持っていると論じる者もいた。ジョン・ハーリーは、諸国家は国際連盟に「かつては彼らに属していたある種のいわゆる主権の権利」を与え、諸国家自身も「主権の残余」を維持していると主張した(72)。それは国際舞台での法の支配の適用として説明できるものであった。なかには国際連盟が超国家であると考える者までいた。「どれだけ制限されていようとも、(国際連盟は)連盟を構成する諸主権国家の主権の上位に位置する主権の諸権限を持つ新しい国家である」(73)。

さらに、国際連盟規約第二三条で定められた委任統治システムは、国際法学者を困惑させた。なぜなら主権の所在を決するのが不可能だったからである。しかし一九二三年の論文においてクインシー・ライトは、委任統治システムにまつわる理論的諸問題を検討した後で、「おそらく実務的な観点からすれば、これらの諸問題を解決する必要はない」と述べた。アメリカの分割主権論やイギリス・コモンウェルス（the British Commonwealth of Nations）における主権の所在の曖昧さのように、「委任統治システムは、主権が委任統治国か、委任統治領か、国際連盟か、あるいはその他のもののいずれに存していているのかを決めなくても、機能していくだろう」(74)。

一九三〇年になるとライトは、それまでの約一〇年にわたって主権の所在が公式に確定されることなく、委任統治システムが成功裏に機能したことを確認した。領域的区分が政府を組織するには最も便利な方法であるとしても、「それは世界のあらゆる場所で必要であり存在している条件ではない」。ライトによれば、領域的区分という単一の基準に固執することは、現実に存在しているさまざまな政治構造の多様性とはそぐわない。国際法の観点では、主権は分析、分割、制限に服する。十分主権国家と不十分主権国家の境界線は厳密なものではなく、国際関係の進展に応じて絶え間なく変化する。そのように指摘しながらライトは、イギリス自治領のような「擬似主権者の諸団体」と「国際連盟のような十分主権者の諸団体あるいは諸連合」とのあいだの相違は、小さなものでしかないと論じた(75)。結局のところ、「国際法における主権は、それゆえ相対的な用語」でしかないのだった。

アーロン・マルガリスの観察によれば、大陸諸国の学者たちが、「主たる同盟及び連合国（the

principal Allied and Associated Powers)」か、国際連盟か、委任統治国か、委任統治領の住民かに主権を見出すのに対して、ライトのような英米の学者たちは、主権を「それらの結合」に帰する傾向にある。歴史的見地から連盟規約第二三条は、「アングロサクソン精神の典型的な子供」とみなされるのだという。そしてそれが完全に満足できるものではないとしても、マルガリス自身も最善の理論であると考えるのであった(76)。そのことはしかし、主権原則が無効となったことを意味しなかった。「国家の主権を攻撃し、制約し、削減し、完全に破壊しさえすることが流行となったのだが」、マルガリスは主権を、不可欠であるばかりでなく、有益な原則とみなした(77)。

アメリカでは、国内的文脈での議論と同様に、国際的文脈での議論でも、主権を維持しつつその意味内容を法秩序のなかで変質させていくという方向性を持っていた。クライド・イーグルトンは、主権も独立も「相対的な用語」だとし、絶対的で責任を持たない主権の概念は「想像の産物」でしかないとした。イーグルトンによれば、相互依存の世界にあっては主権も責任を負うというのが、より現実的な見方であった(78)。ジェイムズ・ガーナーもまた、諸国家の利益の調和が明白になってきたので、「諸国家は自らの自由に対する制限を受け入れることを、一般に有益だと考えている」と論じた(79)。チャールズ・パーグラーは、主権に対する制限は独立に対する制限ではないし、国際社会における構成員の相対的地位を変化させることなく、平等に主権を制限することができると考えた(80)。ピットマン・ポッターの見解では、国際的権威と国家主権との理論的調和は理解しがたいが、「完全に実践的」なのであり、制約を受け入れるという諸国家の「原初的」同意によって説明されるはずだった(81)。エドムンド・モウアーによれば、国家は国際社会における法的制約から逃れることはできないのであり、相互依存化した世界では「主権の新しい概念」が生まれているのだった(82)。つまりエレリー・ストウェルが強調したように、「ある承認された制限のなかで行われた国家行動だけが正当化されうる」(83)。これらの論者に共通していたのは、絶対主権を時代遅れのものとして排しつつ、相互依存的国際法秩序のなかで「新しい」主権を位置づけることであった。

しかしアメリカの国際法学においても、一九三〇年代の危機の時代の到来は、主権概念の理解を変質させた。絶対主権概念は現実的ではないと指摘するだけでは、もはや十分ではなくなったのである。そこで合衆国憲法に依拠した世界政府構想なども登場した。ジョセフ・タニーは、「世界連合主権憲法（the United Sovereignties of the World）」を起草したのだが、その意図は、「われわれ諸主権の人民」が、強力な立法・行政・司法権力を世界大で設立することであった。タニーの憲法案は、ほとんど合衆国憲法の単純な焼き直しであった。そのような試みが実現困難なものであることは、タニーも理解していた。しかし世界の危機の現状を見れば、強力な世界中央権力の樹立を受け入れるしかないはずだと、タニーは主張したかったのである(84)。

第二次世界大戦中に国際連合構想を提示した人びとは、フランクリン・ローズヴェルト大統領のように地域的分割に着目した。ハリダス・ムズムダーは、国民国家主権は合衆国の四八州の地位に適合するところまで修正的に解釈されるべきだと考えた。そして彼は地域の平和に責任を持つ世界連合諸国民（the united nations of the world）内の五つの地域的主権を構想したが、それは合衆国システムの「論理的最高化」だと説明されるものだった(85)。またエリ・カルバーストンの案によれば、世界は九つの大国に指導される九つの地域に分割される。それに応じてアメリカには最大規模の軍隊が、イギリスとソ連にはそれに次ぐ規模の軍隊が与えられる。カルバーストンは、しかしこのような世界の地域分割は、各国の主権を侵害しないと説明した。(86)

主権の再認識へ

W・フリードマンによれば、「国際法秩序の消滅という結果をもたらす国民主権」と「国際法の至高性と国家の従属を意味する国際主権」のあいだの選択は必然的であり、「過去二〇年の経験は、両者を同時に追求するいかなる解決策も破滅的だ」ということを示した。(87)しかしある二人の国際政治学者は、絶対的に無拘束な主権という概念は、「実際の国際的営みの事実と照らし合わせるならば、誤りである」と考えつつ、しかしそれでも「それは影響力のある教義だ」と指摘した。なぜなら「主権は、無知で、無思慮で、感情的で、ナショナリスティックな大衆に、政府の違法行為の言いわけとして提供される」からであった。(88)要するに、たとえどんなに絶対主権概念が非現実的なものであろうとも、国際政治はその非現実的なものによって動かされる人びとがつくっているのだと彼らは考えたのである。問題になるのは、主権が絶対的であるかどうかではなく、人びとのそれに対する態度であった。

同じように国際法学者とは異なる立場を模索したのは、フレデリック・シューマンであった。シューマンによれば、国家主権概念はバランス・オブ・パワーの政治とあわせて、西洋国家システムの支柱であった。シューマンは、主権がすでにひとつの神話となったかもしれないことを認めた。しかしながらそれは、「国際関係において人びとと政府を動かす巨大な力を持った神話」なのであ

表6　両大戦間期の国家主権論

思想的枠組み	国内法秩序・国際法秩序のなかで制限的に運用される主権
思想的な挑戦者	確立された法秩序の外の「例外」状態に真の主権者が存するという思想
政治的な構図	戦勝国がつくった既存の秩序を維持する英米を中心とする勢力（＝制限主権論），それに挑戦するドイツを中心とする勢力（＝絶対主権論）
両大戦間期における歴史的流れ	1920年代の戦勝国主導の国際秩序を肯定する制限主権論から，1930年代の既存の国際秩序に訪れた危機の時代を乗り切るための国家主権再認識の動きへの兆し

った。したがってシューマンによれば、「領域国家の主権は、一六世紀と同じように二〇世紀にも残る」(89)。注目すべきは、シューマンのような態度によって、新しい学問分野としての国際関係学はひとつの理論的統一性を持つ視座を得られたという点である。これはその後のアメリカの国際関係学の特徴をなすものとなる。

両大戦間期は、イギリスにおいてもアメリカにおいても、主権の制限をむしろ当然視する風潮から始まった。多元主義に対して主権を擁護することはあっても、それはあくまでも法秩序のなかで制限されている主権の擁護であった。だがそのような風潮は、一九三〇年代の危機の時代になると変化を迫られた。国民主義《ナショナリズム》の蔓延する現実世界の危機の要因として、主権は無視できなくなっていった。

両大戦間期の国際思想を、ユートピアニズムとか理想主義などという表現によって一括してしまうことは、政治的事情を無視することである。主権制限論は、英米主導のヴェルサイユ体制という国際社会の現実の観察にもとづいて展開された。だからこそ所与のものであったはずの現実が失われたときに、急速に消滅していったのである。

両大戦間期は、国際立憲主義が顕著になり、しかし後に急速に減退していった時代であった。その動きの担い手たちが信奉したのは、イギリスやアメリカの伝統的な立憲主義思想であり、カーが指摘したように、彼らは自国の思想伝統を普遍的なものとして提示しようとしていた。だからこそ一九二〇年代に興隆し、一九三〇年代には衰退していったのである。

注

（1） See David Long and Peter Wilson (eds.), *Thinkers of the Twenty Year's Crisis: Inter-war Idealism Reassessed* (Oxford: Clarendon, 1995); Brian C. Schmidt, *The Political Discourse of Anarchy: A Disciplinary History of International Relations* (Albany: State University of New York Press, 1998).

（2） 国際連盟規約は「世界が向かっている方向にそって、新しく大胆な概念、つまり諸国家は自らの主権に対するいくつかの制限を受け入れなければならないという概念」を内包していた。The League of Nations, *The Aims, Methods and Activity of the League of Nations* (Geneva: Secretariat of the League of Nations, 1935), pp. 23-24.

（3） ＰＣＩＪのハドソン判事は、一九三七年に出された個別意見において「空虚な主権の亡霊が現実を見誤らせるのを許してはならない」と書いた（クリート島とサモス島の灯台事件）。一九二四年のイギリス貴族院での議論におけるフィンレイ子爵の発言によれば、「多くの点において主権者が他国に依存しているということは、主権概念と全く一致することである」。Quoted in Georg

Schwarzenberger, *International Law*, vol. I (London: Stevens & Sons, 1945), p. 50.

（4）Leon Duguit, *Les Transformations du Droit public* (Paris: Librairie Armand Colin, 1913), pp. 1–34, 52.

（5）Hans Kelsen, *Law and Peace in International Relations* (Cambridge, MA: Harvard University Press, 1942), p. 78. See also Rupert Emerson, *State and Sovereignty in Modern Germany* (New Haven: Yale University Press, 1928), pp. 167–173; Johannes Mattern, *Concepts of State, Sovereignty and International Law with Special Reference to the Juristic Conception of the State* (Baltimore: Johns Hopkins University Press, 1928), pp. 121–134.

（6）H. Krabbe, *De Moderne Staatsidee* ('s-Gravenhage: Martinus Nijhoff, 1915), SS. 3–10.

（7）Carl Schmitt, *Politische Theologie: Vier Kapitel zur Lehre von der Souveränität* (München and Leipzig: Verlag von Duncker & Humblot, 1922), SS. 9–15.

（8）Schmitt, *op. cit.*, S. 33.

（9）シュミットのナチス政権下での浮沈については、たとえばベルント・リュータース（古賀敬太訳）『カール・シュミットとナチズム』（風行社、一九九七年）、参照。

（10）シュミットの『政治神学』における主権論自体が、一九二〇年代特有の時代意識の反映であったことは確かである。第二次世界大戦後の思想的遍歴もふまえてシュミットの思想体系を見る試みとしては、大竹弘二『正戦と内戦――カール・シュミットの国際秩序思想』（以文社、二〇〇九年）を参照。大竹が指摘するように、シュミットは単純な主権国家主義者ではない。ただしそのことは、シュミットが時代の思潮に敏感に反応して理論を構築したことと矛盾しない。英米圏において主権を相対化する議論が支配的であったという時代背景を考えることなくしては、『政治神学』の例外状態における決断の重要性を強調する当時のシュミットの主権論の意味は見えてこないように思われる。

（11） See F. W. Coker, "Pluralistic Theories and the Attack upon State Sovereignty," in Charles E. Merriam and Harry E. Barnes（eds.）, *A History of Political Theories Recent Times*（New York: Macmillan, 1924）, pp. 80–119.

（12） See P. N. Ward, *Sovereignty: A Study of a Contemporary Political Notion*（London: George Routledge and Sons, 1928）, pp. 105, 175. See also Kung Chuan Hsiao, *Political Pluralism: A Study in Contemporary Political Theory*（London: Kegan Paul, Trench, Trubner & Co., 1927）, pp. 9–31, 126–145; Raymond G. Gettell, *Political Science*（Boston: Ginn and Company, 1933）, p. 139; Francis G. Wilson, *The Elements of Modern Politics: An Introduction to Political Science*（New York and London: McGraw-Hill Book Company, 1936）, pp. 579–584; *Political Philosophies*（New York: Macmillan, 1938）, p. 622; G. N. Sarma, *The Political Thought of Harold Laski*（Bombay, *et al.*: Orient Longmans, 1965）, pp. 48–53.

（13） Harold J. Laski, *Studies in the Problem of Sovereignty*（New Haven: Yale University Press, 1918）, first published in 1917, pp. 1–25.

（14） Harold Laski, *Authority in the Modern State*（New Haven: Yale University Press, 1919）, pp. 26, 65, 119.

（15） Harold Laski, "Popular Sovereignty," *Michigan Law Review*, vol. XVII, no. 3, January 1919, pp. 229–230.

（16） Harold Laski, "Law and the State," *Economica: A Journal of the Social Sciences*, no. 27, November 1929, pp. 267–295.

(17) Harold Laski, *A Grammar of Politics* (London: George Allen & Unwin, 1925), pp. 44–88.

(18) Harold Laski, "Introduction," in *A Grammar of Politics*, fourth edition (London: George Allen & Unwin, 1938), pp. iii–xxi.

(19) B・M・レングは、主権の伝統的概念が国家と社会の区別に依拠していたことを観察しつつ、しかしそのような区別は、人民主権の理論では理解するのが難しいと指摘した。B. M. Laing, "Aspects of the Problems of Sovereignty," *The International Journal of Ethics*, vol. XXXII, no. 1, October 1921, pp. 5, 16. See also C. A. Hereshoff Bartlett, "The Sovereignty of the People," *The Law Quarterly Review*, vol. XXXVII, no. CXLVIII, October 1921, p. 508.

(20) A. D. Lindsay, "Sovereignty," *Proceedings of the Aristotelian Society*, vol. XXIV, 1924, pp. 235–254.

(21) A. D. Lindsay, *The Modern Democratic State*, vol. I (London, New York and Toronto: Oxford University Press, 1947), first published in 1943, pp. 224, 226. リンゼイは、「憲法の主権」論は、国際関係に関しても優れた説明を提供すると考えていた。See *ibid.*, pp. 229.

(22) See Lewis Rockow, "The Doctrine of the Sovereignty of the Constitution," *The American Political Science Review*, vol. XXV, no. 3, August 1931.

(23) See C. F. Strong, *Modern Political Constitutions: An Introduction to the Comparative Study of their History and Existing Form* (London: Sidgwick & Jackson, 1963), first published in 1930, p. 83.

(24) R. M. MacIver, *The Modern State* (London: Oxford University Press, 1926), pp. 15–16, 468, 479.

(25) William S. Holdsworth, *Some Lessons from Our Legal History* (New York: Macmillan, 1928), pp. 123, 126, 130–131, 137–140. ウィリアム・ワラスは、イギリスの立憲政府の進化の過程においてこそ、近代国家主権の確立を見る。William K. Wallace, *The Passing of Politics* (London: George Allen & Unwin, 1924), pp. 59–61.

(26) See L. Bartlett, *Questions and Answers on Jurisprudence* (London: Sweet & Maxwell, 1934), p. 23.

(27) Philip Kerr, *The Prevention of War* (New Haven: Yale University Press, 1923), pp. 50, 67.

(28) *Ibid.*

(29) *Ibid*, p. 71. なおケルとアメリカのフェデラリストとの思想的関係については、Andrea Bosco, "Lord Lothian and the Federalist Critique of National Sovereignty," in Long and Wilson (eds.), *op. cit.*, pp. 247–253 を参照。

(30) Robert Jones and S. S. Sherman, *The League of Nations from Idea to Reality* (London: Sir Isaac Pitman & Sons, 1927), pp. 66–67, 70, 72.

(31) C. Howard-Ellis, *The Origin, Structure & Working of the League of Nations* (London: George Allen & Unwin, 1928), pp. 120, 304.

(32) H. R. G. Greaves, *The League Committees and World Order* (London: Oxford University Press, 1931), p. 244.

(33) L. P. Mair, *The Protection of Minorities: The Working and Scope of the Minorities Treaties under the League of Nations* (London: Christophers, 1928), p. 22.

(34) See James C. Hales, "Some Legal Aspects of the Mandate System: Sovereignty-Nationality-

"Termination and Transfer," *Transactions of the Grotius Society*, vol. 23, 1938, pp. 94. M・E・リンドレーは、委任統治システムに主権制限の例を見た。M. E. Lindley, *The Acquisition and Government of Backward Territory in International Law* (London: Longmans, Green and Co., 1926), pp. 266–267.

（35）Arthur B. Keith, *The Sovereignty of the British Dominions* (London: Macmillan and Co., 1929), pp. 1–2.

（36）Philip J. N. Baker, *The Present Juridical Status of the British Dominions in International Law* (London: Longmans & Co., 1929), pp. 190–191, 371.

（37）Hugh Goitein, "Some Problems of Sovereignty," *Transactions of the Grotian Society*, vol. 13, 1928, p. 93.

（38）F. A. Váli, *Servitudes of International Law* (London: P. S. King & Son, 1933), pp. 8–9.

（39）John F. Williams, *Chapters on Current International Law and the League of Nations* (London, New York and Toronto: Longmans, Green and Co., 1929), pp. 10–11, 288.

（40）John F. Williams, *Some Aspects of the Covenant of the League of Nations* (London: Oxford University Press, 1934), pp. 48–49.

（41）John F. Williams, *Aspects of Modern International Law* (London: Oxford University Press, 1939), p. 26. 別の論者の言い方を用いれば、主権と法は相互依存的だが、両者は国内的にのみ機能しており、国際関係では法の支配もなければ主権もない。Edward Mousley, *Man or Leviathan?: A Twentieth Century Enquiry into War and Peace* (London: George Allen & Unwin, 1939), pp. 251–253, 260.

(42) See R. G. Hawtrey, *Economic Aspects of Sovereignty* (London: Longmans, Green and Co., 1930). ケルも「経済的ナショナリズムは国家主権の特徴的な表現」だと指摘した。Marquis of Lothian (Philip H. Kerr), *Pacifism is not Enough nor Patriotism either* (Oxford: Clarendon Press, 1935).

(43) George W. Keeton, "National Sovereignty and the Growth of International Law," *The Juridical Review*, vol. L, no. 4, December 1938, p. 394.

(44) See George W. Keeton and Georg Schwarzenberger, *Making International Law Work* (London: Peace Book Company, 1939), p. 72.

(45) F. N. Keen, *A Better League of Nations* (London: George Allen & Unwin, 1934), p. 20; F. N. Keen, *Crossing the Rubicon or the Passage from the Rule of Force to the Rule of Law among Nations* (Birmingham: Cornish Brothers, 1939), p. 17; Arnold J. Toynbee, "The Nature and Paramount Aim of the League of Nations," in The Royal Institute of International Affairs, *The Future of the League of Nations* (New York: Oxford University Press, 1936), pp. 12-13. Edward Jenks, *The New Jurisprudence* (London: John Murray, 1933), p. 82.

(46) David Davies, *The Problem of the Twentieth Century: A Study in International Relationships* (London & Aylesbury: Hazell & Viney, 1930), p. 201.

(47) 一九三八年七月に『ザ・タイムズ』に掲載された論争で、ケルは戦争回避には「共通の代表政府の樹立」が必要だと論じたが、W・R・ビショップは「国際警察軍は、主権権力から発したときにのみ存立しうる。……執行する主権権力なき法の支配は、実質を全く欠いている」と批判した。Quoted in George W. Keeton, *National Sovereignty and International Order* (Sevenoaks:

Peace Book Company, 1939), pp. 156–160.

(48) E. H. Carr, *The Twenty Years' Crisis 1919–1939* (London: Macmillan, 1991), first published in 1939, p. 51.

(49) *Ibid.*, pp. 79–80.

(50) *Ibid.*, pp. 27, 51.

(51) *Ibid.*, pp. 230–231.

(52) カーは一九三九年に出版された『危機の二〇年』の初版において、ミュンヘン会談においてチェンバレンがヒトラーに対してとった懐柔的態度を賞賛していた。ただし、第二次世界大戦勃発後に公刊された第二版においては、その文章を削除してしまった。See, for instance, Charles Jones, *E. H. Carr and International Relations: A Duty to Lie* (Cambridge: Cambridge University Press, 1998).

(53) See Stephen C. Pepper, "The Boundaries of Society," *The International Journal of Ethics*, vol. XXXII, no. 4, July 1922, pp. 440–441.

(54) Marshall E. Dimock, *Modern Politics and Administration: A Study of the Creative State* (New York: American Book Company, 1937), p. 24.

(55) Edgar Bodenheimer, *Jurisprudence* (New York and London: McGraw-Hill Book Company, 1940), p. 70.

(56) Coker, *op. cit.*, pp. 80–119.

(57) William E. Hocking, *Man and the State* (New Haven: Yale University Press, 1926), pp. 389–403.

(58) Baron S. A. Korff, "The Problem of Sovereignty," *The American Political Science*, vol. XVII, no. 3, August 1923, pp. 407–412. See also Arthur N. Holcombe, *The Foundations of the Modern Commonwealth* (New York and London: Harper & Brothers, Publishers, 1923), p. 115.

(59) W. Y. Elliot, "Sovereign State or Sovereign Group?" *The American Political Science Review*, vol. XIX, no. 3, August 1925, pp. 494–498. See also W. Y. Elliot, *The Pragmatic Revolt in Politics: Syndicalism, Fascism, and the Constitutional State* (New York: Macmillan, 1928).

(60) Charles Howard McIlwain, "Sovereignty Again," *Economica*, no. 18, November 1926, pp. 253–268.

(61) John Dickinson, "A Working Theory of Sovereignty I," *Political Science Quarterly*, vol. XLII, no. 4, December 1927, pp. 527, 548

(62) John Dickinson, "A Working Theory of Sovereignty II," *Political Science Quarterly*, vol. XLIII, no. 1, March 1928, pp. 37, 41, 44, 47, 51–55. 最終調整者としての主権の機能への言及としては、George E. G. Catlin, *A Study of the Principles of Politics* (London: George Allen & Unwin, 1930), p. 434 も参照。

(63) Max Radin, "The Intermittent Sovereign," *Yale Law Journal*, vol. XXXIX, no. 4, February 1930, pp. 522–530.

(64) See Francis G. Wilson, "A Relativistic View of Sovereignty," *Political Science Quarterly*, vol. XLIX, no. 3, September 1934.

(65) See Walter Sandelius, "National Sovereignty versus the Rule of Law," *The American Political Science Review*, vol. XXV, no. 1, February 1931.

(66) See Roland Pennock, "Law and Sovereignty," *The American Political Science Review*, vol. XXXI, no. 4, August 1937, p. 637.

(67) Heinz H. Eulau, "The Depersonalization of the Concept of Sovereignty," *The Journal of Politics*, vol. 4, no. 1, February 1942, pp. 3–16.

(68) *Ibid.*, p. 18.

(69) Roland R. Foulke, *A Treatise on International Law*, vol. I (Philadelphia: John C. Winston Co., 1920), p. 69.

(70) Charles G. Fenwick, *International Law*, second edition (New York and London: D. Appleton-Century Company, 1934), first published in 1924, p. 89. ジェイムズ・スコットは、法が制限するのは主権そのものではなく、主権の代理人であるとした。James Brown Scott, *Sovereign States and Suits before Arbitral Tribunals and Courts of Justice* (New York City: New York University Press, 1925), p. 8.

(71) Lindsay Rogers, "The League of Nations and the National State," in Stephen P. Duggan (ed.), *The League of Nations: The Principle and the Practice* (Boston: Atlantic Monthly Press, 1919), pp. 88–93.

(72) John E. Harley, *The League of Nations and the New International Law* (New York: Oxford University Press, 1921), pp. 41, 56–59.

(73) Edward A. Harriman, *The Constitution at the Cross Roads: A Study of Legal Aspects of the League of Nations, the Permanent Organization of Labor and the Permanent Court of International Justice* (New York: George H. Doran Company, 1925), p. 23.

(74) Quincy Wright, "Sovereignty of the Mandates," *The American Journal of International Law*, vol. 17, 1923, p. 691.

(75) Quincy Wright, *Mandates under the League of Nations* (Chicago: University of Chicago Press, 1930), pp. 265, 268, 277, 286, 294, 305-306. レオニダス・ピタミックも、主権を「何か相対的なもの」と描写した。Leonidas Pitamic, *A Treatise on the State* (Baltimore: J. H. Furst Company, 1933), p. 25. なおライトは主権を、「国際法に服し、国内法に勝る実体の地位」と定義した。彼はさらに主権概念のさらなる変化や、消滅の可能性を示唆した。See Quincy Wright, "National Sovereignty and Collective Security," in Ernest M. Patterson (ed.), *The Annals of the American Academy of Political and Social Science*, vol. 186, July, 1936, *The Attainment and Maintenance of World Peace* (Philadelphia: American Academy of Political and Social Science, 1936), pp. 94–103. なお日本が国際連盟を脱退した際に生じた委任統治システムをめぐる混乱については、see Paul H. Clyde, *Japan's Pacific Mandate* (New York: Macmillan, 1935), pp. 178–201.

(76) Aaron M. Margalith, *The International Mandates* (Baltimore: Johns Hopkins Press, 1930), pp. 145–170, 179.

(77) *Ibid.*, p. 174.

(78) Clyde Eagleton, *The Responsibility of States in International Law* (New York: New York University Press, 1928), pp. 11–16, 41–42, 206. See also Clyde Eagleton, *International Government* (New York: Ronald Press Company, 1932), pp. 24–30.

(79) James Wilford Garner, "Limitations on National Sovereignty in International Relations," *The American Political Science Review*, vol. XIX, no. 1, February 1925, p. 24.

（80） Charles Pergler, *Judicial Interpretation of International Law in the United States* (New York: Macmillan, 1928), pp. 34-40.

（81） Pitman Potter, *This World of Nations: Foundation, Institution, Practices* (New York: Macmillan, 1929), p. 230.

（82） Edmund C. Mower, *International Government* (Boston: D. C. Heath and Company, 1931), pp. 109-116.

（83） Ellery C. Stowell, *International Law: A Restatement of Principles in Conformity with Actual Practice* (New York: Henry Holt and Company, 1931), p. 59.

（84） Joseph Tanney, *Sovereignty* (Washington, D. C.: Hayworth Printing Co., 1933), pp. 131-159.

（85） Haridas T. Muzumdar, *The United Nations of the World* (New York: Universal Publishing Company, 1942), pp. 26, 44, 129.

（86） Ely Culbertson, *Total War: What Makes Wars and How to Organize Peace* (New York: Doubleday, Doran & Company, 1943), pp. 242-257.

（87） W. Friedman, *What's Wrong with International Law?* (London: Watts & Co., 1941), p. 13.

（88） Frederick A. Middlebush and Chesney Hill, *Elements of International Relations* (New York and London: McGrow-Hill Book Company, 1940), p. 43.

（89） Frederick Schuman, *International Politics: An Introduction to the Western State System* (New York and London: McGraw-Hill Book Company, 1933), pp. 49, 53.

第5章

国際立憲主義の停滞

●冷戦・脱植民地化の時代

本章では、第二次世界大戦終結から一九七〇年代に入るころまでの数十年に焦点をあて、二〇世紀後半の主権概念の特徴を考察する。それは冷戦が勃発し、東西対立が激化した時代であった。同時に脱植民地化が進展し、多くの新興主権国家が生まれた時代でもあった。英米両国では、最初は主権制限論の復活の兆しが見られたが、冷戦が始まるころには「政治的現実主義」が台頭して、国家主権概念の強化を迫った。また、西側諸国に対立を挑んだ共産主義陣営や新興独立非同盟諸国は、自らの独立を確保するために主権原則を強く主張する行動に出た。こうした時代背景を受けて、イギリスでもアメリカでも、主権概念を再肯定する動きが強まることになった。ただしそれは絶対主権論の復活を意味したわけではなかった。主権概念の受け入れは、際立った「形式化」、つまり主権概念の形骸化とともに、消極的なかたちで起こった。主権論が第二次世界大戦後に再肯定されるようになったのは、二〇世紀後半の国際情勢を受けて、政治的理由にもとづいて主権の復権が必要と考えられるようになったからであり、知識人たちが主権概念に強い関心を持ったからではない。

本章ではまず第1節で、両大戦間期思想の残滓《ざんし》とも言える第二次世界大戦直後の主権概念をめぐる言説を見た後、モーゲンソーに焦点をあてながら、政治的現実主義の台頭について考察する。第2節は、簡単に共産主義諸国および新興独立諸国がどのように主権原則を主張していたのかを確認する。第3節では、戦後のイギリスとアメリカにおける主権概念の変容をそれぞれ検討する。

1 第二次世界大戦直後の主権概念

冷戦勃発前の主権論

第二次世界大戦は第一次世界大戦と同様、主権国家原則がもたらした破綻であると英米の知識人には認識された。カーの宥和政策は有効な処方箋にはならず(1)、イギリスでは主権への攻撃が続いた。新しい動きとしては、「機能主義」が登場して主権の性格が変質していることを説いたが(2)、主権を制限して「法の支配」と調和させることが平和への道だと主張する伝統的な発想も多く見られた(3)。たとえば一九四五年一一月に庶民院において、アンソニー・イーデン前外相が「あらゆる科学的発見が主権の古めかしい概念を意味のないものにする」と発言したのに応えて、外相アーネスト・ベヴィンは「世界法」と、世界の人民が直接選び「世界主権者」となる「世界議会」の必要性を語った。もっともベヴィンは、世界議会は主権の放棄をもたらすものではなく、ただ平和という限られた目的のためだけに機能すると主張した(4)。

アメリカにおいても、たとえば一五〇〇人もの北米の法学者が「立憲的国際法」による国家主権の制限を提唱するなど(5)、第二次世界大戦勃発を国家主権の弊害によるものとする議論が起こっていた(6)。論者の多くは、イギリスと同じように、法秩序と調和する主権概念の必要性について指摘した(7)。特徴的なことに、マーガレット・スパーは、「ロック理論的観点での自由から見た主権のありうる再定義」として、社会で法に服する個人に類した法の下の主権について論じた(8)。この時代にはウェストファリア講和条約は、主権、国際法、バランス・オブ・パワーの調和を達成した平和構築作業の模範として考えられた(9)。アメリカにおける特有の事情としては、国際連盟に加入しなかった歴史を反省的にとらえ、国際組織加入がアメリカの主権を損なうことはないとする論者が多く現れたことであろう(10)。エドワード・コーウィンは、アメリカは法的に制限された主権の概念を信奉してきたので、国際組織への加入も恐れるべきではないと主張した(11)。第二次世界大戦後に広がった軍事同盟においても、主権の制限は当然視された(12)。

国際連合憲章も、主権に対する一定の制限として性格づけられた(13)。一九四九年に国連国際法委員会で採択された「国家の権利と義務に関する宣言案」第一四条は、次のように規定した。「あらゆる国家は、国際法にそって、また各国の主権は国際法の至高性に服するという原則にそって、他国との関係を持つ義務を有する」(14)。一九四九年国連総会決議二九〇（Ⅳ）は、原子力エネルギーの国際管理が可能となる程度にまで他国と協調しながら主権を行使することを、あらゆる国家に要請した(15)。

おそらくは枚挙に暇《いとま》がないこのような主権制限に関する言説は、当初国連で支配的集団となっていた西側諸国が、主権の制限を思想的に支持したことによって、可能となった。この一九二〇年代の繰り返しのような雰囲気を終わらせたのは、本格的な冷戦の開始であったが、理論的には「政治的現実主義」の台頭であった。

モーゲンソーの主権論

ドイツからアメリカに渡った亡命者ハンス・モーゲンソーは、一九四八年に主著『諸国民間の政治』を出版した。彼はそこで、あえて伝統的な英米の政治思想に挑戦的な態度をとり、際立った主権概念を提示することによって、英米国際思想に大打撃を与えた。彼はその影響力にもかかわらず、ドイツからの亡命者として、多くの英米圏の知識人から見れば異端とも言える見方を持っていた。しかしそれだからこそ、英米の立場に立ったままドイツ思想を理解しようとしたカーとは異なり、宥和政策を拒絶するモーゲンソーは、(16) ドイツ的思想をアメリカのために用いて権力闘争の世界を生き抜く方向性を大胆に示すことができたのである。(17)

『諸国民間の政治』の主権についての章は、実は先に法学雑誌に掲載された論文を転載したものであった。その論文の序論部分でモーゲンソーは、権威ある政治理論家であったアーネスト・バーカーが一九一四年に国家の衰退を予言していたにもかかわらず、一九三〇年には自らの誤りについて認めざるをえなくなったことを指摘した。そして次のように書くことから議論を始めた。「主権概念は、歴史の特定の期間に存する政治的状況に対応するものであり、時代の現実的政治条件の観点から定期的再検討を行う必要のあるものである。本論文は主権の問題をとくに現代の国際状況に照らして再考することを提案する」[18]。

このような相対主義的認識は、教条的ともいえる「政治的現実主義」理論を提示したモーゲンソーにしては[19]、いささか奇異なものかもしれない。興味深いことに実際のところ、この法学雑誌論文が『諸国民間の政治』の一章として再録された際には、この文章とバーカーへの言及は削除された。いわば法学雑誌論文において行った主権再認識のための試みは、彼自身の「政治的現実主義」の体系化のためというよりも、両大戦間期の英米両国で支配的だった法的アプローチに宣戦布告を行うために必要だったのである。そこでモーゲンソーが、ナチズムに加担した「敵」であるはずのシュミットの主権理論に類似した議論を展開したのは、「政治的現実主義」にとって必要不可欠ではなかった。だが、彼の英米的思潮への敵対心から考えれば、きわめて容易に理解できるものだったと言える。

モーゲンソーは主権国家を「法的拘束から独立して最高法をつくり、法を執行する権威」だと定義する[20]。そしてモーゲンソーは、「政府の政治的統制の質」が主権の問題を決すると主張することにより、対外状況にかかわらず、国家が自立的に主権を持ちうることを主張する。人民主権を否定するモーゲンソーにとって、主権者は国家全体ではありえない。主権者とは国家内部の最高者なのであり、それはアメリカ立憲主義の伝統に反して、政府主権に帰結するしかない発想である。そして両大戦間期の英米の思潮を否定するかのように、独立、平等、全会一致原則と同義であるという国家主権の性質のために、国際法は中心を持たない秩序しか形成しえない。モーゲンソーはこう論じたのである[21]。

モーゲンソーの主権論の特徴は、主権国家がきわめて自律的であり内向的なものとなる点だろう。主権は「政府の質」、つまり独立した法執行権力が存在するという国内事情によって、その存在が決まるので、体外的な条件は無関係である。モーゲンソーにおいては、国家であれば主権を持ち、主権を持っていないのであれば国家ではないという論理が成立する。「人民全体がそのような権威を行使するなどということはありえない」[22]。なぜなら主権は法執行権力である「政府の質」によって決まるからである[23]。

この主権の特徴づけと関連するモーゲンソーの際立った態度は、伝統的な英米思想への敵対心であり、分割主権論の全面否定であった。モーゲンソーは次のように述べた。

「異なった法創造要素が衝突する場合に、最終的に拘束力を持つ決定を下し、革命や内戦のような法執行の危機において、その国土の諸法を執行する究極的責任を持つ国家内部の権威が、主権者である。その責任はどこかになくてはならず、そうでなければどこにもない。しかし同時にあちらやこちらに存在することはできない。……もしどこにも存在していないのであれば、……憲法危機のときに、いずれかの憲法権威がその責任を奪うか、あるいは革命が混乱に終止符を打ち、平和と秩序を確立するための至高の権威を持った何者かを据える。もし憲法が多様な解釈を受け入れて主権の所在が空白に見えるならば、至高の権威を持っていると主張する者たちのあいだの政治的あるいは軍事的闘争が、何らかのかたちで問題に決着をつける。連邦政府側に有利なように問題に決着をつけた南北戦争での連邦政府と諸国（州）とのあいだの闘争は、この状況の古典的な一例である」[24]。

前章で見たように、かつて第二次世界大戦中に、同じドイツからの亡命者であったユーローは、立憲的民主主義諸国において独裁政権に対抗する主権論を構築することが必要だと訴えた。だがモーゲンソーは、むしろ伝統的な立憲主義的主権概念を誤りだとすることによって、時代の要請に応えようとした。モーゲンソーによれば、「民主的な諸憲法」は「主権の問題を意図的に不明瞭にし、主権的権威を明確に位置づける必要性を隠してきた」が、それは「主権的権威を法的統御および政治的抑制に服させることと、主権的権威を除去することとを混同した」ことによるのだった。「民主的政体を『人ではなく法の政府』にしようと努力するあまり、民主国家であるか否かにかかわりなくいずれの国においても、政治的権威の行使について究極的に責任を負うひとりの人またはひとつの集団がなくてはならない、ということを忘れたのである」。仮にどんなに主権の所在が不明確に見えようとも、究極的責任は「リンカーン、ウィルソンおよび両ローズヴェルトの大統領在職期間にそうであったように、危機や戦争のとき」顕在化するとモーゲンソーは断言し[25]、さらに続けた。「連邦政府が主権者であることを否定するのが憲法的かつ政治的に不可能であり、また各国（州）がもはや主権者ではないことを認めるのが心理的に不可能なので、憲法理論は、単純に主権を連邦政府と各国（州）のあいだに分割し、政治的現実を政治的嗜好と調和させようとした。分割主権の教義が国際関係の分野において広く受け入れられるのも、政治的現実と政治的嗜好をイデオロギー的に結ぶ同様の必要性によってである。……主権の分割性の教義は、主権を放棄しながら維持するという論理的に両立不可能なことだけではなく、国家主権と国際秩序という近代文明の条件下では調和しがたいと経験が示してきたものを、知的にもっともらしく見せる。理論的真実や政治的経験の現実性を全く考慮せずに、『国家主権の一部』を平和の維持のために放棄せよと勧告することは、目を閉じて、ケーキを食べながら同時にとっておくことを夢想せよと勧告することに等しい」[26]。

モーゲンソーは、国際政治においては分割主権という「論理的不可能」が決して解決されないことを断言する。そして、あたかもその解決不可能性を認めることが知識人の義務であるかのように主張する。ここにおいて抽象的な概念でしかなかったはずの主権の絶対不可分性が、国際政治の本質を規定する一大原理として認められなければならないものとして説明される。そして主権は、「国家を、個人の究極的な世俗的忠誠心の受け手として、最強の社会的強制力として、また個々の市民に法を授け施行する最高の権威として、法的用語で指定される」[27]。

すべての国家は主権を持つものとして平等である。しかしそれぞれの力には圧倒的な差がある。国際政治の権力闘争はその力の差によって展開していく。だがあたかも小さなボールが大きなボールに跳ね飛ばされながらも決してボールとしての属性それ自体は失わないように、力の相違が主権の性質を変えることはない[28]。国際政治は性質において平等だが力において不平等な、国家と呼ばれる単位によって構成されるシステムであり、その「国際政治というチェス盤」[29]のシステムを分析するのが国際政治学である。モーゲンソーにとって、これは国際政治の必然的「現実」であり、それを認めない者は夢想する子供と同じだということになる。

モーゲンソーが、シュミットの『政治神学』に非常に近い主権論から、このような推論に到達したのは興味深い。モーゲンソーが立憲主義的規範の背後に、そして国際法規の背後に見出したのは、

「危機」に際して「決断」を行う者によって保障される主権概念だった。戦間期の英米国際思想を攻撃するモーゲンソーにとっては、アメリカの憲法史にさえそうした「決断者」がいたと指摘することが、最も挑発的かつ有効なことだった。そしてその「危機」は、英米の知識人が認めたがらないむき出しの権力政治の場としての国際政治のイメージと結びついていた。もしモーゲンソーが二〇世紀後半の英米諸国で一定の影響力を誇ったとすれば、それは冷戦時代の多くの人びとの「現実」感覚がもはや戦間期のそれとは異なり、モーゲンソーの「現実」感覚に近づいていたためだったと推察することができるだろう。

ナチスの迫害を逃れてアメリカに渡ったユダヤ人であるモーゲンソーは、シュミットの法理論がワイマール体制を駆逐していく時代に、ヨーロッパで法学講師として学究生活を始めた。ナチズムの台頭を防げなかった自由主義に対する深い不信によって、モーゲンソーの理論は形成されている。モーゲンソーは、ユーローと同じように、「イデオロギー闘争において戦うための武器となる理論」を求めていた。そこでモーゲンソーが、ナチスの法学者シュミットに近づくことによって「武器となる理論」を見出したことは、二〇世紀後半の国際関係学において「現実主義」と国家主権概念とが結びつくことに、大きな役割を果たした。ある意味でモーゲンソーは、シュミットを援用することによって、シュミットと対決した。亡命ユダヤ人モーゲンソーにとって、ヒトラーも、ヒトラーに協力したシュミットも「敵」であり、アメリカ合衆国こそが「友」であった。しかし戦間期ドイツの知識人モーゲンソーにとって、シュミットの「政治」観と主権論は、圧倒的な影響力を感じざるをえない理論であった。モーゲンソーは、さらにもうひとり、ヒトラーに愛された哲学者であるニーチェの影響を色濃く受けている。(30) こうした背景のために、モーゲンソーの「現実主義」は、多くの英米の学者たちから嫌悪され、批判され続けた。しかしそれだけに、モーゲンソーの挑戦は、主権概念を軽視することがひとつの特徴となっていた両大戦間期の英米圏の政治思想に対して、効果的な宣戦布告を行う意義を持っていた。

もし主権概念が、「歴史の特定の期間に存する政治的状況に対応するものであり、時代の現実的政治条件の観点から定期的再検討を行う必要のあるもの」だとすれば、まさにモーゲンソーは第二次世界大戦を総括し、冷戦時代に突入しようとする時代のアメリカに、両大戦間期の主権の理解を捨て去って、冷戦時代に即した主権概念を採用することを強く提案したのだと言える。

ただしモーゲンソーは、決して英米圏の学者たちを瞬く間に転向させていったわけではない。冷戦の時代背景のなかでモーゲンソーの議論はきわめて力強いものに見えた反面、英米圏の学者たちはモーゲンソー流の主権論を大々的に踏襲しようとはしなかった。主権のような理論的問題を議論することは忌避され、結果として主権概念は形式的かつ受動的に受け入れられていったにすぎなかった。モーゲンソーが二〇世紀後半の英米圏の国際関係学にもたらしたのは、学派としての現実主義の確立や冷戦期の戦略研究の興隆と同時に、「ウェストファリアの神話」に象徴される歴史的変化への無関心や、非西欧社会、非国家主体、非近代的社会への無関心を助長したことであった。モーゲンソーの消極的受容は、結果として主権論の「形式化」をもたらすことになったのである。

2　主権平等原則と共産主義・新興独立諸国

主権平等の時代

第二次世界大戦後、分断されたドイツはもはや英米の主要な敵対国ではなかった。かわって現れたのは、ソ連や中国などの共産主義諸国、そして大国批判を繰り返す第三世界の新興独立の非同盟諸国であった。それらの国々は国連憲章に定められた主権平等の原則を旗印に、内政不干渉を強く求めた。英米をはじめとする西側諸国の主権制限論は[31]、東西対立のなかで行き詰まり、南北対立のなかで道義的に誤ったものとなったのである。本節では、英米における主権論の推移を理解するために不可欠な「東」と「南」の状況を、簡単に見ておきたい。

国連憲章第二条四項は加盟国の「主権平等」を規定したが、それは主権の歴史においてはむしろ新しい概念であった[32]。「主権平等」という語を初めて使ったのは、一九〇七年ハーグ平和会議に出席したグアテマラ代表であった[33]。中南米諸国は、強硬に国家主権を主張することで、ハーグにおいてヨーロッパ諸国を当惑させた国々であった。また、介入してくるアメリカを、主権尊重を掲げて繰り返し批判していた[34]。

ところが大恐慌の最中にフランクリン・ローズヴェルトが大統領に就任すると、経済的・政治的協力関係を強化するため、南米諸国への不干渉と平等な権利の尊重を重視した「善隣政策」をとるようになった。そこで諸国の主権が強調されるようになり、「主権平等」という語も時折使われるようになった[35]。中南米諸国との会議などに出席していたフランクリン・ローズヴェルト政権下の外交官が、大戦中に国務省の戦後処理計画立案を担当するようになり、その人物が起草に加わったのが、「すべての平和愛好諸国の主権平等」という表現を含んだ一九四三年モスクワ宣言であった。宣言が四大国によって公表された直後、アメリカの上院は「主権平等原則に則った一般国際組織」、つまり国際連合の設立を承認する決議案を採択した[36]。

要するに「主権平等」は、大国も小国も等しく国際連合に参加できるような動機づけとして、尊重されたのだと言える。そのため実際には、「主権平等」についての深刻な認識の相違が、大国と小国のあいだには存在していた。たとえば安全保障理事会での大国の特権は、大国にとっては「主権平等」が単に「法の前の平等」を意味するにすぎず、小国が理解するような「権利と義務の平等」を意味しないということを示していた[37]。だが憲章第二条四項を媒介として、主権平等の原則は、より実質的な平等を求める共産主義諸国や新興独立諸国のイデオロギー的武器として機能していくものにもなった[38]。

共産主義諸国の態度

まずソ連は、たとえば大戦直後にアメリカが原子力開発を管理する機関をつくろうとした際、国連加盟国の主権の原則に訴えて反対した[39]。その後もソ連は、自らが小国の利益の擁護者であると主張し、しばしば主権原則に訴えて、アメリカなどの西側諸国が主導する動きに拒否権を発動した。ソ連は国内憲法で、ソ連領内の各共和国の主権を制限しているとの立場をとっていたが[40]、実際にはそれは中央政府の独裁体制であった(41)。公式説明によれば、共和国はソ連の一部となることによって高次の主権を実現できる(42)。しかしいうまでもなく、これはソ連領内の共産党の一党独裁によって可能となる、ある種の「積極的自由」の論理であった(43)。

ソ連の考え方によれば、世界には「プロレタリアート民主国家」と、「資本主義・帝国主義」国家が存在していた。前者のあいだで相互関係が築かれれば、純粋な人民主権が達成される。だが、後者による内政干渉を警戒しなければならない。つまり、諸国の主権は、ソ連の指導下で「歴史上初めての真の人民主権」となり、後者に直面したとき諸国の主権は、帝国主義に対する盾となる(44)。国際法学者Ｅ・コロヴィンが述べたように、主権は両陣営のあいだの闘争で用いられる武器なのであった(45)。したがって、たとえばハンガリー動乱へのワルシャワ条約機構軍の介入などは、ソ連の政府機関紙『イズヴェスチア』が明らかにしたように、ハンガリー人民の主権の名のもとにブルジョワ帝国主義に反対するものとして、正当化されるのであった(46)。

ソ連を代表する国際法学者であったコロヴィンは、一九五六年の論文において、「主権の制限」は、「共通利益」や「共通善」などと同様に、「最強の帝国主義諸大国の欲深い目的」の一環でしかないと論じた。主権のブルジョワ的概念は、国家の形式的権利だけを認めて、実質的な不平等を隠蔽しようとする。それに対してソ連の主権は、社会主義的理想のもとに国益と国際協力が融合している「新しい主権概念」である(47)。コロヴィンは、アメリカ政府が推進している「絶対的・無制約主権の概念」は、ソ連が決して持つことのないものであり、社会主義諸国の一体性の対極にあるものだと主張した。したがってアメリカの支配階級が国際社会を支配している限り、ソ連の主権は守られなければならなかった[48]。E・クズミンも同じ調子で、西側知識人の主権に対する軽蔑は、主権が彼らの足かせとなったことを意味すると指摘した。つまり彼らは資本主義の拡張の最高段階を追求しており、社会主義・新興独立諸国を搾取しようとしている。それに対して、ソ連の観点から理解した主権は、安定した平和と国家的安全を保障するものとされた[49]。

一九六八年のソ連によるチェコスロヴァキア進攻も、こうした論法で正当化された。『プラウダ』に掲載されたS・コヴァレフの「主権と社会主義諸国の国際義務」と題された論文は、「各社会主義国の主権は、世界社会主義の利益と対立しえない」と主張していた。つまりチェコの反動勢力が国家主権を転覆しようとしたのであり、社会主義諸国はチェコの労働者を助け、帝国主義にチェコの主権が渡されるのを防いだというのである[50]。ソ連共産党書記長ブレジネフは進攻後、「社会主義諸国はすべての諸国の主権を厳格に遵守する」と宣言していた。著名な国際法学者G・I・トゥンキンによれば、「主権の社会主義的概念」には、社会主義的国際主義に則って、帝国主義から国家を守ることを助ける義務が含まれるのだった[51]。

ソ連が次第に国際社会主義の強調に傾いていくにつれて、主権原則の指導的提唱者として中国の地位は高まっていった。一九四八年の共産党革命以前には、国民党政権が制限主権論を表明していた[52]。しかし中華人民共和国においては、毛沢東も周恩来も繰り返し主権の不可侵性を強調した[53]。そして西側政府の政策だけではなく、西側の学者たちの「超国家的」傾向についても、徹底して批判を加えたのであった[54]。中国の国際法学者たちも、「ブルジョワ国際法学」が、「帝国主義的」利益のために、「主権不可侵の原則」を逸脱するのを批判した。彼らによれば、「帝国主義の完全な奴隷・

召使」である西側国際法学者は、平等の原則を中国のような抑圧された国民には決して適用しない。アメリカ政府高官の「相互依存」の強調や、アメリカの学者たちの安全な国際貿易のための「超国家法」の模索などは、植民地支配を広げようという試みの一環でしかない。それに対して、「主権の中国的概念」は、帝国主義的絶対主権でも、制限主権でもなく、相互尊重に則ったものだと説明された(55)。チベットの主権を口にすることは、ブルジョワ帝国主義の干渉とされた(56)。なお中ソ対立が激しくなると、帝国主義的政策で小国の主権を侵害する国家のリストには、ソ連も加えられた(57)。

新興独立諸国の態度

つぎに、新興独立諸国の主権をめぐる態度について確認しておこう。国連憲章第一条二項や第五五条に規定された「人民の自決」原則は、脱植民地化の過程において、国際社会の新しい規範的支柱となっていった。独立を果たした植民地国は、地域機構などを通じて、植民地人民の主権の原理を次々と表明していった(58)。一九六〇年の国連総会決議一五一四（XV）「植民地独立付与宣言」は、「すべての人民の主権的権利」を自決権と結びつけた。一九七〇年の「友好関係宣言」も、主権独立国家を確立する自決権の存在を宣言した。たとえば「南アフリカの国際的地位」に関して一九七〇年に国際司法裁判所判事アムーンが使った表現を用いれば、（ナミビアなどの）植民地は、「国民主権を持っているが、行使していない」のであり、主権は「委任統治によって人民に属するのを止めるわけではなく」、「一時的に沈黙し、表現の自由を奪われている」だけであった(59)。このような民族自決権の正当化論理は、国民の擬人的実体性に依拠した国民主権原則の二〇世紀における開花だと言えよう。[60]

国際法規範としての民族自決権の確立は、単に脱植民地化過程に拍車をかけるだけの効果にとどまらなかった。「主権平等」として規定された国民主権原則は、ほかの国際規範にも影響を与えたのである。そのひとつの例が、「天然資源に対する永久主権（permanent sovereignty over natural resources）」の確立である。[61] 一九五二年に人権委員会が、自決権に「天然の富と資源に対する永久主権」が含まれるとの決議を採択し、[62] 同年の総会決議六二六（VII）がほぼ同趣旨の決議を採択した。[63] 二年後の人権規約に関する審議のなかで「天然資源に対する永久主権」という概念が確立された。[64] その後も一九五八年の総会決議一三一四（XIII）、[65] 一九六二年決議一八〇三（XVII）、[66] 一九六六年決議二一五八（XXI）、[67] 一九七二年決議三〇一六（XXVII）、[68] 一九七三年決議A/3171、[69] 一九七四年「新国際経済秩序確立宣言」及びその「行動計画」（決議A/3201［S-VI］and 3202［S-VI］）、[70] 同年「経済権利義務憲章」（決議A/3281［XXIX］）[71] などが次々と採択され、「国営化」や「脱国籍（transnational）企業の規制」などを含む「永久主権」の内容は、急進化していった。一九七三年の非同盟諸国会議では、「開発途上国の主権を蹂躙する脱国籍企業の受け入れがたい行動」を非難する経済宣言が出された。[72] そして実際に、一九六〇年から一九七四年までのあいだに、六二の国において八七五件の国営化または乗っ取りが発生した。[73] 一九七〇年代までに「永久主権」の概念は、「脱植民地化の過程を越えて絶対主権へと、そして経済的自決権の極端な形態へと、劇的に推移していった」のである。[74]

一九七三年の石油ショックは、こうした時代背景において起こった。ＯＰＥＣは一九六八年に出した宣言ですでに「天然資源に対する永久主権」の行使について触れていた。後のOPEC事務局長は、この原則に従ってOPEC加盟国は「集団的主権（collective sovereignty）」を行使すると説明した[75]。西側諸国は一貫して「永久主権」行使範囲の拡大を防ぐ努力を続け、国営化にともなう補償に関する規定の充実などに奔走した。しかし新興独立・社会主義諸国は、多国籍企業は西側諸国の庇護を受けていると考え、「絶対主権」の概念を用いて自国の経済的利益確保に邁進した。そこで、国際法規則に従って制限される英米を中心とする先進国の主権概念と、不公平な法規則を是正するために半ば超法規的に解釈される新興独立・社会主義諸国の主権概念とが、真っ向からぶつかり合うことになった。

国連総会などにおいて、新興独立諸国と社会主義諸国は、「絶対主権」、「十分主権」、「無制限の権利」、「国家の生存」、「普遍的実践」などの言葉で修飾して、「永久主権」の適用範囲を競い合った[76]。一般に両グループ出身の著述家たちも、「経済的独立」、「国民的解放」を達成するための「根源的権利」、「至高の大権」、「国家の公的領域」として、「永久主権」を擁護し、国際法に対して国内法が優先することを主張した[77]。「よりバランスがとれていて意味のある安定した協力」[78]のためには、「永久主権」の実現が必要だという考えが新興独立諸国で広がったのは、確かである。換言すれば、少なくとも彼らは（独立前の人民も含む）国民の主権の完全な実現こそが、国際協調の道だと考えていた。その点において、たしかに「永久主権」概念は、英米を中心とする諸国の人びとが持つ制限主権論とは鋭く対立するものであった。

一九七五〜七六年の年次報告書に、国連事務総長カルト・ワルトハイムは、次のように記した。

「われわれは、増大する相互依存の否定しがたい事実が、決して国民主権概念の力や普及を弱めないという過渡的時期に生きている」[79]。たしかに第二次世界大戦からの数十年は、西側諸国を中心とする勢力の相互依存的経済の進展の裏で、共産主義諸国や新興独立諸国が、かつてないイデオロギー的な力を主権概念に与えた時代であった。しかも彼らによって、国民国家原則は歴史上初めて地球大の普遍的原則となった[80]。「東」と「南」からの激しい政治的・道義的攻勢を受けて、英米を中心とする西側諸国が主権の制限について口を閉ざすようになったのは、当然のことだったと言えよう。

しかし一九八〇年代になると、共産主義諸国の国力やイデオロギー的魅力は衰え、資本主義に対する批判も萎えていく[81]。さらに「天然資源に対する永久主権」あるいは「経済的主権の絶対的概念」の動きは「厳しい経済的現実」によって後退し[82]、発展途上国が、国営化ではなく、外国資本の誘致に専心する時代が訪れる。それに呼応して、イギリスでもアメリカでも、自国の国益や価値規範を積極的に打ち出す政治家たちが指導者となっていくのであった。

3　主権概念の形式化

イギリスにおける主権の形式化

モーゲンソーの後、両大戦間期の法的アプローチは「ユートピアニズム」や「理想主義」と呼ばれて、「科学的」な学問体系にはなじまないものとみなされていった。英米の現実主義者たちは、主権概念を抽象的で、現実の力の政治にあまり関わりのないものとみなす傾向を持ち続けた。ただしそれは、主権の否定にまで至ることはなかった。本節では、冷戦時代に英米の社会科学に起こった現象を主権概念の「形式化」としてとらえ、イギリスとアメリカの第二次世界大戦以後の三〇年ほどの時代を検証する。

戦後のイギリスで主権論は、もはや多元主義や制限主権の問題ではなく、ヨーロッパ統合の問題として揺れ動いた。イギリスは当初ヨーロッパ統合に積極的であったが、フランスや西ドイツ主導の統合案が固まるにつれて、距離を置くようになっていった(83)。イギリス首相アトリーの一九五〇年の議会答弁によれば、絶対主権が不可能であるのは当然だが、主権の放棄がいつ、誰に対してなされるべきかが、依然として問題となるのだった(84)。かつて帝国内の自治領とヨーロッパの小国の主権を制限する立場にあったイギリスだが、第二次世界大戦後、コモンウェルス内では議会主権を喪失し(85)、ヨーロッパ内では自国の主権が制限される可能性に直面した。この立場の逆転を反映して、戦後しばらくのあいだ続いた主権に対する侮蔑は、やがて限定的な肯定論へと変化していく。

冷戦時代初期のイギリスでは、主権の存在意義に対する懐疑的な見解が多く見られた。W・J・レスは、主権概念を理解するために、六つの範疇にその意味内容を振り分け、詳細な分類を行った(86)。しかしS・I・ベンは、レスの分類の欠陥を批判し、そのうえで主権概念そのものの深刻な曖昧さを指摘して、「このような変幻自在の語を捨て去る」ことを提唱した(87)。主権概念そのものが戦後の風潮のなかで否定されることは、珍しくなかった(88)。カーの主要標的のひとりであったヘルシュ・ローターパクトは、国際法の分野で「主権の犠牲」をともなう「国際的権利章典」の採択を唱えた(89)。

またローターパクトは、主権の制限を必然的にともないながら国家の人格は損なわない国際統合の見取り図を、「グロティウス的伝統」として提示した(90)。C・ウィルフレッド・ジェンクスは、「人類のコモン・ロー」を追求し、ソヴィエト法を除く世界のあらゆる法体系で、主権が法に制限されることは自明視されていると主張した(91)。少なくともそれが「法の創造物で、法の支配者ではない」ことが認められねばならないとした(92)。

同じ国際法学者のなかでも、二〇世紀後半の現実主義の台頭を象徴したのは、ゲオルグ・シュワルツェンバーガーである。彼は主権概念史について詳述しながら、イギリスを「原子力時代においてなお政治的主権者である国々と、国際法のもとにおいてのみ主権を主張する国々のあいだ」に位置する国として描写した。その中間的立場が象徴するのは、「国際社会がひとつの世界国家に凝縮していく過程」の過渡的段階であった。シュワルツェンバーガーによれば、主権概念は時々の政治的力関係によってその内容を変質させていくのであり、彼の時代には彼の時代特有の主権の利用価値があった。彼が結論づけるのは、「国家主権の教義は、過去の遺物以上のものである。古いボトルが新しい猛毒のぶどう酒で一杯になっている」ということであった(93)。

シュワルツェンバーガーは、帝国主義時代の国際法学を思わせるやり方で、「積極的―消極的」、「政治的―法的」、「絶対的―相対的」という指標を用いて、主権の六つの形態を描き、国家の等級づけを行った。そして、「主権平等」を掲げる国連システムですべての諸国の「法的」・「消極的」主権の相互尊重が定められているにもかかわらず、強国と事実上の依存国とのあいだには「主権不平等」が存在し、国連憲章の上位に位置する「政治的」・「積極的」主権が君臨していると指摘した(94)。

国際社会を動かしているのであった。たとえ主権という「ボトル」は平等でも、それは「単にイデオロギー的な徴候」でしかなく、シュワルツェンバーガーの示唆によれば、「ぶどう酒」であるさまざまな国家こそが「現実」であり、国際社会を動かしているのであった(95)。

ここに二〇世紀後半に特徴的なジレンマが生まれる。イギリスの学者にとって主権とは、実質的には意味のない概念であった。しかし同時に、弱体化した国家が自らの地位を考慮して他国の主張を受け入れ、自国の地位保全を図らなければならないとすれば、それは不可欠の砦となる原則であった。端的に言えば彼らにとって主権は、中身のない重要原則なのであった。

このようなジレンマから抜け出すために、二つの方法が考えられた。ひとつは、主権を徹底的に形式化することであった。一九六五年にジョン・バートンは、主権制限を唱え続けてきた国際関係理論の「主流」を批判し、「現在の世界政治の現実的システムはどんなものであれ、主権国家の継続的存在を仮定しなければならない」と指摘した(96)。ところが彼が主権という概念で意味したのは、「領域性」であり、それ以上のものではなかった。この「領域性」は、実質的な力関係にはかかわらないきわめて形式的な世界の概念であった。無制限な力としての主権といった属性とは無関係ではあるが、ただ「諸国民の法の基本的な立憲的教義」なのであった(97)。また、ワーナー・レヴィは、形式的政治システムと非形式的政治システムとが乖離している状況を指摘した。緊密化した国際関係は、「狭く把握された主権」を幻想に変えた。非形式的システムが、時代遅れの主権国家システムを駆逐した。ところがその一方で、「主権は形式的には、すべての国際活動の基盤であり続けている」。レヴィによれば、増大する非形式的システムは、「主権とほとんど関係がなく、形式的システムに寄与するというよりも、それを支配する」のであった[98]。

第二の方法は、F・H・ヒンズレーの試みによって象徴されるだろう。権威的な主権研究となった彼の書物において、「主権の近代理論」は、おおむねボダンの説明に費やされた。ヒンズレーによれば、ボダン以降の主権概念の歴史は、「変化する政治的条件下でのその概念の使用と誤使用の歴史」でしかない。ヒンズレーの保守主義は、長く続いた主権概念をめぐる混乱に終止符を打つという、時代の要請に合致するものであった[99]。ヒンズレーは、主権を「政治共同体に最終的かつ絶対的な政治的権威が存在し、どこにも他の最終的かつ絶対的権威が存在しないという考え（idea）」と定義した。そしてそうした「考え」が生まれるのは、社会と国家の利益が一致したときであると論じた[100]。このように主権をひとつの「考え」と定義して、「物象化」を排した一方で、ヒンズレーは事実上、政治共同体の成熟度という指標を導入してその「考え」の登場を説明した。彼は別の機会に、主権は普遍主義と絶対主義のあいだに位置するものであり、国内政治と国際政治の両方を正当化する原理である、と述べた[101]。要するに主権とは、社会的要素を国家のなかで包摂し、統一的な国内政治の場と統一的な国際政治の場とをつくりだす理念なのであった。

ヒンズレーの時代に、イギリスをはじめとするヨーロッパ諸国で「福祉国家」現象が進んでいたことは、社会と国家の利益の一致を思わせるものとして想起できる事実かもしれない[102]。いずれにせよヒンズレーの業績によって、数百年にわたる主権概念をめぐる論争はすべてボダン理論の亜流となるのであり、それによってとくに立憲主義が培ってきた多様な主権論も忘却される運命となった。主権の歴史は、一六世紀のヨーロッパで始まり、同時に完結する、無味乾燥なものとなった。

W・J・スタンキーウィッツは、ある意味でヒンズレーの業績が持つ政治的含意の解説者であった。スタンキーウィッツによれば、政治学者が主権概念を否定し、ただ政府だけを分析しようとするのは、「政府と被統治者、社会と国家のあいだの深刻なギャップ」が存在するからであった。そしてそのギャップは、「被統治者によって感じられる義務の感覚の継続的低下」と、政府の側の「深刻化する目的の欠如」をもたらした。だからこそ彼は、「ボダンとホッブズが主権の論理的理論を発展させて求めた利益の調和がいま、復興される必要がある」と訴えたのである[103]。

主権概念が真剣に批判される風潮であれば、スタンキーウィッツの議論は反動陣営として大きな注目を浴びていたかもしれない。しかしこの時代のイギリスにおいて、主権概念は学術的には古臭いものでしかなく、しかし現実には制限すべきというよりは容認すべきものとなり始めていた。そもそも主権が形式的な原則を意味するにすぎないとすれば、ことさら激しく攻撃する必要はなく、その制度趣旨だけを遵守していれば良いことになる。主権の「物象化」とともに、主権制限論や分割主権論、そして「新しい」主権概念の探求などは、この時期からしばらくは人びとの関心を集めなくなる。

アメリカにおける主権の形式化

イギリスで起こった「形式化」現象は、異なる含意を持ちながらもアメリカでも起こっていた。ジャック・マリタンは、絶対権力としての主権は、政府も政治体そのものも保持していないとし、「政治哲学は、語としても概念としても、主権を排斥すべきである」と述べた[104]。しかしより経験主義的志向を持つ多くのアメリカの政治学者たちは、主権を信奉しないと同時に、ことさら否定しようともしなかった。ハロルド・ラズウェルとエイブラハム・カプランは、「政治哲学上の機能にかかわらず政治過程の探求に有益な用語の意味を明らかにする試み」において、主権を「権威の最高程度」とだけ定義した。もちろんそれは無制限でも絶対的でも完全でもない権威である。ただそのように定義された主権概念によって、政治学者は「慣習的な形式的服従」の「観察可能な実践」を扱うことができるのであった(105)。

一九五一年にクインシー・ライトは、世界憲法のためにアメリカは主権を修正する必要があるとした一方で(106)、資本主義陣営が世界政府構想に好意的で、共産主義陣営が国家主権を叫んでいる現実も観察した。国民主義や主権が叱責の対象となった一方で、人類を抑圧して進歩を阻害する世界国家構想の危険性も指摘したのである。彼はそこで、国際連合は「より複雑なバランス・オブ・パワー」を実現すべきだと考えた(107)。ライトの観察では、「法的主権」は国際的協調に敵対的なわけではない。「今日の世界の問題は、多様な文明とイデオロギーを持つ政府と人民を教育して、法の下の主権の性質と価値とをわからせること」なのであった(108)。主権の制限をことさらに強調することは、次第に政治的に困難なことになっていた。そこで模索すべき道のひとつは、主権の形式的有効性を認めたうえで、主権国家もまた国際協力に従事できることを示すことだった(109)。

冷戦時代の東西対立が色濃く反映している主権論もあった。クラレンス・ストレイトは、自由世界の「主権の真の民主的概念」と共産圏の「絶対国家主権」とを対比させた。前者は法の支配のもとで開花する主権であり、「自由の主権」と呼ばれた(110)。同様の議論は、別の論者によっても展開さ

表７　冷戦期の国家主権論

基本的な前提	国家は絶対主権を持ち，力を行使して，国益を追求する
特徴的な傾向	国際関係の基礎単位である国家はすべて，形式的な原則論として絶対主権を持っているが，国際政治の構造を説明するのは国家主権ではなく，権力政治である（形式論としての国家主権論と，実態論としての政治分析の乖離）
特徴的な現象	道徳的教義としての国家主権の植民地地域への付与，そして結果としての国民国家体系の世界大の拡大によって，普遍的な国際社会が成立

れた[111]。しかしこうした動きは、必ずしも多くの政治分析者の賛同を得なかった。行動科学政治学と多元社会論が華やかな時代のアメリカにおいて[112]、主権概念は、とくに際立って論じられることはなかった。カール・フリードリッヒの説明を用いれば、「われわれは現代政治において古典的意味での『主権』の再現を観察するのだが、国家がそれに依存していると主張したがる者はあまりいない」のであった[113]。

国際関係学の分野においても、主権が正面からとりあげられることはなくなった。主権は「国家の質」であるとされても、それは単に国家が「自己充足的（self-contained）」であり、「法システムが統一され、自己矛盾なく、自己定義的で、変化可能」であることを意味するにすぎなくなった[114]。主権は「近代国際システムの基礎的規則のひとつ」なのだが[115]、第一に「相対的」であり、第二に「主権への主張は、効果的コントロールではなく、形式的権威への主張である」ことが指摘された[116]。

一九六〇年代からニクソン政権の一九七〇年代前半にかけては、アメリカの外交政策が大きく法的形式から逸脱していった時期だったと言えるかもしれない。アメリカはグアテマラ（一九五四年）やドミニカ（一九六五年）への軍事介入を行い、ヴェトナム戦争時にはカンボジアを秘密裏に爆撃したりした。法的形式と現実との乖離において、主権はむしろ法的形式の範疇に入れられ、現実政治から切り離されていった。

かつてアメリカは法の支配の立場から、腐敗したヨーロッパの主権国家の権力政治を修正しようとした。しかし二〇世紀後半のアメリカは、明らかに「現実」政治の側に立っていたのであり、主権原則を声高に唱える敵陣営を垣間見ながら、それを形式的世界の出来事として受け止めた。

この時代は、両大戦間期の主権制限論の名残から始まった時代であった。しかし学界における政治的現実主義の台頭、そして現実における共産主義諸国と新興独立諸国の主権擁護により、英米の著述家たちは積極的ではないにせよ、主権概念の有効性を認めざるをえなかった。しかしその受け入れ方は、全面的な信奉に依拠したものではなかったために、きわめて形式的な受忍という色彩が強まっていったのである。

注

（1）エメリー・リーヴスは、カーの「ユートピアニズム」と「リアリズム」の分類を恣意的なものだとし、必要なのは「主権の正しい解釈と適用」であるとした。Emery Reves, *The Anatomy of Peace*, (Harmondsworth and New York: Penguin Books, 1945), pp. 115-129.

（2）David Mitrany, *A Working Peace System: An Argument for the Functional Development of In-*

ternational Organization (London: Royal Institute of International Affairs, 1943), p. 29. See also Allan G. B. Fisher, "International Institutions in a World of Sovereign States," *Political Science Quarterly*, vol. LIX, no. I, March 1944, p. 14. なお民主世界連邦について考察したのは、Ro-bert Federn, *Peace Prosperity International Order* (London; Williams & Norgate, 1945).

(3) See Leonard Woolf, *The Future of International Government* (London: Labour Party, 1940), pp. 4–12; William Beveridge, *The Price of Peace* (London: Pilot Press, 1945), pp. 50–53. アルフレッド・コバンは、主権は法秩序に役立つと考えた。Alfred Cobban, *The Nation State and National Self-Determination* (London and Glasgow: Collins Clear-Types Press, 1969), originally published under the title of *National Self-Determination* in 1945, pp. 130–142.

(4) *Parliamentary Debates, Fifth Series, vol. 416, House of Commons Official Reports* (London: His Majesty's Stationery Office, 1946), pp. 612, 781–787. その後ベヴィンの発言に対して、カナダ外相は支持を表明した。しかしソ連は「資本主義者の陰謀」だとの評価を与えた。George W. Keeton and Georg Schwarzenberger, *Making International Law Work*, second edition (London: London Institute of World Affairs, 1946), pp. 172–175; Elliot R. Goodman, *The Soviet Design for a World State* (New York; Columbia University Press, 1960), p. 396; and Marek Stanislaw Korowicz, "Some Present Aspects of Sovereignty in International Law," *Recueil des Cours de l'Académie de Droit international de La Haye*, 1961, Tom. 102, pp. 98–100.

(5) Carnegie Endowment for International Peace, *Division of Peace, The International Law of the Future: Postulates, Principles and Proposals* (Washington: Carnegie Endowment for International Peace, 1944), pp. 29–31.

（6） See, for instance, Ben M. Cherrington, “Must Sovereignty be limited,” and R. E. Pattison Kline, “Must Sovereignty be limited?” in Julia E. Johnsen (ed.), *World Peace Plan* (New York: H. W. Wilson Company, 1943). 精神病医であったケネス・アッペルは、国民主義と主権に精神性の病理が見出せると論じた。 See Kenneth E. Appel, “Nationalism and Sovereignty: A Psychiatric View,” *The Journal of Abnormal and Social Psychology*, vol. 40, no. 4, October, 1945.

（7） See, for instance, Frank G. Tyrrell, “Sovereignty not impaired by World Federation,” in *International Police Force*, compiled by Julia E. Johnsen (New York: H. W. Wilson Company, 1944), p. 43; Charles Merriam, “Sovereignty,” and Pitirim A. Sorokin, “Cause of War and Conditions of a Lasting Peace,” in Lyman Bryson, Louis Finkelstein and Robert M. MacIver (eds.), *Approaches to World Peace* (New York: Conference on Science, Philosophy and Religion in their Relation to the Democratic Way of Life, 1944), pp. 24–25, 105; Amos J. Peaslee, *United Nations Government* (New York: Justice House, 1945), p. 60; and Pitman B. Potter, *An Introduction to the Study of International Organization* (New York: Macmillan, 1929), pp. 183–194.

（8） Margaret Spahr, “Sovereignty under Law: A Possible redefinition of Sovereignty in the Light of Locke’s Theory of Liberty,” *The American Political Science Review*, vol. XXIX, no. 2, April 1945, pp. 350–354.

（9） See Peter W. Berger, “National Sovereignty and World Unity,” *Thought: Fordham University Quarterly*, vol. xx, no. 79, December 1945.

（10） ウェンデル・ウィルキーは、主権を効果的に使うことが主権を守ることであると論じた。 See Wendell L.Willkie, “Our Sovereignty: Shall We Use It?” *Foreign Affairs*, vol. 22, no. 3, April 1944.

(11) Edward S. Corwin, *The Constitution and World Organization* (Princeton: Princeton University Press, 1944), pp. 1–6.

(12) オマール・N・ブラッドレーアメリカ統合参謀本部議長は、一九五〇年に次のように述べた。「(NATOのような) 合意によって、当然主権の小さな一部分が放棄された」。イギリスのバーナード・L・モンテゴメリ元帥は、一九四九年にインドでこう述べた。「諸国家にとって、共通の主張を持ちながら、その主張のために主権を移譲しないのは、全く非論理的である。」Quoted in Norman D. Palmer and Howard C. Perkins, *International Relations: The World Community in Transition* (London: Stevens & Sons, 1954), p. 65.

(13) See, for instance, Leland M. Goodrich and Edvard Hambro, *Charter of the United Nations: Commentary and Documents* (Boston: World Peace Foundation, 1946), pp. 64–66.

(14) Louis B. Sohn (ed.), *Basic Documents of the United Nations*, second edition (Brooklyn: Foundation Press, 1968), pp. 27–29.

(15) *Ibid.*, pp. 29–30.

(16) See Hans J. Morgenthau, "The Surrender to the Immanence of Power: E. H. Carr," *Dilemmas of Politics* (Chicago: Chicago University Press, 1958).

(17) モーゲンソーがドイツの思想家たち、とくにニーチェ、ヴェーバー、シュミットから大きな影響を受けていたことについては、Christoph Frei, *Hans J. Morgenthau: An Intellectual Biography* (Baton Rouge: Louisiana State University Press, 2001)、宮下豊「モーゲンソーの『現実主義』思想の再解釈――その課題と方法」『六甲台論集(法学政治学篇)』(神戸大学紀要) 第四六巻三号(二〇〇〇年)、宮下豊「モーゲンソーにおける〈政治的なるもの〉の概念の成立(1929―1

９３９年）」『六甲台論集（法学政治学篇）』（神戸大学紀要）第四七巻二号（二〇〇〇年）、などを参照。

（18）Hans J. Morgenthau, "The Problem of Sovereignty Reconsidered," *Columbia Law Review*, vol. 48, no. 3, 1948, pp. 342-343.

（19）See Hans J. Morgenthau, *Politics among Nations: The Struggle for Power and Peace, sixth edition*, revised by Kenneth W. Thompson (New York: McGraw-Hill, 1985), first published in 1948, pp. 4-17.

（20）Morgenthau, "The Problem of Sovereignty Reconsidered," p. 343.

（21）Morgenthau, *Politics among Nations*, pp. 331-332, 338, 344.

（22）*Ibid*., p. 344.

（23）この点に関して、注（18）の *Columbia Law Review* 論文から戦後初期の版の『諸国民間の政治』では state として表記されていた部分が、後のケネス・W・トンプソンが編集した『諸国民間の政治』では nation に書き換えられたことは興味深い。たとえば sovereignty of the state という表現が sovereignty of the nation という表現に書き改められた。この state から nation への変換は『諸国民間の政治』全書を通じて行われた。なおモーゲンソーは、国民主義を媒介にした国民国家原則が、フランス革命以降に生まれた歴史的な産物でしかないこと、とくに核時代にあっては国民国家が時代遅れであることを、一貫して指摘していた。ハンス・J・モーゲンソー（現代平和研究会訳）『国際政治——権力と平和』（福村出版、一九八六年）、「第二版への序文」、「第三版への序文」、一四、一二頁、参照。

（24）Morgenthau, *Politics among Nations*, p. 342.

(25) *Ibid.*, pp. 343-344.
(26) *Ibid.*, pp. 344-346.
(27) *Ibid.*, p. 350.
(28) この思考様式はモーゲンソーのバランス・オブ・パワーの説明において端的に示されている。See *ibid.*, pp. 192-196. なおモーゲンソーが、オッペンハイムによって認識された「バランス・オブ・パワーと国際法」との関係が、自らによって国際政治理論において正当な地位を与えられたと述べていたのは興味深い。モーゲンソー『国際政治』、「第二版への序文」、参照。
(29) *Ibid.*, p. 362.
(30) モーゲンソーの政治的現実主義が、その世界観において力の普遍性を信奉するものであり、そこに青年期に受けたニーチェ哲学の影響があることは、今日の研究で明らかにされている。See Christoph Frei, *Hans J. Morgenthau: An Intellectual Biography* (Baton Rouge: Louisiana State University Press, 2001).「力の一元論」自体は、「政治的現実主義」の射程を大きく超える哲学的要素を持っている（篠田英朗「ニーチェの政治思想・反政治と大政治の思想」藤原保信・飯島昇藏（編）『西洋政治思想史Ⅱ』〔新評論、一九九五年〕、参照）。
(31) 国連創設期の西側諸国代表による主権制限に関する言説については、Larry Leonard, *International Organization* (New York: McGraw-Hill Book Company, 1951), p. 85を参照。
(32) 主権が国家間の平等を必ずしも意味しないことを歴史的に検証したものとして、Edwin Eewitt Dickinson, *The Equality of States in International Law* (Cambridge: Harvard University Press, 1920）を参照。
(33) Klein, *op. cit.*, p. 57.

（34）たとえばメキシコは「主権と独立」侵害を理由として、国際連盟規約第二一条のモンロー・ドクトリンの規定に反対を表明した。See Perkins, *op. cit.*, p. 326.

（35）See *ibid.*, pp. 352-356.

（36）See Klein, *op. cit.*, pp. 104-112, 113. See also Denna Frank Fleming, *The United States and the World Court*（New York: Doubleday, Doran and Company, 1945）, pp. 174-175.

（37）See Hans Kelsen, *Peace through Law*（Chapel Hill: University of North Carolina Press, 1944）, pp. 36-37, and Leland M. Godrich and Edvard Hambro, *Charter of the United Nations: Commentary and Documents*（Boston: World Peace Foundation, 1946）, pp. 99-100. なお一九七〇年国連総会決議二六二五（XXV）のいわゆる「友好関係宣言」は、「主権平等」の意味内容を、領土的一体性などの五つの項目で定めている。See also Aleksandar Magarašević, "The Sove-reignty Equality of States," in Milan Šahović（ed.）, *Principle of International Law Concerning Friendly Relations and Cooperation*（Belgrade: Institute of International Politics and Economics, 1972）, pp. 171-218.

（38）小国が大国に対抗するための論理として「主権平等」が用いられた一例として、エジプト政府がエジプト領内のイギリス軍の存在に抗議したことなどが見られる。See *Egypt and the United Nations: Report to a Study Group set up by the Egyptian Society of International Law*（New York: Manhattan Publishing Company, 1957）, pp. 76-83.

（39）The Department of State, *International Control of Atomic Energy: Growth of a Policy*（Washington, D.C.: United States Government Printing Office, 1946）, p. 219. See also Elliot R. Goodman, *The Soviet Design for a World State*（New York: Columbia University Press, 1960）, p. 401.

(40) See Amos J. Peaslee, *Constitutions of Nations*, vol. III, second edition, (Hague: Martinus Nijhoff, 1956), p. 487. 一九一七年の革命時に出されたロシア共和国内の主権と平等に関する宣言については、P. Yudin, "Socialism and Law," originally published in *Bolshevik*, no. 17, September 1, 1937, in *Soviet Legal Philosophy*, translated by Hugh W. Babb (Cambridge: Harvard University Press, 1951), p. 289を参照。

(41) See T. A. Taracouzion, *The Soviet Union and International Law* (New York: Macmillan, 1935); Julian Towster, *Political Power in the U. S. S. R. 1917–1947: The Theory and Structure of Government in the Soviet State* (New York: Oxford University Press, 1948).

(42) たとえばリトアニアの傀儡政権が出した宣言は、「真の主権」はソ連と一体となることによって実現されるとしていた。Goodman, *op. cit.*, pp. 119–120.

(43) プロレタリアート思想を媒介にしているが、「積極的自由」の論理構成では、共産主義国家はナショナリズムの理念と相通ずるものがあった。「積極的自由」の概念については、Berlin, "Two Concepts of Liberty"を参照。

(44) See V. V. Yevgenyev, "The Subject of International Law," in Academy of Science of the U. S. S. R. Institute of State and Law, *International Law: A Textbook for Use in Law Schools* (Moscow: Foreign Language Publishing House, 1962). See also Bernard A. Ramundo, *The* (*Soviet*) *Socialist Theory of International Law* (Washington, D. C.: George Washington University, 1964), pp. 35–39.

(45) Quoted in Mintauts Chakste, "Soviet Concepts of the State, International Law and Sovereignty," *American Journal of International Law*, vol. 43, no. 1, January 1949, p. 31. See also Hans

Kelsen, *The Communist Theory of Law* (London: Stevens & Sons, 1955), pp. 158–161.

(46) See Goodman, *op. cit.*, pp. 121–122.

(47) E. Korovin, "Respect for Sovereignty-An Unchanging Principle of Soviet Foreign Policy," *International Affairs: A Monthly Journal of Political Analysis* (Moscow), no. 11, November 1956, pp. 32, 37–39.

(48) See E. Korovin, "Sovereignty and Peace," *International Affairs*, no. 9, September 1960, and E. Korovin, "Disarmament and Sovereignty," *International Affairs*, no. 2, February 1961.

(49) E. Kuzmin, "Sovereignty and National Security," *International Affairs*, no. 12, December 1966, pp. 17, 20.

(50) S. Kovalev, "Sovereignty and International Duties of Socialist Countries," originally published in *Pravda* on 26 September, in D. W. Bowett, *The Search for Peace* (London & Boston: Routledge & Kegan Paul, 1972), pp. 137–138, 141. See also Robert A. Jones, *The Soviet Concept of 'Limited Sovereignty' from Lenin to Gorbachev: The Brezhnev Doctrine* (Basingstoke and London: Macmillan, 1990). pp. 153–156.

(51) G. I. Tunkin, *Theory of International Law*, translated by William E. Butler (London: George Allen & Unwin, 1974), p. 440.

(52) たとえば一九四二年に中国外務大臣は、「中国は喜んで要請されるだけの主権権力を移譲する」と表明したし、一九四五年には国連会議において中国代表が「集団安全保障の利益のため、新しい国際組織に主権の一部を移譲することをわれわれは躊躇してはならない」と演説した。Quoted in China Institute of International Affairs, *China and the United Nations* (New York: Manhattan

Publishing Company, 1959), pp. 23, 64, 139.

(53) See Yang Hsin and Ch'en Chien, "Expose and Criticize the Imperialists' Fallacy Concerning the Question of State Sovereignty," originally published in *Cheng-fa yen-chiu* (*Political-Legal Research*), no. 4 (1964), in Jerome Alan Cohen and Hungdah Chiu, *People's China and International Law: A Documentary Study* (Princeton: Princeton University Press, 1974), pp. 110-111.

(54) See James Chieh Hsiung, *Law and Policy in China's Foreign Relations: A Study of Attitudes and Practice* (New York and London: Columbia University Press, 1972), pp. 72-79.

(55) Ying T'ao, "A Criticism of Bourgeois International Law Concerning the Question of State Sovereignty," originally published in *Kuo-chi wen-t'i yen-chiu* (*Studies in International Problems*), 1960, no. 3, in Cohen and Chiu, *op. cit.*, pp. 106-117. See also Suzanne Ogden, "Sovereignty and International Law: The Perspective of the People's Republic of China," *New York University Journal of International Law & Politics*, vol. 7, no. 1 (Spring 1974), pp. 10-16, 22-30.

(56) Yü Fan, "Speaking about the Relationship between China and the Tibetan Region from the Viewpoint of Sovereignty and Suzerainty," originally published in *Jen-min jih pao* (*People's Daily*), June 5, 1959, in Cohen and Chiu, *op. cit.*, pp. 395-404.

(57) See Chi Hsiang-yang, "Smash the New Tsars' Theory of Limited Sovereignty," originally published in *Peking Review*, May 23, 1969, in Cohen and Chiu, *People's China and International Law*, pp. 153-155.

(58) たとえばアラブ連盟協定（一九四五年)、米州機構憲章（一九四八年)、バンドン宣言（一九五五年)、アフリカ統一機構憲章（一九六三年）など。北大西洋条約（一九四九年）とワルシャワ条約（一九五五年）も、主権尊重を明記した。

（59）"Separate Opinion of Vice-President Ammoun," *I. C. J. Reports 1971*, p. 68.

（60）アリ・マズーリは、「部族」の実体性を想定して、植民地化という継続的攻撃に対する主権の回復を提唱した。Ali A. Mazrui, *Towards a Pax Africana: A Study of Ideology and Ambition* (Chicago: University of Chicago Press, 1967), pp. 33-39.

（61）「天然資源に対する永久主権」とは、「天然資源が、独立国家を構成しているか否かにかかわらず、当該領域に居住する人民に属することを意味する。資源は彼らの利益のために利用されねばならない。そうした利用を定める法的レジームは、人民の意思に従って、独立国、もしくは人民がいまだ従属的地位にある場合には人民の行政にあたる機構によって、確立され、修正される。」Aureliu Cristescu, *The Right to Self-Determination: Historical and Current Development on the Basis of United Nations Instruments*, E/CN.4/Sub.2/404/Rev.1 (New York: United Nations, 1981), p. 71.

（62）See *ibid.*, p. 72.

（63）賛成三六、反対四、棄権二〇で採択。英米は反対。See *ibid.*, p. 73; A. Akinsanya, "Permanent Sovereignty over Natural Resources and the Future of Foreign Investment," *Nigerian Journal of International Affairs*, vol. 5, no. 1 and 2, 1979, pp. 73; and Mannaraswamighala Sreeranga Rajan, *Sovereignty over Natural Resources* (Atlantic Highlands, NJ: Humanities Press, 1978), p. 16.

（64）採択はされなかった。See Rudolf Dolzer, "Permanent Sovereignty over Natural Resources and Economic Decolonization," *Human Rights Law Journal*, vol. 7, 1986, parts 2-4, pp. 218. 英米は「天然資源に対する永久主権」を理由にして、一九五五年に人権規約に反対票を投じた。See

Akinsanya, *op. cit.*, pp. 73-74.

(65) 賛成五二、反対一五、棄権八。アメリカは反対。See Akinsanya, *op. cit.*, p. 74.

(66) 賛成八七、反対二、棄権一二。英米は、「国営化」にあたっての「補償」条項に関する共同修正案を採択させて、賛成した。See Rajan, *op. cit.*, p. 20, and Somendu Kumar Banerjee, "The Concept of Permanent Sovereignty over Natural Resources-An Analysis," *The Indian Journal of International Law*, vol. 8, no. 4, October 1968, pp. 528-535.

(67) 賛成一〇四、反対〇、棄権六。アメリカは棄権。その他、決議二一七三（一九六六年）、二五四二（一九六八年）、二六九二（一九七〇年）など。See Cristescu, *op. cit.*, p. 75, Akinsanya, *op. cit.*, pp. 79, 90.

(68) 賛成一〇二、反対〇、棄権二二。アメリカは棄権。See Akinsanya, *op. cit.*, p. 90. この決議と安全保障理事会決議三三〇（一九七三年）は、主権行使を阻害する行動に対して警戒を発した。See Cristescu, *op. cit.*, p. 75. 同年のＵＮＣＴＡＤ決議八八（XII）は、天然資源に関する紛争は国内法廷で解決されるべきことを訴えた。

(69) 賛成一〇八、反対一、棄権一六。外国資産の没収に関する唯一の関連法規は国内法であることを宣言した。イギリスは反対、アメリカなどの西側諸国は棄権。See *ibid.*, Elian, *op. cit.*, p. 105.

(70) 投票なしで採択。英米をはじめとする西側諸国は留保を宣言。See Akinsanya, *op. cit.*, p. 78.

(71) 賛成一二〇、反対六、棄権一〇。英米は反対。See Ian Brownlie (ed.), *Basic Documents in International Law*, fourth edition (Oxford: Clarendon Press, 1995), pp. 240, 244-245.

(72) See Cristescu, *op. cit.*, p. 78.

(73) See Wang Xuan, "Permanent Sovereignty of States over Natural Resources," in Chinese Soci-

ety of International Law (ed.), *Selected Articles from Chinese Yearbook of International Law* (Beijing: China Translation & Publishing Corporation, 1983), pp. 144.

(74) Dolzer, *op. cit.*, p. 222. 自決権を媒介にして拡大する領域主権は、海洋法の分野にも侵食していったと言えるだろう。「領海及び接続水域に関する条約」(一九五八年)第一条・二条、「大陸棚に関する条約」(一九五八年)第二条、国連総会決議二六九二(XXV)(一九七〇年)、同決議三〇一六(XXVII)(一九七二年)、参照。See Xuan, *op. cit.*, p. 131, and George Elian, *The Principle of Sovereignty over Natural Resources* (Alphen aan den Rijn: Sijthoff & Noordhoff, 1979), pp. 88–89.

(75) Rilwanu Lukman, "OPEC: Collective or Individual Sovereignty?" *OPEC Bulletin*, vol. XXVII, no. 1, January 1996, pp. 4–6.

(76) See Rajan, *op. cit.*, pp. 40–61.

(77) See Cristescu, *op. cit.*, p. 78–79; Elian, *op. cit.*, p. 11–29, 71–72; Xuan, *op. cit.*, pp. 125, 146; and Georges Abi-Saab, "Permanent Sovereignty over Natural Resources and Economic Activities," in Mohammed Bedjaoui (ed.), *International Law: Achievements and Prospects* (Paris: UNESCO, 1991), p. 602.

(78) Abi-Saab, *op. cit.*, p. 615.

(79) Quoted in Rajan, *op. cit.*, p. 151.

(80) この時代の国際法学者はもはや「中立国が主権国家である」こと、「擬似主権国家の範疇は時代遅れである」こと、「連盟委任統治領と国連信託統治領は、ほとんど独立国となった」ことを、疑う必要がなくなった。See William L. Tung, *International Law in an Organizing World* (New

York: Thomas Y. Crowell Company, 1968), pp. 43-47.

（81） See Jones, *op. cit.*, pp. 230-256.

（82） Dolzer, *op. cit.*, p. 230.

（83） 両国はともに憲法（基本法）で主権の制限や移譲について規定していた。See The Preamble of the French Constitution of 1946 and the Basic Law for the Federal Republic of Germany of 1949, in Peaslee (ed.), *Constitutions of Nations*, p. 7, 34. フランス外相シューマンは「主権の否認」について語ったし、西ドイツ首相アデナウアーは「主権の一部分の放棄」について言及した。See Palmer and Perkins, *op. cit.*, p. 65; Grieves, Forest L., *Supranationalism and International Adjudication* (Urbana, Chicago, London: University of Illinois Press, 1969), p. 129; and Konrad Adenauer, "The Political Unification of Europe," in *Vital Speeches of the Day*, vol. XIX, no. 3, June 1, 1953, pp. 489-492.

（84） *Parliamentary Debates, Fifth Series, vol. 476, House of Commons Official Reports* (London: His Majesy's Stationery Office, 1950), pp. 2163-2164. ただしイギリス連邦内部の「主権の放棄」についてのアトリーの異なった態度については、"The Perils of Absolute Sovereignty," in Richard H. Cox, (ed.), *The State in International Relations* (San Francisco: Chandler Publishing Company, 1965), p. 92を参照。

（85） See Edward McWhinney, "'Sovereignty' in the United Kingdom and the Commonwealth Countries at the Present Day," *Political Science Quarterly*, vol. LXVI, no. 4, December 1953, and Geoffrey Marshall, "What is Parliament? The Changing Concept of Parliamentary Sovereignty," *Political Studies*, vol. II, no. 3, October 1954.

(86) W. J. Rees, "The Theory of Sovereignty Restated," *Mind; A Quarterly Review of Psychology and Philosophy*, vol. LIX, no. 236, October 1950.

(87) Stanley I. Benn, "The Use of 'Sovereignty'," *Political Studies*, vol. III, no. 2, June 1955, p. 122.

(88) See, for instance, Isaiah Berlin, "Two Concepts of Liberty," delivered in 1958, in *Four Essays on Liberty* (Oxford: Oxford University Press, 1992), pp. 162–166, and F. A. Hayek, *The Constitution of Liberty* (Chicago: University of Chicago Press, 1960), p. 106.

(89) Hersch Lauterpacht, *International Law and Human Rights* (London: Stevens & Sons, 1950), pp. 68, 305–310.

(90) See *ibid.*, pp. 310, 460, 461; Hersch Lauterpacht, "Sovereignty and Federation in International Law," presumably written in 1940, and "State Sovereignty and Human Rights," a lecture delivered in 1950, in *International Law: Being the Collected Papers of Hersch Lauterpacht*, edited by E. Lauterhpacht, vol. 3 (Cambridge: Cambridge University Press, 1977); and Hersch Lauterpacht, "The Grotian Tradition in International Law," *The British Year Book of International Law 1946*, 23rd year of issue, 1946.

(91) C. Wilfred Jenks, *The Common Law of Mankind* (London: Stevens & Sons, 1958), pp. 123–129.

(92) C. Wilfred Jenks, *Law in the World Community* (London: Longmans, Green and Co, 1967), pp. 6, 23, 31–40. See also Arthur Larson, C. Wilfred Jenks and others, *Sovereignty within the Law* (Dobbes Ferry: Oceana Publication, 1965), Chapters 1, 2, 3, 24, 25, and C. Wilfred Jenks, *A New World of Law? A Study of the Creative Imagination in International Law* (London and Harlow: Longmans, Green & Co, 1969), pp. 131–137, 295.

(93) Georg Schwarzenberger, "Sovereignty: Ideology and Reality," *The Yearbook of World Affars 1950*, pp. 1–22.

(94) Georg Schwarzenberger, "The Forms of Sovereignty," *Current Legal Problems*, 1957, vol. 10, pp. 264–295. See also Georg Schwarzenberger, *International Law and Order* (London: Stevens & Sons, 1971), pp. 57–83.

(95) Schwarzenberger, "Sovereignty: Ideology and Reality," p. 20.

(96) J. W. Burton, *International Relations: A General Theory* (Cambridge: Cambridge University Press, 1965), pp. 67–71, 116–118.

(97) Ian Brownlie, *Principles of Public International Law*, second edition (Oxford: Clarendon Press, 1966), p. 280.

(98) Werner Levi, *Fundamentals of World Organization* (Mineapolis: University of Minnesota Press, 1950), pp. 72–75.

(99) F. H. Hinsley, *Sovereignty*, second edition (Cambridge: Cambridge University Press, 1986), first published in 1966, p. 125.

(100) *Ibid.*, pp. 1–26.

(101) F. H. Hinsley, "The Concept of Sovereignty and the Relations between States," *Journal of International Affairs*, vol. XXI, no. 2, December 1967, pp. 242–252.

(102) J・D・B・ミラーは、近代の福祉の要請が、時代遅れとなった主権が生き残った要因であろうと指摘した。J. D. B. Miller, *The Nature of Politics* (London: Gerald Duckworth & Co, 1962), p. 139.

(103) W. J. Stankiewicz, "In Defense of Sovereignty: A Critique and an Interpretation," in W. J. Stankiewicz (ed.), *In Defense of Sovereignty* (New York: Oxford University Press, 1969), p. 38.

(104) Jacque Maritain, "The Concept of Sovereignty," *The American Political Science Review*, vol. XLIV, no. 2, June 1950, pp. 343-357.

(105) Harold D. Lasswell, and Abraham Kaplan, *Power and Society: A Framework for Political Inquiry* (New Haven: Yale University Press, 1950), pp. 177-185.

(106) Quincy Wright, *Constitutionalism and World Politics* (University of Illinois Bulletin, Institute of Government and Public Affairs, 1951), pp. 19-20. なお従来の合衆国憲法適用型の世界憲法構想としては、Grenville Clark and Louis B. Sohn, *World Peace through World Law* (Cambridge, MA: Harvard University Press, 1958) および、*World Peace through Law: The Athens World Conference* (St. Paul: West Publishing Co., 1964) を参照。なお「法を通じての世界平和」構想を「アメリカ製国際法」とする左翼陣営からの批判は、The International Association of Democratic Lawyers, *Law in the Service of Peace* (Brussels: International Association of Democratic Lawyers, 1963), pp. 7, 15 を参照。

(107) Quincy Wright, *Problems of Stability and Progress in International Relations* (Berkeley and Los Angels: University of California Press, 1954), pp. 206-207.

(108) Quincy Wright, "Sovereignty and International Cooperation," in J. S. Bains, *Studies in Political Science* (London: Asia Publishing House, 1961), pp. 14-37.

(109) Karl Loewenstein, "Sovereignty and International Co-operation," *The American Journal of International Law*, vol. 48, no. 2, April 1954; Wolfgang Friedmann, "National Sovereignty, Interna-

tional Cooperation, and the Reality of International Law," in Richard Falk and Saul H. Mendlovitz (eds.), *The Strategy of World Order, vol. III: The United Nations* (New York: World Law Fund, 1966), pp. 508-522. フリードマンによれば、「国家主権と国際主権のあいだには明快な選択肢はなく、ただ複雑で進展・変化する関係があるだけ」であった。Wolfgang Friedmann, *Changing Structure of International Law* (New York: Columbia University Press, 1964), pp. 113-114.

(110) Clarence K. Streit, *Freedom's Frontier: Atlantic Union Now* (New York: Harper Brothers, Publishers, 1961), pp. 91-129.

(111) Witney H. Slocomb, *The Sovereign Individual vs. Communism and Fascism* (Los Angeles: Witney H. Slocomb, 1951), p. 3, and Arthur Freud, *Of Human Sovereignty* (New York: Philosophical Library, 1964), Chapters 1, 10, 11, 16.

(112) ロバート・ダールは、多元社会での「非絶対的主権者」に言及していた。Robert A. Dahl, *Pluralist Democracy in the United States: Conflict and Consent* (Chicago: Rand McNally & Company, 1967), pp. 18-24. 戦間期のように、多元社会における主権国家の調整機能に着目したものとしては、Dell Gillette Hitchner, and William Henry Harbold, *Modern Government: A Study of Political Science* (New York and Toronto: Dodd, Mead & Company, 1963), p. 181.

(113) Carl Joachim Friedrich, *Man and His Government: An Empirical Theory of Politics* (New York: McGraw-Hill Book Company, 1963), pp. 553-554.

(114) J. Roland Pennock, and David G. Smith, *Political Science* (New York: Macmillan, 1964), pp. 131-134. このような観点からすれば、アメリカの主権に所在はなく、むしろ「過程」そのものだという言い方も理解できるだろう。Andrew Hacker, *The Study of Politics: The Western Tradition*

and American Origins (New York: McGraw-Hill Book Company, 1963), p. 41.

(115) K. J. Holsti, *International Politics: A Framework for Analysis* (Englewood Cliffs: Prentice-Hall, 1967), p. 82.

(116) Morton A. Kaplan and Nicholas deB. Katzenbach, *The Political Foundations of International Law* (New York and London: John Wiley & Sons, 1961), pp. 136–140.

第6章

新しい国際立憲主義の萌芽

●一九七〇年代〜八〇年代

本章は、国際政治構造の変動期であった一九七〇年代から八〇年代に焦点をあて、主権概念をめぐる新しい動向に着目する。前章で見た第二次世界大戦以後の政治的現実主義の台頭と、共産主義・新興独立諸国の主権平等の主張は、一九七〇年代後半以降下火になっていく。かわって英米の伝統的思潮が巻き返していく。しかしそのとき、やはり前章で指摘した主権制限論の消滅と主権概念の形式化という現象は受け継がれ、そのうえで本書が新しい国際立憲主義と呼ぶものが現れてくる。その現象の大きな特質のひとつは、国家擬人説に依拠した「国内的類推」がもはや重要な思考枠組みではなくなったことである。一九世紀から二〇世紀に引き継がれた、国家擬人説にもとづいて国際社会と国内社会を単純に比較する習慣的思考法は、減退するのである。かわって、国際社会でも国内社会でも共有される価値規範を強調する見方が隆盛する。

国際社会をひとつの独自の社会とみなし、国内社会とは異なった方法を用いながらも国内社会と同じように価値規範を適用し、国際的な法の支配の契機を形成しようとする態度が、本書が新しい国際立憲主義と呼ぶものである。そこではもはや世界憲法や世界政府を設立するための運動も、その欠如を嘆く思潮も、見られない。声高に主権を制限する必要性を叫ぶ者も、国際社会が主権国家で構成されていることに絶望する者も、あまり見られない。国際社会に一定の価値規範が存在していることはもはや自明の事実であり、新たな課題は国際立憲主義の契機を冷静に見極めて発展させることになる。

新しい国際立憲主義において原則となるのは、伝統的な英米政治思想の価値規範を、擬人化した国家を経由せずに、直接個人に適用することである。つまり立憲主義の中心的価値規範である諸個人の権利＝人権擁護を、直接自然人を対象として国際社会で実現していくことである。それに関連して、自由な経済活動の保障も、重要な原則として追求されるだろう。さらに着目すべきは、人権擁護の理論的前提となる国家と市民社会の概念的区分を普遍的に貫くことである。本書が新しい国際立憲主義で意味しているのは、あくまでもこうした基本的価値規範を成立させる思考枠組みの適用であり、国際的な憲法典の追求や、諸々の条約の遵守などではない。

本章は第1節において、新しい国際立憲主義を導き出すものとして「イギリス学派」の国際社会論を考察する。第2節は、アメリカにおける国際関係理論のこの時代の特徴を検討する。第3節では、国際法の領域における新しい国際立憲主義を象徴する思考枠組みの発展について、焦点をあてる。

1　主権と国際社会論

イギリス学派と主権の再評価

一九七二年にイギリスは、三度目の申請がようやく受理されてヨーロッパ共同体（EC）への加入を果たした。そのとき主権の問題は議論されたが、衰退したイギリスの国力を反映して、主流派の論者たちは実利的目的のために主権を行使すること、あるいは「経済的主権の制限」を受け入れることを提唱していた(1)。しかし、イギリスの主権論に変化が起こったことは、たとえば加入の是非を問う国民投票が行われたことや、一九七二年のヨーロッパ共同体法がEC法の国内法に対する優越性を定めたことが議会主権の理論に変質を迫ったことからも明らかだった(2)。

かつてイギリス人たちは、大英帝国の力を背景にして、自らの卓越した主権を自明視しつつ、他国の主権を制限する国際制度の性質を論じ合った。しかし第二次世界大戦後のイギリスには、もはやそのような力はなかった。二〇世紀後半のイギリスは、行動が制限されるなかで、自国の主権の尊重を訴える諸国の側に立場を移行させたのである。

イギリスのEU加盟期に活発に活動した学者グループは、今日では「イギリス学派」と呼ばれている。彼らはそれまでの理論家たちとは異なり、主権概念を維持しながら、国際社会を国際規則・原則の枠組みにおいて把握しようとした。F・S・ノーセッジは、M・J・グリーヴとともに、主権をめぐる混乱は、主権を法の上位の至高性として理解することから生まれると論じた。あるいはそれは対内主権にはあてはまるとしても、国際社会ではあてはまらない。むしろノーセッジらによれば、主権国家は「国際法のあらゆる現存の規則と義務に服するが、主権国家だけが（ある程度まで国際組織も）、そのように拘束される。なぜなら他の団体は、国際法においてそのような地位を持っていないからである」[3]。ノーセッジの思考においてすでに特徴的に確認できるのは、主権国家と分かちがたく結びついた国際社会なるものの存在である。主権は、国際社会に埋め込まれた規範のひとつであり、主権国家は「国際政治システムの外側では存在しえない」[4]。

さらに、イギリス学派の先駆者として一定の影響力を持ったのは、C・A・W・マニングである。ただし彼はまだ典型的な「国内的類推」の発想に依拠していた。マニングは、憲法も国際法も「思考において（in idea）」拘束的であると論じた[5]。憲法は社会の諸個人の同意によって成立するが、国際法は国際社会の構成主体である諸国家の同意によって成立する。マニングによれば、憲法は「論理的に前法律的な教義」であり、国際法もまた諸国家による自発的な集団的規制によって成立している。そこでマニングは主権を「国制的に自閉的な（constitutionally insular）組織としての国家の性質の一要素」と定義した。その主権国家の性質は、「発展した人格としての個人の性質に類似しており、社会に依存しているが、同時に自発的で自己完結的である」[6]。

マニングにとっては、国際社会と国内社会は類似した構成論理を持つが、国際社会は別個の基盤を持つ独自の存在であり、決して国内社会を模倣して存在しているものではない。マニングが重要視したのは、諸国家の同意によって形成された「前法律的な教義」が、国際法を支え、そして国際社会の規範的支柱を形成しているということであった。それは、政治理論における社会契約に相当する、国際社会の立憲主義的基盤であった。

マニングの議論を発展させたのは、アラン・ジェイムズである。彼は一九七二年の論文において、主権には二つの側面があるとした。第一は至高性であるが、その所在を発見することはほとんど不可能である。しかしそれでも主権国家は、個別的国制システムとして、そして国制そのものの唯一の保護者として、至高の存在なのであった。主権の第二の側面は、個別性（separateness）であった。どれだけ侵食され、相互依存し、制約されていても、国制的に個別である限り、国家は主権者なのであった。国家の至高性から、国制上の個別性が導き出されるのである。両者は、対内・対外というかたちで分離されるべきではなく、不可分一体の主権の属性とみなされるべきものであった。主権とは、国際社会に加入するための必要条件であり、主権国家の地位を持つものだけが、国際社会で権利と義務を持つ(7)。つまり主権とは、国際社会加入にあたり、事前に国家が用意しておかなければならない属性であった。ジェイムズの見解では、社会的条件にかかわらず主権国家は存在するのであり、国際社会成立以前に主権国家は存在するのであった(8)。

ジェイムズはこうした議論を発展させて、一九八〇年代に主権を「国制的独立（constitutional independence）」と定義した。ジェイムズは、モンテヴィデオ条約で確立された国際法上の政府、領土、人民という三つの要件から独立国家が成り立つとしつつ、主権をそうした国制の性質と規定した(9)。「国制的独立」はしたがって国家主権の形式的条件であり、それ以上のものではなかった(10)。ジェイムズは自覚的に国際社会のダイナミズムとして語られる主権概念を考察の対象から外し、「国際社会の基礎」としての主権のみに焦点をあてた。ジェイムズの形式主義からすれば、ＥＣにおいて各加盟国は疑いなく主権者であり、もしそうでなければ単にEC自体が主権国家となるだけなのであった(11)。

「国際社会の基礎」としての主権の役割を説明していたのは、ジェフリー・グッドウィンである。グッドウィンは、対外主権と対内主権を、平等性と至高性として、またそれぞれ国家の地位と主権行使能力の問題として、区別した。彼は主権の「侵食」のような議論は、対内主権や主権行使能力にはあてはまるかもしれないが、対外主権という国家の地位とは無関係だと主張した。主権と国際秩序に関する「合理主義的」理解では、国際秩序は法執行権力を持った権威が国家の上に存在しなくとも達成されうる。合理主義の「ロック的仮定」では、「諸国民の共同体全体に対する義務感から、多数派は平和的で相対的に正当な秩序をともに維持すべく行動するように信頼されている(12)」。

これらのイギリス学派の学者たちにおいて特徴的なのは、すでに存在する国際社会の規範的枠組みを一定程度信頼し、新しい世界憲法や世界政府の設立を訴えたり、その欠如を嘆いたりはしなかった点である。イギリス学派の重要性は、主権を国際秩序と対立するものとしてではなく、むしろその基盤として位置づけたという点にある。

ブルの国際社会論

イギリス学派の代表的論者として知られるヘドリー・ブルも、「合理主義的」国際社会像を抱いていたという点では、ここまで見てきた学者たちと一致していた。ブルによれば、国家とは「政府を持ち、地表の特定部分と人類の特定部分に関して主権を主張する」独立政治共同体である。また内的主権は、「その領土と人民内部での他のあらゆる権威に対する至高性」を意味し、対外主権は「至高性ではなく、外部の諸権威からの独立」を意味する。そして国家主権は、規範的レベルでも事実のレベルでも存在しうるのであった[13]。

ブルによれば、国際社会は、「ある共通利益や共通価値に意識的な諸国家集団が、お互いの関係において共通の諸規則に拘束され、共通の制度の働きを共有すると感じるという意味で、ひとつの社会を構成するとき」、存在するようになる。ブルの学術的探求の主眼であった国際秩序は、「国際社会の基礎的あるいは主要な目的を支える活動のパターン」として定義され、「基盤的あるいは立憲的規範の諸原則」において確認されるのだった。そしてブルはホッブズから導き出される「国内的類推」を国際社会に適用することは不適切であると論じ、あえて類推を探し出すならば「ロックの政府なき社会としての自然状態の概念」を参照すべきだとした[14]。注意すべきは、ブルが政府設立後の社会ではなく、政府設立以前の自然状態論に関して、ロックを参照したことだろう。そこで主権は秩序攪乱要素ではなく、社会を構成し、社会が維持しようとする原則のことであった。

ただしブルは、国際政治のダイナミズムを反映した主権概念も持っていた。『政府なき社会（*Anarchical Society*）』第四章における有名な秩序と正義の対立関係の描写において、ブルは主権を相対化した。ブルによれば、「豊かな産業諸国の秩序への（あるいは彼らの好む価値を体現する秩序形態への）専心と、貧しい非産業諸国の正義の変革への専心とのあいだの衝突」が、秩序と正義という二つの価値の対立をもたらし、主権の理解を分裂させる。国際社会を安定させるという目的は、主権の相互承認という規範によって保たれる。それはいわば「豊かな産業諸国」の持つ主権概念だと言えよう。しかし同時に、主権独立への諸国家の権利は、「算術的正義」を構成するものであり、すべての国家が等しく主権の権利を持つという考えは「国際的あるいは国家間的正義」である道徳的規則であった。「貧しい非産業諸国」は「主権のこの様相を胸に抱く」[15]。

ブルの秩序と正義の対立に関する認識を、ポスト脱植民地化時代のイギリスの国際関係学を象徴するものだと考えるのは、的外れではないだろう。ロックが政府の「通常権力」と人民の「制憲権力」を区別したように、ダイシーが「法的主権者」と「政治的主権者」を区別したように、帝国主義時代のイギリス国際法学者が「完全主権国家」と「不完全・擬似・半主権国家」を区別したように、あるいはカーが「満足国家」と「不満足国家」の対立を観察したように、ブルは世界を二重構造でとらえ、しかもその反映として国際的価値規範の対立を考察した。「中庸」志向という英米立憲主義の伝統を持つブル自身は結局、秩序の優位性を擁護し、正義は「秩序の文脈においてのみ実現可能である」と論じた。

だが同時にブルは、「秩序は指導的な価値とみなされるべきではない」とも付記していた[16]。一九八四年の講義において、ブルはさらに「中庸」の立場へと近づいていった。彼の説明によれば、一九七〇年代のオイル・ショックや経済停滞が、先進国と発展途上国とが協力するのを困難にした。結果として「第三世界諸国の主権の権利への主張や、絶対的・非妥協的な言葉で権利を規定する傾向は、西洋諸国で広まっている見解、つまり今日の主権国家は国際共同体への義務によって制限されているという見解と、衝突する」。そこで「われわれが」正義の概念として支持すべきなのは、「主権国家、そして主権人民あるいは国民の権利は、国際共同体あるいは社会の規則から導き出され、それによって制限される」ということだと、ブルは述べた。天然資源に対する絶対主権の自然的かつ固有の権利の教義は、受け入れられない。ブルによれば、国際社会の規則から離れて存在する主権的権利の考えは、拒絶されなければならないのだった。(17)

さらに一九八〇年代には、ブルはかつて七〇年代に自分が打ち出した秩序と正義の対立図式を修正した。ブルがあらたに主張したのは、第三世界諸国も、正義の変革だけではなく国際秩序にも利益を見出すということであり、また西洋諸国も、秩序だけではなく自らの価値に基づいた正義を追求すべきだということであった。「われわれが理解するような、人権を持った個々人からなる世界社会は、現実としてではなく、理念としてのみ存在している。しかしもしわれわれの理念であるのなら、それは、われわれの政策形成の一助とならなければならない」(18)。

ブルによれば、保守主義者は、秩序が優先されねばならず、正義の変革などは国際秩序を危機に陥れるだけだと考える。革命主義者は、秩序を犠牲にしてでも正義が求められなければならないと要求する。しかし「この状況における自由主義者の傾向は、第三の道を追求し」、二つの両極的立場を調和させることにある。自由主義的立場はつねに達成されうるわけではないが、「二つの目的を調和させる自由主義的衝動には、寛大さとともに政治的知恵があり、その試みは時として成功を収めてきた」(19)。

ブルを頂点とするイギリス学派の学者たちは、英米の伝統的な政治思想への信奉を隠さず、国際社会においても、「ロック的」構成で独自の規則体系が存在していることを論じた。国際社会と国内社会は別個の社会であるが、共通の価値規範を共有しうる。両者は、比較対照される並列的関係というよりは、直線的に互いに結びつきあう関係を持っている。初期のイギリス学派の学者たち、とくにマニングやジェイムズは、「国内的類推」や「国家中心主義的見方」を強く持っていた。しかしブルの変遷が象徴するように、やがて時代が進み、一九八〇年代になると、「イギリス学派」も新しい展開を見せるようになった。人権規範を核とする自由主義的価値規範を国際社会にいかに直接的に適用するかが問題となったのである。

2　主権と構造主義およびレジーム論

国際関係学の諸理論における主権の形式化

一九七〇年代に入るころのアメリカの国際関係学では、相互依存論が活発になり、多国籍企業に着目して主権国家の衰退を論じることが華やかに行われていた。[20]戦間期には国際法学者たちが制限された主権について論じたが、一九七〇年代までには国境を越えて広がる経済活動が領域主権国家を侵食しているという議論が高まっていた。国際法規範にある程度依拠しながら新しい議論をつくりあげていったイギリス学派とは異なり、アメリカでは主権国家と経済活動の関係が問題となり、また隆盛した新古典派経済学の成果が国際関係学に取り入れられた。

形式と非形式のあいだの乖離を埋める作業は、「構造的現実主義」によって行われた。新古典派経済学の手法を国際政治分析に用いるケネス・ウォルツの「新現実主義」の議論において、主権はほとんど侮蔑の対象でしかなかった。それはウォルツにとって、「迷惑な概念」であった。[21]国際政治の構造は二つの超大国が織り成す二極構造として規定されるのであり、主権の絶対性などの抽象的原則は、そこでは無意味なものでしかなかった。ただしウォルツも実際には、主権の形式的効力を完全に排除するわけにはいかなかった。なぜなら国際政治構造は、二次的重要性しかない諸国家を、小単位としては認めるからである。

ウォルツによれば、「国家が主権者であると言うことは、他者の支援を求めて自らの自由を制限したりして、国家が自分自身で自らの内的・外的問題を処理することを意味する」。もちろん国家は至高でも独立した存在でもない。単に国家は、自らの生存に必要な戦略をたて、結果として国際政治構造をつくっていく。「自由な諸個人が、しばしば出来事の重い重圧を受けながら決定を行うのと同様に、諸主権国家がつねに、しばしば厳しく制約されていることは、矛盾することではない」。

結局ウォルツにとって「唯一の興味深い問いは、共通の性質に従って事物を分類する範疇が有益かどうか」ということであった(22)。つまり、主権とは、現実から乖離した迷惑な概念であるが、それは同時に、国際関係の理論を紡ぎ出すうえでは、都合のよい範疇分けに資する有益な概念でもあった。ウォルツは、自らの理論の成立に有益である範囲において、主権を採用するのである。ウォルツの主権概念に対する関心とは、自らの理論を成立させるのに役に立つかどうかであった。それがどのように現実と対応しているかは、もはや問題関心の対象ではなかった。

「構造的現実主義」は、モーゲンソー流の主権国家間の権力闘争などという考えとは、もはや実質的な関わりを持っていない。それは新古典派経済学かあるいは構造主義的文化人類学に触発され、市場経済か未開社会に見立てた国際政治の構造的秩序を描き出す。そのとき主権に与えられた役割は、構造を構成する行為者の単位を設定するという形式的なものであり、それ以上でもそれ以下でもなかった。

「構造的現実主義」の後を追って隆盛したのは、国際レジーム論であった。レジーム論は、新現実主義と新自由主義の二つの側面を持っており、ロバート・コヘインなどは「修正的現実主義者」と呼ばれたが[23]、オーラン・ヤングなどは「グロティウス的視点」を持っているとも言われた[24]。しかし「暗示的あるいは明示的な原則・規範・規則そして意思決定過程の集積」を強調して、国際社会の見えない紐帯を把握するという点では共通していた[25]。

レジーム論者もまた、新古典派経済学に大きな影響を受けながら、主権を「現在の国際システムの構成原則」として認識した[26]。この「構成原則」という主権の定義は、多くの同時代の国際関係学者によって採用されるものとなった[27]。スティーヴン・クラズナーの説明によれば、主権国家が地球大の問題を解決できないからといって、代替策がない以上、「現在の国際システムの構成原則」としての「主権レジーム」が何か変化を迫られるわけではない。とくに小国にとっては、主権の放棄は大国への従属を意味するはずであった[28]。

両大戦間期の議論が失敗したのは「理想主義」によって支配されていたからだと総括した二〇世紀後半の国際関係学においては、主権制限論は単なる夢想的なものとして扱われた。主権が一体何を意味するのかにかかわらず、とりあえずは国際関係学という学問では、主権を採用しておくことが現実的な態度だとみなされたのである。しかしもはや国際政治の現実は、単純な権力政治によって説明される冷戦初期のものとは異なってきていた。一九七〇年代は国際政治が超大国のあいだの勢力均衡政策によって、全体的な安定を見せ始めた時代でもあった。ブルも、ウォルツも、クラズナーも、デタント（緊張緩和）以降の後期冷戦の時代背景のなかで、国際政治における一定の秩序を説明する必要に迫られていた。そこで、国際統治機構は存在しないが、しかし何らかの「規則」、「レジーム」、「制度」、あるいは少なくとも「構造」が、主権国家の社会を構成しているに違いないという議論が展開された。

これらの議論において、真の主権者はどこにいるのか、といった過去の知識人たちを悩ませた問いかけは、回避された。主権は所与のものとして存在している。国際政治は冷戦下であっても相対的には安定してきている。これらの命題と矛盾しない理論をつくりだすことが問題であり、主権者の所在などは全く問題とはされなくなった。そして「ウェストファリア体制」の神話化など、安定した理論的議論の前提を保証してくれるものが歓迎されるようになったのである。

3　国家主権の領域と市民社会の領域

二〇世紀後半の主権概念の形式化と、国際社会全体の秩序への関心の増大は、本書が「新しい国際立憲主義」と呼ぶものを生み出した。二〇世紀後半において国家主権は、いかに形式的であろうとも、上位の国際機関によって統御されるものではない。しかしある一定の規範に服し、経済活動や人権によって制限されるものではある。つまり市民社会（civil society）の活動によって、国家主権は制限されるのである。

「市民社会」が「国家」に対置される概念として定着するようになったのは、少なくとも英米圏においては二〇世紀後半であると言ってよいだろう。もっとも「国家」と「市民社会」の概念区分の原泉は、ヘーゲルに見ることができる。また一九世紀以降のマルクス主義の洗礼を受けた後の時代においては、国家を「上部構造」とみなしたうえで、「土台」としての社会構造を対置する思考方法が広まった。ただしそのような発想は、必ずしも英米圏においては伝統的なものではなかった。むしろ古典的な自由主義では自然状態における個人の自然権が強調された。そのため古典的な立憲主義の基本図式では、より原初的な存在である諸個人と人工的な存在である政治社会が向き合わされた。

二〇世紀後半になると、社会契約論の発想は減退し、個人と社会を、自然的なものと人工的なものとして向き合わせる発想もまた減退した。かわって、より理論的に、国家的存在と社会的存在とを区分けして対置させる発想が定着した。国家と社会の区別は、諸個人と社会の区別ほどに自然に、あるいは実証的に確認できるものではない。実は国家と社会を区分けするのは、国家的存在と社会的存在は本質的に異なるので区別しなければならない、という抽象的な確信にすぎない。国家的存在に関する抽象理論なくしては、役所、NGO、公益法人、などのさまざまな名称で呼ばれる無数の諸組織を、国家と社会のそれぞれに範疇分けしていくことはできない。換言すれば、国家と社会を明確に区別したうえで適切に関係づけていくための抽象的理念にもとづいた原則を打ち立てていけるかどうかが、二〇世紀後半になるときわめて重大な意味を持つようになった。つまり近代になって発達した国家論と市民社会論を、伝統的な自由主義と矛盾のないかたちで結びつけ、新しい立憲主義のかたちを整えることが、二〇世紀後半の立憲主義あるいは「新しい国際立憲主義」にとって大きな課題となった。

いまや自由主義的な世界像を実現するためには、主権国家と市民社会の分離が決定的に重要となった。両者の分離を不文律として確立することが、国内社会であれ、国際社会であれ、立憲主義の根幹となったのである。公的領域では国家に統治活動への権限を与え、私的領域では自由な市民活動を保障することが、単なる国家擬人説に依拠した「国内的類推」とは異なる統一的論理構成に基づいた「新しい国際立憲主義」の理論的基盤となるのであった。

「新しい国際立憲主義」の理論的枠組みは、無数の経済活動による主権国家「侵食」をめぐる議論や、人権擁護を義務づけられた主権国家像をめぐる議論などによって、推し進められることになる。本節では、問題点を明らかにするために、あえて一見国際関係学などでの議論とは無関係に見える国際法におけるひとつの現象に着目することによって、「新しい国際立憲主義」の思考枠組みを特徴づけてみたい。具体的には、一九七〇年代から顕著になってきたイギリスやアメリカにおける「主権免除（sovereign immunity）」に関する動きを分析し、その背後に英米の立憲主義的思考枠組みがあることを示す。なお問題点の整理のために、人権をめぐる議論についても後に簡単に触れる。

主権免除論の変化と国際立憲主義

イギリスでもアメリカでも、脱植民地化が終焉した時期にあわせて、「絶対的主権免除」を見直す動きが高まった。「主権免除」とは、主権国家の独立性のため、外国政府の代表者を国内法で裁くことはできない、という国際法上の理論である。この主権免除の理論が徹底して保障されれば、非政府団体の活動が著しく脅かされる。たとえば、政府機関であれば自由自在に契約破棄を行えるとしたら、企業の経済活動の安定性は大きく損なわれる。私的自治の考え方にもとづいて行われる経済活動が、主権免除の理論を背景に政府活動によって浸食されてしまえば、政府と社会の分離という自由主義の根源的な命題が根底から崩壊せざるをえない。そこで「制限的主権免除」の議論が、政府の活動から私的利益にもとづく活動を保護することを目的として、展開されることになる。それは前章で見た包括的な国民国家主権の理論にもとづく「天然資源に対する永久主権」の考え方と明らかな対照をなし、「国家主権の領域」を自由主義的価値規範に従って修正する含意を帯びていた。英米圏の諸国は、二〇世紀後半において、この「制限的主権免除」の議論を推進した。

「主権免除」の原則にかかわる判例は、アメリカでは一八一二年に合衆国最高裁判所で出された。[29]もっともそれは軍艦がかかわった事件であり、国家の商業活動についての判例ではなかった。それから一歩進んだ判例が出されたのは、一九二六年のことであった。合衆国最高裁判所は「平時における人民の経済的福祉の維持と増進は、海軍力の維持と訓練に劣らず、公的目的に資する」とみなして、主権免除の原則を厳格に採用した。イギリスも主権免除原則を厳格に遵守した。[30]もっとも一八世紀までは、コモン・ローの伝統がむしろ制限的な主権免除の規範を持っており、その伝統は一九～二〇世紀を通じても完全には死滅していなかったとも言われる。ただそうした伝統とは異なった絶対的アプローチが、一九世紀後半になってから台頭したと指摘される(31)。

こうした「絶対的」主権免除と「制限的」主権免除とのあいだの学説的確執は、一九～二〇世紀の絶対的アプローチの広がりによって生まれた。ヘルシュ・ローターパクトによれば、その背景には五つの論拠があった。そのうちの主要な二つは、独立・平等・尊厳の原則と、公的領域（*jure imperii*）と私的領域（*jure gestionis*）の厳密な区別は不可能であることであった。

主権免除の考え方の背景にある諸国の独立の尊重は、内政不干渉原則の別の表現であるが、英米の外交政策に即して言えば、イギリスの「栄光ある孤立」、アメリカのモンロー・ドクトリンにかかわる原則であった。また一九世紀の自由放任経済が、政府の経済活動の量を低下させていたことも無関係ではない。主権免除の議論の焦点は、「市場の主権者」、つまり商業活動に従事している国家をどう扱うかだったからである(32)。

アメリカでは、合衆国憲法システム内部においてすら、修正第一一条によって、合衆国の一国（州）が他の国（州）の市民からは法的に訴えられないことが定められ、諸国（州）の相互尊重・内政不干渉原則を宣言していた。それは合衆国内部の主権免除の原則として、合衆国最高裁判所によって宣言された(33)。また三権分立の厳密な解釈に従えば、司法権は行政権や立法権の領域を侵害してはならず、外交関係を扱う大統領と議会の裁量権を尊重しなければならないとされた(34)。

しかし民主化が進展した二〇世紀になると、まず国内社会における政府と市民の関係に関して、主権免除の内容が変わり始めた。イギリスにおける国王と臣民の関係、アメリカにおける諸国

（州）間の関係は、歴史のなかで変質を余儀なくされたのである。第二次世界大戦後に国内社会における絶対的主権免除論が見直され、一九四六年「連邦不法行為損害賠償法」が、アメリカ国内で合衆国政府が持っていた主権免除の権利を否定した。イギリス国内法では、一九四七年の「王位訴訟手続法」が、国王（政府）が直接訴えられることを可能にした。結果として、ニューディール政策や戦中経済体制をへて劇的に経済分野での活動領域を広げた英米両政府に対する訴訟の数は、飛躍的に増えた。(35) もっともこれらは外国政府の主権免除とはまだ関わりのない動きであった。

国際法上の制限的主権免除論が生まれてくるのは、一九七〇年代後半のことである。合衆国最高裁判所は、一九七六年のキューバ政府が関係した事件において、制限的主権論を採用することを宣言した。一九五二年以来、国務省が「外国の商業的・私的活動には、主権免除が与えられない」という立場をとり続けたことと、二〇年来の下級裁判所での実践によって、制限的主権免除論は徐々に受け入れられるようになったというのが理由であった。最高裁判所が行ったのは、「キューバの商業的活動とキューバの国家行為」とを区別する作業であった。もっとも「商業的活動」を明確に認定することは困難であるとする批判的な個別的意見も、少数派判事によって付された。(36) 制限的主権免除論によって不利益をこうむる当事国がキューバであったことは、この判例の論争的性格をさらに高める事実だったと言えるだろう。

「公的領域」と「私的領域」を区別する作業は、古くは一九二六年の「主権免除を持つ船舶に関する規則統一のためのブリュッセル会議」や、一九七二年の「主権免除に関するヨーロッパ会議」において認められたものだった。しかし商業的活動に従事した外国政府機関に主権免除を与えないと明確に宣言した最初の国は、アメリカであった。合衆国議会が「外国主権免除法（ＦＳＩＡ）」を制定したのは、一九七六年であった。すぐに続いてイギリスは、一九七八年に同一趣旨の「国家免除法」を制定した。[37] ＦＳＩＡは、「商業的活動」に基づく行動をしていたり、あるいはアメリカ内の商業活動もしくはアメリカの領域外であってもアメリカ内に直接的影響を及ぼす行動をしていたりする外国には、合衆国の管轄権からの免除が与えられないと定めた。イギリスの国家免除法も、「商業的活動」に携わる国家に主権免除を与えないことを定めた。注意すべきは、英米国内法の適用範囲が、「商業的活動」の性質に着目する一方、両国の領域に限定されない点である。多国間条約であれば、締約国だけを拘束する。これに対して、国内法で制定された制限的主権免除は、英米両国にかかわる事項が発生すれば、世界的規模で普遍的にあらゆる国に適用される。

当然、社会主義諸国の国際法学者などが、いっせいに両国の動きを「ソヴィエト国家や他の社会主義諸国に対抗してブルジョワ法廷が採用したもの」として批判した。[38] 実際のところ、アメリカにしてみれば、社会主義諸国政府の広範な活動と主権免除原則との関係は、悩みの種だった。[39] 一九七六年のＦＳＩＡは、「天然資源に対する永久主権」などに象徴される新興独立諸国の主権解釈に対する事実上の対抗措置としての意味合いもあったと考えられる。一九七九年に、カリフォルニアの住民によってＯＰＥＣが訴えられ、原油の生産を制限して価格を操作するＯＰＥＣ諸国の行動が「商業的活動」であるかどうかが、地方裁判所において争われた。裁判所は「われわれの法廷を、外国の過敏な神経に非常に近接している領域から離れさせよう」と述べ、「国家の天然資源に対する管理は、主権の性質から生じる」とした。[40] この判決はおそらくは常識的感覚に則ったものだったが、必ずしもＦＳＩＡの制度趣旨を字義通りに反映したものとは言えない。カリフォルニア弁護団のリチャード・ファインによれば、法廷で表明された証言はすべて裁判所の決定に反するものであり、提出された証拠はＯＰＥＣの行動が商業的活動であること、そしてその活動とカリフォルニア中央区のガソリンの価格とのあいだに直接的関連性があることを示していた。もし問題が石油ほど政治的に重要な商品に関するものでなかったならば、裁判所は同様の活動が商業的であると判断することにそれほど困難を感じなかっただろうと、ファインは推量した(41)。

ＦＳＩＡや国家免除法が示したのは、主権は経済領域あるいは私的領域として認定された領域を蹂躙することはできない、という原則であった。それは明らかに社会主義諸国や新興独立諸国が持つ主権論と対立し、資本主義的な利益の擁護を優先しているとみなされる考え方であった。本書の視点からすれば、新興独立諸国の「永久主権」と英米の制限的主権免除論の対立の背景には、主権概念をめぐる絶対的理解と制限的理解との対立、あるいは国民主義的主権と立憲主義的主権の対立がある。絶対主権論に対して経済活動を保障しようとする英米の制限的主権免除論は、いわば両国の伝統的な自由主義的・立憲主義的原則を拡張したものであり、敵対者に対するイデオロギー的挑戦の武器なのであった(42)。

制限的主権免除論の一方的適用は、公的領域と私的領域の英米的区分法を、相手方が誰であれ、普遍的に貫くという意思表明である。国家の存在が公的領域の存在を証明し、国家の欠如が私的領域の存在を示すという考えは、新しい区分法では否定される。もはや主権国家の存在は、自動的に主権の領域の存在を証明するわけではない。そうではなく、私的領域の境界線は、ある種の概念的規則によって定められる。国家の公的機能も、概念的規則に従って定められる。つまり国家主権の有無ではなく、(少なくとも英米的視点に立てば) 国際社会が標榜する規則が公的領域と私的領域の境界線を引くのであり、国家はその規則に服さなければならない。

国家主権の領域というものが存在しており、それは市民社会の領域とは区別される。もし国家が市民社会の領域を不当に侵害するならば、主権の特権は与えられない。英米の制限的主権免除論は、新しい国際立憲主義の考え方を示すものであった。

人権規範の進展

さてこのような国家主権領域と市民社会領域との区分に関して、さらに重要な国際規範は人権規範であろう。ここでは多岐にわたる国際人権法の諸問題に立ち入ることはできないが、二〇世紀後半に人権問題が新たな展開を見せたことだけは指摘しておきたい。一九四八年の世界人権宣言と一九六六年採択の二つの人権規約は、ある国際法学者が「国際的権利章典」と呼ぶ規則の体系を確立した。(43) そのほかにも多くの人権擁護法規が成立し、(44) ヨーロッパ、アメリカ大陸、アフリカでは、人権保障のための地域的法規ができあがった。(45) さらに付け加えるならば、四つの一九四九年ジュネーヴ諸条約と二つの一九七七年追加議定書は、武力紛争において最低限の人権を保障するための国際人道法に大きな発展をもたらした。

国際人権法・国際人道法は、自然人としての個人を国際法において権利主体とする効果を持っている。つまりそれらは、擬人化された国家だけが構成する社会としての伝統的な国際社会像に、大きな修正を迫るものである。本書の視点からすれば、市民的・政治的権利を中核とする国際人権法は、西側自由主義の遺産を受け継ぐものであり、また国家主権と市民社会の立憲主義的区分を行うものである。

リチャード・フォークは、人権懐疑論者が「国家主義（statism）を強調しすぎている」一方で、人権擁護派は無意識的に、「人道的介入は『他者』に起こることであり、対象となるのはつねに外国社会である」と仮定していることを指摘した(46)。新興独立諸国による「主権の要求と、第三世界諸国に対する適切な国際主義の形態との創造的和解」を求めつつ、フォークは「主権の教義の弱体化が諸国家の機能的裁量の制限につながる」という見解を拒絶した(47)。つまり主権と人権の調和こそが、西側自由主義が求めるものであった。

一九八七年には著名な国際法学者アンソニー・ダマトは、制限的主権免除論や人権保障論の政治的含意を説明するかのような議論を展開した。第三世界の天然資源を搾取してきたという非難を浴びせられても、先進国が罪悪感を持つ必要などは決してない、と述べ、ダマトは次のように問いかけた。

「なぜわれわれは、ある人物または人的集団に、自然の偶然によって彼らがひとつの国家だと主張する物理的領域の内部に置かれた広大な富を、割り当てるべきなのだろうか。人権の観点からすれば、富の所在にかかわりなく、すべての地下鉱脈資源をあらゆる人間に割り当てることのほうが、もっと弁護しうることであろう。鉱脈に富んだ第三世界国民が、地下の富を他国の貧しい人びとに分配したなどということは、聞いたことがない。……かわりにわれわれが聞くのは、人権と、国民主権を用いての権利の主張とを巧みに混ぜ合わせるレトリックである。……私が論じるのは、人権の普遍的システムは、すべての国民的主張を市民の特別の権利あるいは特権に還元する傾向を持っているということである。分析的に言えば、国民とは集合体である。その境界線は、普遍的人権の目的からすれば人工的である。人権は、国民主権の主張を切り崩す程度にまで、収用・没収に対抗して国際企業を保護する効果があるだろう。この観点から、多国籍企業と人権の目的には根本的な類縁性がある」(48)。

一九八〇年代は、アメリカのレーガン大統領、イギリスのサッチャー首相によって、冷戦時代のイデオロギー対立が再び先鋭化した「第二の冷戦」と言われた時代であった。それは、英米の政治家と著述家たちが、自らの信奉する価値規範を強く推進し始めた時代であった。国力低下から脱却しようとしていたイギリスだけではなく、ヴェトナム戦争の悪夢に苛まれていたアメリカは、一九八〇年代に自己肯定的な外交政策を追求することによって、失われつつあった自信を取り戻そうとしていた。社会主義諸国と新興独立諸国を巻き返し、国際統治機構設立などを模索することなく、伝統的な自由主義的・立憲主義的価値規範を国際的に広げていく方法を、英米諸国は選択しつつあった。

冷戦終焉前夜と言える一九八〇年代は、アメリカを中心としてイギリスが側面から支援する西側諸国の集団が、国際社会の秩序形成の指導的役割を担い、自らの信じる価値規範に従って、新しい形態の国際立憲主義を広めようとした時代であった。そのとき主権は、尊重はされるが、あくまでも新しい国際立憲主義の概念枠組みに従って位置づけられるのであった。

表8　新しい国際立憲主義の登場

歴史的な新しさ	国家擬人説にもとづく「国内的類推」に依拠した国際社会論の拒絶
思想的な前提	国内社会の立憲主義と同じ価値規範（諸個人の権利＝人権を基盤とする自由主義的価値規範）にもとづく立憲主義の国際社会における直接適用の可能性
特徴的な付帯的現象	人権を持つ個人の自由な活動によって形成される市民社会を，主権国家の領域と対比させる議論の台頭
政治的背景	英米の伝統的価値観の再評価と，自由主義陣営の優位による冷戦構造の変化

新しい国際立憲主義の思潮において、主権は「国際システムの構成原則」であり、国際秩序を破壊するものではなく、支えるものである。それは自由な経済活動や人権規範に介入しないように規則づけられた、新しい形態の立憲主義的な主権である。

もはや国際立憲主義において、「国内的類推」は必要ではない。国際社会は、単に国内社会に劣った社会のようなものではない。国際社会は確かに、国内社会とは異なる構造や背景を持つ社会である。しかしそれでも国内社会とひとつの世界を共有しているのであり、したがって方法は異なるとしても、同じ価値規範によって統制される。両者は並存しているのではなく、一続きのものとなって同じひとつの現実世界を構成するのである。

国家主権はその機能に応じて尊重されるが、市民社会という不可侵の領域を破壊せず、ただその保護者としてのみ活動することが期待される。英米の政治思想は、もはや国際社会の文脈においても、国家擬人説などに依拠した新たな憲法システムを必要とはしない。むしろ現実の力と利益を考慮して、英米両国が指導的役割を演じる国際秩序のなかで、国内社会と同じ価値規範を広げていくだけなのである。

注

（1）当時首相だったエドワード・ヒースは、主権の意味内容は国際社会の相互依存で変質したと論じた。Edward Heath, *The Place of Sovereignty in an Interdependent World* (London: Wyndham Place Trust, 1984). See also Tufton Beamish and Norman St. John-Stevas, *Sovereignty: Substance and Shadow* (London: Conservative Political Centre, 1971); John Williamson, "Constraints on Economic Sovereignty," in Michael Leifer (ed.), *Constraints and Adjustments in British Foreign Policy* (London: George Allen & Unwin, 1972); John Taylor, "British Membership of the European Communities: the Question of Parliamentary Sovereignty," *Government and Opposition*, vol. 10, no. 3, Summer 1975; Roy Pryce, *The Politics of the European Community* (London: Butterworths, 1973), pp. 52-55; and William Wallace, *The Illusion of Sovereignty* (London: Unservile State Group, 1979).

（2）See J. D. B. Mitchell, "The Sovereignty of Parliament and Community Law: The Stumbling-Block that Isn't There," *International Affairs*, vol. 55, no. 1, January 1979, pp. 33-46; M. A. Fazal, "Entrenched Rights and Parliamentary Sovereignty," *Public Law Incorporating the British Journal of Administrative Law*, Winter 1974, pp. 295-315; Chijioke Dike, "The Case against Parliamentary Sovereignty," *Public Law Incorporating the British Journal of Administrative Law*, Autumn 1976, pp. 283-297.

（3）F. S. Northedge and M. J. Grieve, *A Hundred Years of International Relations* (London: Gerald Duckworth & Co., 1971), pp. 342-343.

（4）F. S. Northedge, *The International Political System* (London: Faber and Faber, 1976), pp. 143

-144.

(5) C. A. W. Manning, "The Legal Framework in a World of Change," in *The Aberystwyth Papers: International Politics 1919-1969*, edited by Brian Porter (London: Oxford University Press, 1972), pp. 306.

(6) *Ibid.*, pp. 306-307.

(7) Alan James, "The Contemporary Relevance of National Sovereignty," in Michael Leifer (ed.), *Constraints and Adjustments in British Foreign Policy* (London: George Allen & Unwin, 1972), pp. 17-19, 29.

(8) Alan James, "International Society," a lecture delivered in 1976, *British Journal of International Society*, vol. 4, no. 2, July 1978, pp. 103-104, 105.

(9) Alan James, *Sovereign Statehood: The Basis of International Society* (London: Allen & Unwin, 1986), p. 13.

(10) 形式的主権を実質的な統治にかかわる部分と切り離すものとしては、David T. Llewellyn, *International Financial Integration: The Limits of Sovereignty* (London & Basingstoke: Macmillan, 1980), p. 198; Robert H. Jackson, "Quasi-States, Dual Regimes, and Neoclassical Theory: International Jurisprudence and the Third World," *International Organization*, vol. 41, no. 4, Autumn 1987, p. 522 を参照。

(11) James, *Sovereign Statehood*, pp. 30-31.

(12) Geoffrey L. Goodwin, "The Erosion of External Sovereignty," in Ghita Ionescu (ed.), *Between Sovereignty and Integration* (New York and Toronto: John Wiley & Sons, 1974), pp. 101-116.

(13) Hedley Bull, *The Anarchical Society: A Study of Order in World Politics* (Basingstoke and London: Macmillan, 1992), first published in 1977, p. 13.

(14) *Ibid.*, pp. 13, 48, 67–71 .

(15) *Ibid.*, pp. xii, 17–19, 80–82.

(16) *Ibid.*, pp. 86, 98.

(17) Hedley Bull, *Justice in International Relations* (Wasterloo, Ontario: University of Waterloo, 1984), pp. 4, 6, 11–12.

(18) *Ibid.*, p. 13.

(19) *Ibid.*, p. 18.

(20) Raymond Vernon, "Sovereignty at Bay," *Foreign Affairs: An American Quarterly Review*, vol. 47, no. 1, October 1968, and Raymond Vernon, *Sovereignty at Bay: the Multinational Spread of U.S. Enterprises* (London: Longman, 1971). See also Raymond Vernon, "*Sovereignty at Bay* ten years later," *International Organization*, vol. 35, no. 3, Summer 1981.

(21) Kenneth N. Waltz, *Theory of International Politics* (Reading: Addison–Wesley Publishing Company, 1979), p. 95.

(22) *Ibid.*, pp. 95–96.

(23) Robert. O. Keohane, *After Hegemony: Cooperation and Discord in the World Political Economy* (Princeton: Princeton University Press, 1984), p. 62.

(24) See Stephen D. Krasner, "Structural Causes and Regime Consequences: Regimes as Intervening Variables," in Stephen D. Krasner (ed.), *International Regimes* (Ithaca and London: Cornell

University Press, 1983), p. 20.

(25) See *ibid.*, p. 2.

(26) See *ibid.*, pp. 17–18.

(27) Keohane, *op. cit.*, p. 63; Jackson, *op. cit.*, p. 519; Alexander Wendt and Raymond Duvall, "Institutions and International Order," in Ernst-Otto Czempiel and James N. Rosenau (eds.), *Global Changes and Theoretical Challenges: Approaches to World Politics for the 1990s* (Lexington and Toronto: Lexington Books, 1989), p. 69; and R. B. J. Walker, "Sovereignty, Identity, Community: Reflections on the Horizons of Contemporary Political Practices," in R. B. J. Walker, and Saul H. Mendlovitz (eds.), *Contending Sovereignties: Redefining Political Community* (Boulder and London: Lynne Rienner Publishers, 1990), p. 157.

(28) See Krasner, *op. cit.*, pp. 366–367. クラズナーは、ジャニス・トムソンとともに、主権と経済活動とのあいだに対立があるという見方を批判し、主権確立はむしろ国際経済活動の必要条件であると指摘した。Stephen D. Krasner and Janice E. Thomson, "Global Transactions and the Consolidation of Sovereignty," in Czempiel and Rosenau (eds.), *Global Changes and Theoretical Challenges*, p. 198.

(29) 「スクーナー船エクスチェンジ号対マクファドン」事件（一八一二年）において、裁判所は次のように述べた。「あらゆる主権者の属性であり、超領域的権力を不可能にする十分かつ絶対的な領域的管轄権は、外国の主権者たちや彼らの主権的権利をその対象として扱わないと思われる。」See Burns H. Weston, Richard Falk, Anthony A. D' Amato, *International Law and World Order: A Problem-Oriented Coursebook* (St. Paul: West Publishing Co., 1980), p. 809. See also

Sompong Sucharitkul, "Immunities of Foreign States before National Authorities," *Académie de Droit International Recueil des Cours*, 1976-I Tome 149, pp. 117-119.

（30） See Sucharitkul, *op. cit.*, pp. 126-182.

（31） See Lakshman Marasinghe, "The Modern Law of Sovereign Immunity," *The Modern Law Review*, vol. 54, no. 5, September 1991, pp. 664-684.

（32） See Rosalyn Higgins, "Recent Development in the Law of Sovereign Immunity in the United Kingdom," *American Journal of International Law*, vol. 71, no. 3, July 1977, pp. 433-434. この論点は、国家が公的性格と私的性格を持っているかという議論とは、異なる。問題なのは、公的性格を持つ国家が、市場の論理とどのような整合性を保つかということであった。

（33） See Phillip J. Cooper, "The Supreme Court on Governmental Liability: The Nature and Origins of Sovereign and Official Immunity," *Administration & Society*, vol. 16, no. 3, November 1984, p. 272.

（34） See Sucharitkul, *op. cit.*, p. 120. なおこれに関連して「国家行為」をめぐる議論については、J. Gillis Wetter, "Pleas of Sovereign Immunity and Act of Sovereignty before International Arbitral Tribunals," *Journal of International Arbitration*, vol. 2, no. 1, 1985, p. 16を参照。

（35） See Leon Hurwitz, *The State as Defendant: Governmental Accountability and the Redress of Individual Grievances*（London: Aldwych Press, 1981）, pp. 20-22; Cooper, *op. cit.*, p. 269.

（36） See Weston, Falk and D' Amato, *op. cit.*, pp. 810-812.

（37） 両法の効果については、Georges R. Delaume, "Public Debt and Sovereign Immunity: The Foreign Sovereign Immunities Act of 1976," *American Journal of International Law*, vol. 71, no.

3, July 1977; Georges R. Delaume, "The State Immunity Act of the United Kingdom," *American Journal of International Law*, vol. 73, no. 2, April 1979; F. A. Mann, "The State Immunity Act 1978," *The British Year Book of International Law*, 1979, Fiftieth Year of Issue; and Charles N. Brower, F. Walter Bistline, Jr., and George W. Loomis, Jr., "The Foreign Sovereign Immunities Act of 1976 in Practice," *American Journal of International Law*, vol. 73, no. 2, April 1979を参照。

（38） M. Boguslavskij, Staatliche Immunitat 40–44（Rathfelder trans. 1965）, quoted in Weston, Falk, and D' Amato, *op. cit.*, p. 814.

（39） Bernard Fenserwald, "Sovereign Immunity and Soviet State Trading," *Harvard Law Review*, vol. 63, no. 4, February 1950, pp. 633–634.

（40） See Weston, Falk and D'Amato, *op. cit.*, pp. 814-815.

（41） Richard I. Fine's remarks in American Society of International Law, "Sovereignty Immunity, Act of State, OPEC," *Proceedings of the 74th Annual Meeting*, Washington D.C., April 17-19, 1980, p. 77.

（42） このことは経済関連活動がつねに絶対的に保障されることを意味しない。たとえば一九七九年にイラン人質事件に直面した合衆国政府が国内の関連資産を凍結したように、国家主権と市民社会の領域的区分は、操作的なものである。

（43） See Louis Henkin, *The International Bill of Rights*（New York: Columbia University Press, 1981）.

（44） 人種差別撤廃条約（一九六五年）、女性差別撤廃条約（一九七九年）、拷問等禁止条約（一九八四年）など。

（45）欧州人権条約（一九五〇年）、米州人権条約（一九六九年）、ヘルシンキ条約（一九七五年）、アフリカ憲章（一九八一年）など。

（46）Richard Falk, *Human Rights and State Sovereignty* (New York and London: Holmes & Meier Publishers, 1981), pp. 3-4. なお人権をめぐるアメリカとソ連の法学者の対立については、Jennifer Noe Pahre, "The Fine Line between the Enforcement of Human Rights Agreements and the Violation of National Sovereignty: The Case of the Soviet Dissidents," *Loyola of Los Angels International and Comparative Law Journal*, vol. 7, 1984 を参照。

（47）Richard Falk, *Reviving the World Court* (Charlottesville: University Press of Virginia, 1986), pp. 3-4.

（48）Anthony D'Amato, *International Law: Process and Prospect* (Dobbs Ferry: Transnational Publishers, 1987), pp. 159–160. ダマトは、主権免除は一九世紀の実証主義者の規則でしかないと論じた。一七八九年の外国人不法行為損害賠償法は、当時の諸国民の法において一般的な主権免除の概念がなかったことを示す。さらに主権免除は、主権が国際法に服さないことを意味しないと、彼は主張した。See *ibid*. pp. 199–204.

第7章

冷戦後世界における主権論

●冷戦終結から二一世紀へ

本章は、冷戦が終焉してから現代に至るまでの二〇年間に焦点を当て、変動する国際社会のなかで国家主権の問題がどのように扱われてきたのかを概観する。冷戦終焉後の時代は、国際社会にある種の高揚感が満ち溢れた時代であり、新しい国際秩序の確立が唱えられた時代である。国連の平和活動は質・量の両面で飛躍的な拡大を遂げ、国際戦争犯罪法廷のような新しい国際制度も次々と導入された。しかし、その一方で地域紛争が多発し、国際社会の対応能力の限界が厳しく糾弾された時代でもある。

こうした時代において、国際社会全体の立憲主義的秩序のなかで国家主権を解釈すべきだという議論が隆盛することになった。また、絶対主権の限界を批判的に指摘する学術的思潮も興隆した。国際社会に立憲主義的な秩序があるという考え方が広く信奉されるようになり、国家主権はその枠組みのなかで理解されるようになったのである。冷戦終焉後の世界は、人道的介入が大きな国際問題となった一九九〇年代から、二一世紀の対テロ戦争の時代へと至る。そこで、立憲主義の秩序を強調するかたちで問題に対処しようとする立場や、超大国の力を信頼して問題の解決を図ろうとする立場などが複雑に絡み合いながら、さらに国際的な立憲主義を進展させていくことになった。

本書はまず第1節において、一九九〇年代の国際社会で、主権が立憲主義的に解釈される傾向を強めていったことを確認する。第2節は、国際関係学における批判理論が国家主権を攻撃した事例をとりあげて、冷戦終焉後の時代の思潮を確認する。第3節は、「保護する責任」論に着目することによって、現代の新しい国際立憲主義の枠組みを描き出す。第4節では、「対テロ戦争」の時代を象徴するアメリカ流の国家主権の理解を分析する。

1　冷戦終結と新しい国際立憲主義

冷戦の終焉は、多くの人びとにとって、世界の枠組みが溶解するかのような衝撃であった。一九八九年当時、学術界において、そして実務の世界において第一線で活躍していた人びとのほとんどが、冷戦以外の国際社会の仕組みを体験したことがなかったのである。未知の世界に突入するにあたって、まるで予言を求めるように、人びとは新しい国際秩序像について議論を追い求めた。二極構造にかわって多極構造の世界が訪れる、われわれは「歴史の終焉」を経験している、「文明の衝突」の時代が到来した、などの大きな歴史認識を持って同時代を見るための視点がもてはやされた。

そのような冷戦終焉後の時代において、国家主権は再び注目されるようになった。多くの人びとは、主権の衰退が同時代を説明する現象だと主張した。あるいは、国家主権の新しい様態が、同時代を理解するための鍵になると考えた人びともいた。いずれにせよ、まるで半永久的に続くものであるかのように感じられていた冷戦構造が消滅するという事件に直面して、人びとは国家主権の分析に、時代を知るための手がかりを求めたのである。

冷戦後の国際社会

一九九〇年代は、一九九一年の湾岸戦争から始まった。この戦争では、クウェートを侵略したイラク軍を排除するための多国籍軍に、国連安全保障理事会が強制措置の権限を付与した。また、一九九〇年代前半には、国連はカンボジアにおける平和維持活動を通じて暫定統治を実施するという実験を行った。ソマリアでは、初めて強制措置の権限を発動した平和執行部隊が編成された。これらはいずれも、冷戦時代には死文化していた国連憲章第七章に基づく活動が急速に活性化していく事例として、広範な議論を引き起こした。さらに、旧ユーゴスラヴィアをめぐって、そしてルワンダをめぐって、国内紛争で発生した戦争犯罪を取り締まるために、国連安保理が設立した二つの国際戦争犯罪裁判所は、普遍的な国際人道法を適用して国際社会が直接的に人権を保障する試みとして、大きな注目を集めた。一九九〇年代初期は、冷戦終焉の高揚感が国際社会全体にみなぎった時代であった。

このような雰囲気のなかで、冷戦終焉後に役割が増大するとも考えられた国連事務総長に一九九二年に就任したブトロス・ブトロス゠ガリは、『平和への課題』を公にすることによって一世を風靡した。ガリが象徴する新しい国連、つまり積極的に平和のために行動する国連の構想は、冷戦後世界を象徴するものとすら考えられた。国際法学者でもあったブトロス゠ガリは、『平和への課題』において、主権について次のように述べていた。「基礎的主権と統一性の尊重は、いかなる共通の国際的進展にとっても重要である。しかしながら、絶対的で排他的な主権の時代は過ぎ去った」(1)。

ブトロス゠ガリによれば、そもそも絶対的な主権などは、いまだかつて実際には存在したことがなかった。ブトロス゠ガリが論じたのは、「われわれの時代の主要な知的な要請は、国際的な安全と協力にとって重要である主権の本質を弱体化させることなく、主権が複数の形態と機能を持つかもしれないことを認識するために、主権という問題を再考することである」(2)。冷戦終焉とともに、鋼鉄のように強固だと思われていた国際社会の枠組みは、溶解した。それにともなって、国家主権の理解も柔軟になり、流動的にすらなるということを、ブトロス゠ガリは高らかに宣言したのである。

ただし、ブトロス゠ガリの時代の国連の平和活動は、旧ユーゴスラヴィア、ソマリア、ルワンダ、アンゴラなどの地域で、次々と失敗を繰り返した。そこで一九九〇年代の後半になると、国連平和活動は質・量ともに停滞傾向に入る。そして、冷戦終焉直後に高揚した新たな国際秩序への期待は減退し、国際秩序をめぐる議論も停滞していく。国際社会が構造的かつ恒常的に分裂していることがないかわりに、つねに一致団結することもなく、国際社会全体の新しい秩序が「歴史の終焉」や「文明の衝突」などの大きな物語によって語られることも少なくなっていった。

国際的な法の支配

しかし、冷戦終焉の帰結が曖昧になることはなかった。唯一の超大国と言われるようになったアメリカを中心とする旧西側同盟諸国は、自陣営が中心となる安全保障の枠組みを拡大させ、自由主義的な価値規範の普遍性を唱えることを躊躇しなくなった。ＮＡＴＯは、実際にはむしろ、ヨーロッパの東方に拡大し続けただけではなく、ヨーロッパでは国連にかわる平和維持活動の主体として立ち現れるようにさえなった。国連安保理の決議を根拠とする国際戦争犯罪裁判所は設立されなくなったが、かわって国際刑事裁判所（International Criminal Court: ICC）を設立するための多国間条約（『ローマ規程』）が結ばれて、国際社会における国際人道法・国際人権法の遵守を求める動きは強まり続けた。

冷戦終焉後の思潮を説明するものとして、国際人道法・国際人権法の権威の高まりが大きな注目を集めた。その過程で、人権と対立する概念として、国家主権が議論されることも多かった。国際法学者たちは、制限された主権について論じあった(3)。しばしば国家主権の問題は、人権擁護論者らによって、人権規範推進の障害とみなされた(4)。国家主権の問題が、文明間の価値規範の衝突の問題の文脈で、欧米諸国の「内政干渉」あるいは「偽善的態度」に対抗する論理として擁護されたり(5)、国家内部の共同体の主権への配慮という問題意識で語られたりすることもあった(6)。

そこでさらに、自由主義的な価値規範と整合するかたちで、また、国際社会の自由主義的秩序のなかに位置づけられるかたちで、国家主権を理解することも求められた。つまり、新しい国際的な立憲主義をつくりだすことによって、新しい国家主権の理解を確立する意識も広がるようになったのである。

デクエヤル元国連事務総長が述べた「国際的な法の支配」の理念によれば、「主権と国際的な責任とは、同一貨幣の両側面である」。デクエヤルは、「各主権的政府」と「人民に存する主権」を区分しつつ、「主権と人道主義の関係は、われわれを国際的な法の支配の観念へと導く」と述べた[7]。多くの学者たちも、「国際的な法の支配」の視点に立って、新しい国際秩序について論じた。「レジーム」の意味内容を広げて主権を国際規範の枠組みと調和させようとする者や[8]、主権に対する国際法あるいは国際社会の優越を強調する者もいた[9]。「立憲主義的主権」や「グローバル立憲主義」、あるいは「立憲主義的多元主義」という表現を用いる学者もいた[10]。ウェストファリアの講和や脱植民地化は「国際社会の憲法」に変動をもたらした事件であり、それらは「主権の革命」を引き起こした、という見方も提示された[11]。こうした動きにおいて顕著なのは、世界政府・世界憲法を目指すことなく、既存の国際規範の拘束力や発展性に着目して、国際社会の立憲主義的枠組みを構想する態度であった。そしてそれに従って、主権概念は柔軟に解釈し直されていった。

いまや国連を中心とする国際社会主導のさまざまな平和維持・平和構築活動なども、「法の支配」を指導的な原理として取り入れている[12]。平和活動が実施され、国家機構の再建が大きな課題となっていく潮流のなかで、立憲主義的な原則に基づいて国家建設を行うことが個々の国家の安定につながり、国際社会全体の安定につながるという認識が広まったことが背景にある。こうした潮流のなかで、主権は樹立すべき目標であると同時に、実際の運用については平和活動の目的に応じて柔軟に解釈される原則として理解されるようになってきたのである[13]。

前章において、新しい国際立憲主義の台頭を観察した。それは、「国内的類推」に依拠せず、個人の権利を直接国際社会の規範体系のなかに入れ込んでいくものであった。その際に、国家主権概念は、立憲主義的に再解釈されるのだった。新しい立憲主義的な思潮にそった主権をめぐる議論は、西側陣営の勝利で終わった冷戦終焉後の時代においても確認される。冷戦後世界の特徴のひとつは、この新しい国際立憲主義の進展であると言うこともできるだろう。

各国内社会だけではなく、国際社会もまた、主権をそのひとつとする基礎的諸原則が織り成す規範体系を確立する。主権は、立憲主義的規範枠組みのなかで、最も基礎的な公的権威として機能する。「法の支配」は国内社会に適用される概念だとみなされがちだが、国際社会にも適用される。ただし「新しい国際立憲主義」が「立憲主義的」であるのは、国内社会に類似した国際社会の政治システムがあるからでも、まして世界憲法や世界政府があるからでもない。国家の擬人化に依拠した「国内的類推」を介在させることなく、公的権力と諸個人とが対峙する関係は、国際社会の場合でも見出すことができる。諸個人の権利を尊重する自由主義の価値規範が立憲主義の基盤をなすとすれば、国際社会もまた、共通の価値規範を標榜することによって、立憲主義的になりうるのである。

英米の立憲主義の中心思想である「通常権力」と「制憲権力」の区分、公的領域と私的領域の区分、国家主権と市民社会の区分は、国内社会と同じように、国際社会にも適用される。紛争後の平和構築や、人権侵害に対する人道的（軍事的・非軍事的）介入などの事例に国際社会がどのように立ち向かうかに応じて、適用方法をめぐる試行錯誤は繰り返された。時には活動の失敗への反省から、控え目な反応が提唱されることもあった。行為主体を国連から地域機構に変更する修正が加えられることもあった。だが、いずれにせよ、冷戦終焉後の世界においては、一貫して自由主義的価値規範の重要性が強調されたのであり、それによって新しい国際立憲主義は強化され、広がり続けていった。

2　批判理論と主権懐疑論

学問的分野においては、たとえば二〇世紀後半に確立された国際関係学の思考枠組みを支配していたのは、冷戦構造を前提とした国際政治の仕組みであった。そこでは、国家主権の概念は「国家中心主義」としての「現実主義」の本質を決定づけるものだとみなされた。そこで「現実主義」の修正を迫る一大事件として受け止められた冷戦の終焉は、国家主権概念に修正を求める契機として考えられた。新しい制度や事例に着目して主権概念の変容を論じようとした国際法学とも異なり、国際関係学においては、さまざまな哲学的思潮が動員されて、国家主権の概念が批判された(14)。

批判理論

そのような批判的な立場を、国際関係学において最も象徴的に代表したのは、「ポストモダン」あるいは「批判理論」などと形容され、「ポスト実証主義」とも総称される思潮であっただろう。これらの哲学的な思潮は、フランスから始まったミシェル・フーコーやジャック・デリダらの「ポスト構造主義」の影響を受けたリチャード・アシュレイや、[15]テオドール・アドルノやマックス・ホルクハイマーら「フランクフルト学派」の影響を示す「批判理論」を標榜する社会学的視点の導入を唱えるロバート・コックスらによって代表される。[16]アメリカでは、やがてアレクサンダー・ウェントによって代表される「コンストラクティヴィズム」が、国際関係学の主流への異議提唱という点で類似した役割を演じることになった。[17]

これらの新しい思潮は、国家中心主義として考えられた現実主義に対して敵対的であり、国家主権に対しても敵対的であった。とくに「ポスト構造主義」の学者たちは、現実主義が標榜する国家主権概念が形式的なものでしかないことを問題視し、意識的に国家主権の問題を取り扱った。[18]たとえばデヴィッド・キャムベルは、現実主義による主権の尊重は観念主義的なものだと示唆し、[19]R・B・J・ウォーカーは、主権の形式と主権の実際との乖離を強調した。[19]シンシア・ウェーバーは、政治的状況に応じて主権が多様に解釈されてきた歴史を示し、主権概念が可変的なものであることを示した。[20]

ただし、このような思潮に属する人びとは、主権概念を分析するというよりも、「国家主権を超えて思考する」ことを目指す傾向も持っていた。[21]そして、主権の形式的理解を批判することから始めるとしても、実際には多くの場合、きわめて全体主義的色彩あるいは絶対性をことさら強調した主権概念を攻撃して終わるのであった。[22]主権の問題に主権「男性」あるいは「自己」という哲学的課題を結びつけ、近代性そのものを批判しようとする動きもあった。[23]ただし、絶対主権の虚構性の暴露は、伝統的に立憲主義の根幹に位置する国家と市民社会の区分を補強する役割を持ってきた。

新しい哲学的な思潮は、国際関係学における「現実主義」への批判を試みつつ、実は必ずしも伝統的な英米の政治思想を標的とするものではない。

国家主権の浸食

こうした哲学的な国家主権概念の見直しの動きに並行して、経済や政治における「グローバル化」の流れに即して国家主権を再検討する気運も起こった。たとえば一九九〇年代には、国家主権はグローバル化した世界経済によって侵食されているといった議論が、きわめて頻繁になされた。経済活動が国境を越えた運動として広がっている現実に直面すると、国家主権は形骸化した古い理論の産物でしかなくなる、というわけである。冷戦終焉にともなう旧共産主義圏の崩壊によって、たしかに自由主義経済圏は飛躍的に広がった。グローバル経済が実質的なかたちを取り始めたのは、まさに冷戦終焉を媒介にしてのことであった。そのためサスキア・サッセンは、グローバル化は「アメリカナイゼーション」だと述べていた(24)。

ただしすでに前章で指摘したように、公的空間と私的空間とを切り分けたうえで、前者に国家機能を対応させ、経済活動を後者に含みこませるという考え方は、きわめて現代に特徴的な自由主義の発想であった。企業活動が侵食するのは中央政府の統御の度合いであり、国際法上の形式的主権国家の枠組みとは無関係である。自由経済活動の保障は、英米の伝統的な立憲主義の原則でもある。もともと国家の経済活動への介入と福祉国家化は、歴史的にはむしろ二〇世紀の神話と言ってもよいものである。つまりグローバル化した経済は全体主義的な有機的国家の主権を侵食するのかもしれないが、最初から市民社会との共存を予定している立憲主義的な主権を侵食するわけではない。そのため国家主権への批判として、単純に「人民主権」を国家主権の対立概念として示す、などということも起こってくる。[25] あるいはグローバル経済は、単に発展途上国の主権だけを弱めているにすぎないといった指摘もある。[26] 経済が国家を侵食しているというよりも、むしろ国家主権の領域と非国家主権の領域とを区分する立憲主義的な枠組みが強化されているということもできるだろう。

政治面では、国際制度の進展が国家主権を浸食しているという見解も、一九九〇年代には頻繁に見ることができた。たとえば、国連の活動が世界大の規模で主権国家を浸食している、といった議論である。地域機構のレベルでは、ヨーロッパ連合（ＥＵ）の統合過程は、「ポストモダン的分水嶺」であると言われることもあった。[27] 主権国家の領域から逸脱した非政府団体（ＮＧＯ）の活動が多様化・拡大して、重要になっているとの議論もなされた。環境問題などの地球大の問題に対応するために、国家主権の再解釈が必要だという議論も起こった。

ただし、これらのいずれもが、主権国家を否定する議論ではなかった。国際制度は、国連のような国際組織であれ、人権レジームのような規範的制度であれ、国際制度である限り、国家主権原則を国際的権威の原則として持っている。[28] ＥＵの場合ですら、加盟国の主権が深刻に疑われるわけではない。[29] ＥＵとは、必ずしも加盟国の主権に挑戦する超国家的組織ではない。[30] むしろＥＵは、新しい形態の「立憲主義的」主権概念を形成しているのだと言える。[31] また、ＮＧＯは国家主権の領域と区分される市民社会の領域を充実させることはあっても、国家主権そのものに敵対するわけではない。[32] さらに、環境問題を解決するために超国家組織を設立する動きなどが生まれたわけではなく、

実際にはむしろ、既存の主権国家や市場メカニズムの機能を前提にして対処する態度が一般的である。(33)

一九九〇年代の国家主権概念への攻撃の多くは、全能の国家という仮想の敵に対して行われたものが多かった。本書が見てきたように、英米諸国ではむしろ伝統的に、単なる絶対主権論に還元されない立憲主義的な言説が支配的であった。主権概念それ自体を批判する言説は、過去にも無数に存在した。しかし、ポスト冷戦時代に主権を批判する者は、絶対主権論だけが長く支配的であったという仮定を振りかざしたのである。(34)「批判理論」は、主権の絶対性の幻想を追い払おうとしたが、それによって実際には、国際社会の立憲主義的価値観を追認する効果も持っている。(35)「批判理論」の「批判」性は、絶対主権論を信奉する「現実主義」が学界の支配的学説であるという見方を前提としていた。その前提のうえに立つ「批判」とは、「国家中心主義」への攻撃のことであった。したがって、冷戦終焉後の世界で支配的な価値規範となった自由主義を補強する役目すら担いうるのであった。

3　保護する責任としての国家主権

冷戦後世界の特徴のひとつは、自由主義的価値規範の権威がかつてないほど高まったことである。それは、共産主義勢力が事実上消滅し、自由主義的価値規範と市場経済主義の広がりによって英米を中心とする西側諸国の勢力が高まり、英米の知識人の立憲主義的傾向も強まり、新興独立諸国の態度が変化し、国際組織の動きも影響を受ける、という大きな流れのなかで生まれた現象であった。冷戦の終焉は、本書の視点から特徴づければ、「立憲主義的」主権概念のさらなる高まりを予測させるのに十分な状況をつくりだした。そこで広がった自由主義的価値規範は、新しい国際立憲主義の拡大を準備するものであった。

冷戦終焉直後に生まれた、国際秩序全体を構想する数々の言説は、いずれもが不十分なものであると感じられた。「歴史の終焉」、「文明の衝突」、「多極的国際システム」などの概念は、鋭敏な問題意識を喚起するものであることは確かだったとしても、冷戦終焉後の時代を完全に表現しきったものとしては定着しなかった。むしろ多くの議論が向かっていったのは、新しい国際秩序の価値規範の枠組み、つまり本書が新しい国際立憲主義と呼ぶものを、どのようにとらえるか、という問いであった。

このような状況のなかで、国際社会を主導する知識人たちに与えられた課題は、信奉する価値規範の枠組みを強固にしながら、それに従って行動するための指針を整理することであった。歴史認識のグランド・セオリーの確立ではなく、行動のためのガイドラインが求められるようになったのである。たとえば、「人間の安全保障」論は、必ずしも体系的な理論にもとづく歴史認識や、新しい政策的領域の開拓を求めるようなものではない。それは、人間一人ひとりの安全を最優先するという指針に従った政策の実施を求めるための理念である(36)。

保護する責任としての国家主権

同じように時代の要請に応えるために巻き起こった議論で、国家主権の問題に正面から取り組んだのは、「保護する責任（Responsibility to Protect: R2P）」の考え方である。「保護する責任」論は、冷戦終焉後の世界に広まった自由主義的価値規範に従って国際社会が行動するための指針として時代を象徴しており、冷戦終焉後の世界における国家主権論をも象徴していたと言える。

「保護する責任」論は、「介入と国家主権に関する国際委員会（International Commission on Intervention and State Sovereignty: ICISS）」が二〇〇一年に公刊した報告書によって提唱された(37)。ICISSは、一九九九年のコソボ紛争をめぐるNATO軍の軍事介入をめぐる議論に対応するために、介入積極派であったカナダ政府のイニシアチブで設立された委員会である(38)。したがって「保護する責任」とは、「人道的介入」を正当化する論理を体系的に示すための概念だと、一般的には理解されている。ただしICISSは、やみくもに人道的介入の正当性を唱えたわけではない。ただ国際法違犯としての「干渉」にはあたらない「介入」のあり方を示そうとしたのである。その試みは、「責任」という概念を、「国家主権」の再検討という課題のなかで位置づけることによって行われた。

ICISSに影響を与えたフランシス・デンは、主権は責任をともなうものであり、むしろ主権の本質は責任の行使にあると主張していた(39)。これは野放図で恣意的な権力行使を、主権の名において容認する必要はない、という考え方にもとづいている。主権は立憲主義的な枠組みのなかで機能しなければならない、という考え方は、むしろ伝統的な立憲主義の理念の中心に位置する信念である。新しい国際立憲主義が興隆した冷戦終焉後の時代に、主権と責任とを結びつけ、国際立憲主義の規範的枠組みのなかでのみ主権が機能することを強調する議論が巻き起こったことは、きわめて自然な流れであったとも言えるだろう(40)。

「保護する責任」論の理論体系は、ＩＣＩＳＳが掲げる「中核的原則」によって簡明に説明される(41)。ＩＣＩＳＳは、第一に、「国家主権は責任をともなうものであり、国家の人民を保護する主要な責任は国家自身に属する」という原則を提示する。この第一の原則によって、第二の原則が正当化される。つまり「内戦・反乱・抑圧・国家破綻などによって、人びとが深刻な被害をこうむっているとき、そして問題となる国家がそれを止めたり、回避したりする意思あるいは能力を持っていないとき、不干渉原則は、国際的な保護する責任に道を譲る」。なぜなら「責任」が国家主権を構成する要素であるとするならば、「責任」を放棄した、あるいは果たしえない国家は、主権を保持するに値しない国家であるということになるからである。そして満たされなかった「責任」は、被害を受けている人民の名において、何者かが引き受けなければならない。もし国家が「責任」を引き受けようとせず、あるいは引き受けることができないとすれば、国際社会が引き受けなければならないのである。

ＩＣＩＳＳによれば、「諸国家の国際社会の指導的原則としての保護する責任の基盤は、（1）主権概念に内在する義務、（2）国連憲章第二四条による国際の平和と安全の維持に関する安全保障理事会の責任、（3）人権や人道的保護の宣言・条約、国際人道法と国内法における具体的な法的義務、（4）諸国家、地域機構、安全保障理事会それ自体の発展的な慣習」、に存する。ＩＣＩＳＳによれば、保護する責任は、「予防する責任」、「反応する責任」、「再建する責任」、の三つから構成されるのだが、いずれについても原初的で主要な責任は、「主権の概念に内在する」。

ここで保護する責任論の特徴が、国家主権の概念を通じて明らかになる。伝統的な介入論者からすれば驚くべきことだが、保護する責任とは、第一義的には国家主権のことなのである。逆説的にも聞こえるが、この点にこそ「責任」論を唱えることの本質的意義がある。保護する責任は、ICISSの理論的な説明に従えば、国家主権それ自体のことである。少なくともそれは、国家主権のひとつの解釈論である。ICISSによれば、保護する責任とは、まずもって国家主権のなかに内在している。ただ、その保護する責任が適切に発揮されない場合、つまり国家主権が適切に発揮されない場合、国連安保理によって代表される国際社会が、国家にかわって責任を肩代わりする必要性が生まれるということにすぎない。しかしそれもまた、国家主権のためなのである。

ICISSが目指す「介入の権利から、保護する責任へ」という議論の展開において決定的な役割を果たすのが、主権の理解の仕方である。「主権は二重の責任を含意する。つまり、外的には、ほかの諸国の主権の尊重、そして内的には、国家内部のすべての人びとの尊厳や基本的権利の尊重である」。この「責任としての主権」という考え方こそが、保護する責任を提唱するICISSの議論において、まさに「中心的な重要性を持つ」ものであった(42)。

ICISSによれば、「統制としての主権から、責任としての主権へ」、という「必要な再特徴化」がなされるとき、「介入の権利から、保護する責任へ」、という問題意識のパラダイム転換が起こる。この「責任としての主権」の考え方には、三つの重要な意味がある。第一に、国家機構は市民の安全と生命を守り、安寧を促進することに責任を持つ。第二に、国家的政治的権威は、内的には市民に対して、外的には国連を通じて国際社会に対して、責任を持つ。第三に、国家行為者は作為・不作為の場合の双方において、自らの行動に責任を持つ(43)。

「保護する責任」論と立憲主義

ここでＩＣＩＳＳの議論の理論的枠組みを提供しているのは、古典的な立憲主義の政治思想である。「国家は、地域における人権の基礎的な保証者であり、国際秩序を集合的に確保するための防御壁でもあり続ける」からである(44)。ただし国連憲章は、国際社会全体の責任も定めており、その他の国際法諸規定とともに主権を制限している。したがって国際社会の人権を中心とした規範的秩序のなかで、「主権は、人びとと所有物（property）を保護する主要な責任を、国家に付与する」(45)。人民の主権、保護する責任、人間の安全保障、などの議論に代表される新しい考え方の登場は、「国家指導者の絶対的権利から、民主主義・人権などの国際基準に依拠した人民の意思や国内統治形態の尊重へと、主権の基礎が移行している」ことを示している(46)。当初は、神法や宗教的慣習の尊重や自然法によって、そして次第に、合意に基づく諸国民の法によって、主権は制限されるようになったということである(47)。

「保護する責任」の論理構成は、自然法的発想や社会契約論に依拠した「古典主義」的な立憲主義によって明晰に説明することができる。介入が正当化されるような事態とは、伝統的な立憲主義にそって言えば、契約当事者の契約履行違犯によって「統治契約」が解消された状態である。つまり、政府が統治契約に反して人民の基本的権利を侵害するならば、統治契約関係は消滅し、人民は「天に訴える（appeal to Heaven）」ことができる。換言すれば、「革命権」または「抵抗権」を行使することができるのである。この社会契約論の発想は、しばしば容易に人道的介入論と結びつく。なぜなら人民による「抵抗権」の行使が正当化される場合には、現実の世界において人民が政府に対して弱い立場に置かれている場合にはとくに、それを外国勢力が助けることも、やはり正当なものだとみなされることが多かったからである(48)。

国内社会と国際社会は並列関係にあるが重なり合うことはないと仮定する「国内的類推」の発想は、一九世紀の主権絶対化の時代思潮に特有なものであり、決して超歴史的に見られる態度ではない(49)。少なくともそれはある特定の主権概念の解釈にもとづくものであり、決して普遍的なものではない(50)。だとすれば仮に「保護する責任」が国際社会においては新しい概念であるとしても、主権のなかに人民を保護する責任が内在しているという考え方自体は決して新奇なものではなく、むしろきわめて伝統的かつ国際的な立憲主義の思想に即していると言える(51)。

保護する責任とは主権国家に対抗する人道的介入を正当化するための理論である、というよく見られる理解からすれば、国家主権こそが保護する責任であるというＩＣＩＳＳの主張は、きわめて奇異に見えるかもしれない(52)。しかし、ＩＣＩＳＳの保護する責任論が、自由主義的価値規範が広まった冷戦終焉後の世界における国際立憲主義の枠組みのなかで構築された理論であることを理解すれば、それは全く不思議なことではない。保護する責任は立憲主義的秩序のなかに内在するものであり、主権という特別な公的権威が設定されるのもまた、同じ立憲主義的秩序のなかにおいてなのである。保護する責任の必要性が存在しなければ、国家主権の必要性もまた存在しない。

コフィ・アナン国連事務総長が二〇〇四年に組織した「脅威・挑戦・変化に関する国連事務総長ハイレベル・パネル」は、その報告書『より安全な世界――われわれが共有する責任（Our Shared Responsibility）』において、繰り返し「保護する責任」に言及した。ＩＣＩＳＳの共同委員長を務めたガレス・エバンスがメンバーとして加わったこのハイレベル・パネルは、「集団的かつ国際的な保護する責任」を明快に肯定した。(53) この報告書は、「保護する責任」の概念を、公式の国連文書のなかに導入したものであったが、全加盟国が積極的に賛同したわけではないとしても、決定的で強力な反対というものは生まれなかった。その理由は、「保護する責任」論が持つ国家主権の考え方が、現存する国際秩序と親和性を持つものであったことにあると言える。

ただしもちろん、だからといって、保護する責任としての主権の理解が普遍的に確立された、というわけではない。保護する責任論における主権の理解は、結局は、あくまでも数ある主権の理解のなかのひとつでしかない。しかし、それは少なくとも、冷戦終焉後に広まった自由主義的価値規範に依拠した国際立憲主義と、高い整合性を持つ主権の理解である。ＩＣＩＳＳが行ったのは、介入と国家主権の正当性を同時に説明し、体系的で一貫した理論的枠組みのなかに両者を位置づけることであった。そして、その理論的枠組みとは、本書が新しい国際立憲主義と呼ぶものにほかならない。保護する責任論が大きな注目を集め、議論を喚起しているのは、それが時代の思潮を的確に表現しているからなのである。

4　対テロ戦争の時代の国家主権

二〇〇一年九月一一日にアメリカ東部で発生した連続航空機テロは、「世界を変えた」と言われるほどの巨大な衝撃を世界に与えた。たしかに「九・一一」は、当日の被害の範囲を超えて、大きな波及的効果を世界大に放った。圧倒的な軍事力を誇るアメリカが自衛権を論拠にして開始した「対テロ戦争」は、ほとんど恒常的かつ普遍的に行われ、アフガニスタンやイラクといった戦場を越えて、二一世紀の世界に構造的変動をもたらす激震を放ったのである。(54)

「新保守主義者＝ネオコン」として知られる論者によれば、(55)アメリカは「ホッブズ的世界」＝「万人の万人に対する戦争」に生きており、そのため「カント的世界」＝「ユートピア」に生きるヨーロッパとは、全く異なる世界観を持っている。(56)ヨーロッパでは、人びとは力の世界を越えて、「法律と規則、国際交渉と国際協力」の世界に生きている。それは「歴史の終わりの後に訪れる平和と繁栄の楽園」である。これに対してアメリカは、「歴史が終わらない世界」で、安全保障と自由な秩序の維持・拡大に軍事力の行使が必要な世界に生きている。(57)

このようなアメリカを特別視する主張は、「対テロ戦争」の時代に顕著になった。ただし、アメリカに特有のこの世界観は、テロによって突然生まれたというよりは、アメリカの持つ比類なき圧倒的な力によって構造的に生まれてきたものでもある。(58)アメリカのＩＣＣへの参加を見送る態度に見られるように、一九九〇年代にもアメリカと西欧諸国とが足並みを乱したことはあった。(59)それはアメリカが持つ特別な力が、アメリカだけに特別な責任を与えているという論理に由来する。このような見方によれば、二一世紀の国際秩序は相当程度にアメリカの特別な力に依存しているのであり、換言すれば、アメリカの特別な力なくしては国際秩序も危機に陥ることになるのである。

アメリカの現実主義者

このようなアメリカの対外行動を理論的に裏づけていたのは、国際社会に対する特有の現実主義的見方であった。「批判理論」をはじめとする多くの国際関係学者の言説にかかわらず、ほとんどの現実主義者は、決して国家主権を教条的に振りかざしてはいなかった。亡命ドイツ人国際法学者の出自を持つモーゲンソーを例外として、大多数の国際関係学者は、国家主権を単なる形式論理としてのみ扱った。ある種の「帝国」と化したアメリカは、国家主権の原則を絶対視するわけではないが、主権国家システムを破壊するわけでもない。新しい国家主権の理論を展開するわけでもない。ただし「対テロ戦争」の時代において、アメリカの国際関係学における現実主義的潮流は、国家主権の虚構性を自明視しつつ、テロリストを封じ込めるうえでの主権国家の有用性を発見し、「対テロ戦争」の時代における意義を見出すことになった(60)。

こうした思潮を、一九九〇年代からの理論的議論において代表する者として、スティーヴン・クラズナーをあげてみたい。クラズナーによれば、主権とは「組織的な偽善」にほかならない。クラズナーによれば、主権には、国内主権（国内の公的権威の組織化）、相互依存主権（国境を越えた運動の統制）、国際法主権（諸国家の相互承認）、ウェストファリア主権（外的アクターの国内権限領域からの排除）の四つに分類される[61]。国際社会において問題になるのは後者二つであるが、それらはいずれも「偽善的」なものである。それらの適切性の論理は、結果の論理と整合していない。つまり、形式と現実が乖離している。権威的制度の欠如と力の非対称性に直面して、支配者たちは実際には結果だけを重視し、適切性を無視する。原則が残存しても、破られ続ける[62]。つまり現実の世界では、誰がどのように力を持って行使しているかが重視される。形式的には残存していることになっている主権の原則などは、尊重されない。

クラズナーによれば、史実に基づいたウェストファリアの講和の理解は、自らが「ウェストファリア主権」と呼んだものを裏切る。なぜなら一六四八年ウェストファリアの講和には、自律を脅かす宗教的寛容の規定などが盛り込まれていたからである。国家理性やバランス・オブ・パワーの登場という観点から見れば、ウェストファリア条約の重要性は明らかである。しかしウェストファリアの講和は、自律の原則を達成したわけではなかった。少数民族の規定は、ウィーン条約やヴェルサイユ条約にも取り込まれた。それらにおいてウェストファリア主権は、政治的事情に応じて無視された[63]。全く同様に、人権や国際貸付に関する実践も、最近になって突然始まったことではない[64]。こうした事情のため、クラズナーは主権を「組織的な偽善」と呼ぶのである。

クラズナーは主権の絶対性を否定しながら、しかしその帰結として、力の論理の卓越性を唱える。「領域、統制、承認、自律といった、主権に結びつけられるすべての特徴を、あらゆる、あるいはほとんどの政治的実体が兼ね備えていた理想の時代など、いまだかつて存在しなかった。人権、少数民族の権利、財政的規律、国際安全保障、といった代替的諸原則が、自律に挑戦し続けてきた。

権威の階層的な構造が欠如しているため、威圧と強制は、つねに強者が弱者に対して用いることができる選択肢である」[65]。つまり、主権が「組織的な偽善」であるのは、力の論理こそが卓越した論理として現実の国際関係を決定しているからなのである。

ただし、クラズナーが主権概念を否定する立場をとっていると考えるのは、やや行きすぎた見方である。主権のような規則は、「もし指導者たちが代替案に自発的に同意したり、それを強制的に課したりするのでなければ、デフォルト＝初期状態（default）となる」。したがって国家主権は、指導者たちが代替的方策を同意や強制に基づいて実施しない場合には、有効性を持つ。クラズナーが付記するのは、主権という規則が同意や強制に本当に優越するわけではなく、規則の例外は歴史上にも現代世界にも数多く存在する、ということであった。「広まっている規則は、何らかの事柄の実施を容易にし、ほかの事柄の実施を困難にする。しかし規則は決定的ではない」[66]。

かつて両大戦間期に、カール・シュミットは主権制限論に対抗して、例外状態にこそ主権が宿ると論じた。なぜなら、例外状態においてこそ、決断をもたらす真の主権者が現れるからである。クラズナーは、ある意味でシュミットを逆さまにした視点から主張をする。クラズナーによれば、国家主権とは通常状態の壁紙のようなものであり、変則的事態が発生すれば変更されるしかないものである。クラズナーは、主権は形骸化した大小さまざまな国家に帰属するものだとしか考えないので、それはひとつの画一的な規則だと考える。クラズナーにとって、例外状態や危機の状態で決定を下す現実主義の政治の世界は、主権という平時の論理の産物とは無関係に展開していくのである。

クラズナーの議論は、力の要素を強調するという点できわめて現実主義的なものだが、実は力の論理の卓越性に対する着目は、アメリカのリベラル派の議論にも見ることができる。ジョン・アイケンベリーは、『アフター・ヴィクトリー』において、主な世界大戦の後の国際社会の戦後処理方法の歴史を検討した。アイケンベリーによれば、国際秩序には三つのタイプがある。バランス・オブ・パワー、覇権、そして制度によって成り立つ立憲主義の秩序（constitutional order）である。これらは、力を抑制するための方法で分類される秩序のタイプである(67)。

それでは秩序形成にあたって採用される戦略には、どのようなものがあるだろうか。世界大の戦争の後に国際秩序を立て直そうとした政策決定者たちが腐心したのは、力を抑制する仕組みをつくりだすことであった。アイケンベリーによれば、そこで「最も基礎的な戦略」となったのは、「国家主権を補強すること」であった。なぜなら「政治的単位が主権国家に分散することによって、力は抑制される」からである。主権国家を設定することで、帝国や宗教による力の集中を防ぐことができる。アイケンベリーは、これこそが、ウェストファリアの講和が行おうとしたことだ、と指摘する。ウェストファリアの講和における領域主権と宗教の役割の分化は、ヨーロッパがひとつの政治秩序を持っているという前提の上に成立するものであった(68)。

アイケンベリーにとって、主権は絶対的なものではないが、とくに「偽善」と呼ぶほどのものでもない。それは、力を抑制して秩序を形成する、という明確な目的に従って運用される「制度」である。あるいは、それ自体が「戦略」である。秩序を形成するために主権という制度を導入するのは、規範的手続きに従った規則というよりも、政策決定者の政策判断である。具体的な力や価値を持った人間の政策判断を介して、つまり力の政治の契機を介して、主権は維持される。

アイケンベリーは、秩序形成に関心を注ぐ点において、クラズナーとは大きく異なっている。しかし、実は国家主権の理解の仕方については、実は両者のあいだにそれほど大きな差異はない。クラズナーが「偽善」と呼んだものを、アイケンベリーは「制度」と呼ぶ。彼らが意味するのは、主権という「偽善」あるいは「制度」は、力とは別の次元に成立するということである。クラズナーは、主権という「偽善」が、同意も強制もないところに適用される平時の論理でしかないことを強調する。アイケンベリーは、主権という「制度」が秩序を形成することを強調しつつ、それは力の抑制に成功した場合であることを示唆する。両者は、力の側に立って主権を見るか、制度の側に立って主権を見るかの相違があるだけで、力と主権を分離するという点では一致している。また戦後の制度（再）構築の時代などにおいて、力の論理への着目が起こるだろうことについても、一致していると言ってよい。

このクラズナーとアイケンベリーが一致する地点こそ、アメリカが団結する点である。クラズナーもアイケンベリーも立憲主義的な秩序の存在を認識する。立憲主義においては、「革命権」や「抵抗権」も正当化されるような危機的な瞬間が訪れる可能性があることは想定される。それが力の行使の時代であることについても、クラズナーとアイケンベリーは一致している。ただ、主権を超えた世界について、クラズナーであれば力に由来する同意や強制に着目した描写をするが、アイケンベリーであれば、秩序を再形成する制度に着目した描写をする点において異なっているだけなのである。そしてこの両者の違いこそが、アメリカがヨーロッパと袂《たもと》を分かつ点と重なっているのである。

国際立憲主義における力の問題

政府が統治契約に反して人民の基本的権利を侵害したときと同じように、国際社会の立憲主義的規範の違反が起これば国際社会の構成員は「天に訴える」ことができるはずである。ただし、この革命権の行使にあたる行為は、現存の国際立憲主義の制度的枠組みをも超えた、力の行使にあたる行為である。そこで発生するのが、同意や強制、あるいは秩序の再形成にもかかわる、力の世界である。アメリカが唯一の超大国になった冷戦終焉後の世界において、アメリカが立憲主義的秩序の保障者として主権平等の世界を超えた存在となることは、強く意識されていた。「対テロ戦争」が勃発する二〇〇一年以前から、アメリカは主権を「偽善」または「制度」とみなしつつ、それらを超えた力の行使の必要性について、理論的に正当化しようとしていた。

このようにしてみると、なぜ「保護する責任」論[69]が代表する国際立憲主義が、アメリカが標榜する国際立憲主義と同じではないかが、判明してくる。むしろ「保護する責任」は、「対テロ戦争」の時代において、アメリカ流ではない国際秩序の論理として影響力を持つことになった。実際、「保護する責任」を声高に標榜しているのは、アメリカ以外の自由主義諸国の知識人たちであり、「保護する責任」論[70]は、カナダやオーストラリアといった英米以外の英語使用諸国において最も高い関心を得ている。こうした経緯から、「保護する責任」は、国連システムでの認知を高めていっ

た一方で、アメリカやイギリスの対外的行動を説明する論理としての有効性は、失ったのである。(71)

アメリカとその他の自由主義諸国は、価値規範を共有しているにもかかわらず、既存の国際秩序に対して持つ態度の違いを明らかにする。保護する責任を唱える自由主義諸国は、主権は責任であり、立憲主義的な国際秩序は相互に主権を認めあうことによって成立すると考える。力の行使による安全保障を求めるアメリカは、主権とは擬制にすぎず、立憲主義的な国際秩序は敵対勢力の排除によって成り立つと考える。冷戦が終焉し、国際社会の支配的思潮が自由主義に収斂していくなか、多くの自由主義諸国は、国際立憲主義の制度を強化することを、その成果として確認しようとした。ただしアメリカは、国際立憲主義を維持・回復する力を、いったい誰が行使するのか、という問題を強調する。国際立憲主義を支え続けるのは、国連安保理のような法的制度に裏づけられた機関ではなく、アメリカが持つ力であると考えられた。

立憲主義は、平時には、きわめて保守的な社会制度として機能する。変更不可能な規則の存在を強調するからである。しかし、立憲主義的秩序が危機に陥った状況においては、革命を正当化する。変更不可能な規則の名のもとに、暴力行為すら、立憲主義の秩序を回復する行為として認められるのである。立憲主義は、保守と革命の論理を内包したイデオロギーである。ただし、危機の時代にあってもなお平時と連続した制度的枠組みのなかで処理する手続きを強調する議論もありうるだろう。これは、危機の論理を平時の論理のなかに包み込み、国際立憲主義をより純粋な制度論として発展させようとする議論であると言える。他方、危機的な状況においては既存の制度的枠組みが円滑に機能するとは仮定できないと考え、力の行使による立憲主義の維持・回復を強調する議論もありうる。これは、危機の論理を平時の論理から切り離し、国際立憲主義を正義に従った力の行使によって保障しようとする議論であると言える。

こうしたアメリカ以外の自由主義諸国と、アメリカによって代表された異なる国際立憲主義は、国家主権の機能に関して異なる見解を導き出す。「保護する責任」論においては、主権とは「責任」であった。したがって主権の強調こそが、国際社会の秩序維持の基盤なのである。しかし、アメリカの現実主義に従えば、主権とは「偽善」でしかない。したがって主権は放棄する必要のない便宜的な道具だとしても、それ自体として国際秩序を維持するようなものではない。国連安保理決議の権威ではなく、圧倒的な軍事力と経済力を誇るアメリカが正しく力を使うことこそが、国際秩序を支えるものなのである。

このような二つの潮流は、同じ国際立憲主義を、かなりの程度まで共有している。何よりも、立憲主義の破壊者に対しては断固たる措置をとることを求めるという点で、共闘者であると言える。国際社会の主流において、国際立憲主義が支配的な思潮になったということは、国際立憲主義が敵を持たなくなったということを全く意味しない。国際社会の主流とは言えない部分において、多数の敵が存在する。たとえば、ならず者国家と呼ばれたり、テロリストと呼ばれたりする勢力が、それである。また敵とは言えないまでも、国際社会の規範からの逸脱と言える状態も存在する。破綻国家と呼ばれる地域での人権侵害をはじめとして、自由主義的価値規範が無視されている状態が、それである。国際立憲主義は、これらの挑戦に対して、制度的規則を強調することによって立ち向かい、危機的な状況においては非常事態の手段をとることも辞せずして立ち向かうのである。[72]

表９　冷戦後世界の国際立憲主義

前提となる思想の枠組み	人権規範を基盤とする国際的な立憲主義を普遍的に国際社会で適用することが可能だという思想，それによって国際社会に法の支配にもとづく秩序がもたらされるという思想
政治的背景	アメリカを中心とする自由主義陣営の勝利による冷戦構造の終焉と，自由主義的価値規範にもとづく新しい国際秩序形成の必要性
特徴的な思想的義論の流れ	立憲主義の伝統に従った国家主権論の強調（国家主権の立憲主義化と，その流れにおける国家主権論への再注目）
国際平和活動の思想的な位置づけ	（立憲主義的）国家主権は国際秩序の基礎単位を設定する原則であるため，意図的・非意図的な主権国家の崩壊は，国際社会全体による介入的是正の対象となる
対テロ戦争の思想的な位置づけ	国際社会に対する敵対者は，国家主権原則を含む国際立憲主義の諸原則に対する敵対者であるため，国際社会全体の介入的防衛措置の対象となる

その危機的な状況において、主権は「責任」として強調されるかもしれないし、あるいは「偽善」として操作されるだけかもしれない。国家主権は回復すべき立憲主義的秩序の枢要な一部であるので、危機的な状況においても国家主権を強調するかたちで対応策がとられなければならないと考えるのが、多くの自由主義諸国の考え方であり、国連が依拠する立場でもある。アメリカにおいても、効果的な主権の樹立こそが軟弱な主権しか持たない脆弱国家を温床とするテロリストの撲滅のために必要な措置である、という認識が広まった(73)。たしかに「対テロ戦争」は、主権国家の枠組みを基盤とした安定した国際社会を求めている。しかしそのように戦略上の目的に応じて便宜的に樹立される主権とは、表層的に存在する制度的な道具でしかないかもしれない。危機的な状況においては、より根源的な正義の論理に基づく力の行使が、重視されるべきかもしれない。

このような異なる国家主権の理解は、冷戦終焉後の世界において、自由主義的思潮が支配的になったがゆえに生まれたものだと言えるだろう。支配的になったにもかかわらず、あるいは支配的になってしまったがゆえに、国際立憲主義は政策論と直結した多くの課題に直面することになった。現実の世界における多くの挑戦に対応しなければならない国際立憲主義にとっては、危機的な状況においてどのような論理を採用すべきかが、あらためて最も重要な課題になり始めているのである。

注

（1） Boutros Boutros-Ghali, *An Agenda for Peace* (New York: United Nations, 1995), first published in 1992, p. 44.

（2） Boutros Boutros-Ghali, "Empowering the United Nations," *Foreign Affairs*, vol. 72, no. 5, winter, 1992/93, pp. 98-99. See also Samuel M. Mankinda, "Sovereignty and International Security: Challenges for the United Nations," *Global Governance*, vol. 2, no. 2, May-August 1996.

（3） See, for instance, Jackson Nyamuya Maogoto, *State Sovereignty and International Criminal Law: Versailles to Rome* (Ardsley, NY: Transnational Publishers, 2003).

（4） See, for instance, Ali Khan, "The Extinction of Nation-States," *American University International Law Review*, vol. 7, 1992, p. 234.

（5） Michael C. Davis, "Chinese Perspectives on Human Rights," in Michael C. Davis (ed.), *Human*

Rights and Chinese Values: Legal, Philosophical, and Political Perspectives (Hong Kong, Oxford, New York: Oxford University Press, 1995), p. 17.

(6) See, for instance, Jeff J. Corntassel and Tomos Hopkins Primeau, "Indigenous 'Sovereignty' and International Law: Revised Strategies for Pursuing 'Self-Determination'," *Human Rights Quarterly*, vol. 17, no. 2, May 1995; Mortimer Sellers(ed.), *The New World Order: Sovereignty, Human Rights, and the Self-Determination of Peoples* (Oxford and Washington, D.C.: Berg, 1996); and Michael Barnett, "The New United Nations Politics of Peace: From Juridical Sovereignty to Empirical Sovereignty," *Global Governance*, vol. 1, no. 1, Winter 1995.

(7) "Pérez de Cuéllar Discusses Sovereignty and International Responsibility," *The Review of the International Commission of Jurists,* vol. 47, 1991, pp. 24, 26.

(8) See Abram Chayes and Antonia Handler Chayes, *The New Sovereignty: Compliance with International Regulatory Agreements* (Cambridge and London: Harvard University Press, 1995), p. 27; Alec Stone, "What is a Supranational Constitution?: An Essay in International Relations Theory," *The Review of Politics*, vol. 56, no. 3, Summer 1994, p. 474; and Sungjoon Cho, "Global Constitutional Lawmaking," *University of Pennsylvania Journal of International Law*, vol. 31, no. 3, 2009, p. 669.

(9) Tom J. Farer, "Collectively Defending Democracy in a World of Sovereign States: The Western Hemisphere's Prospect," *Human Rights Quarterly*, vol. 15, no. 4, November 1993; Ruth Lapidoth, "Sovereignty in Transition," *Journal of International Affairs*, vol. 45, no. 2, Winter 1992; Michael Ross Fowler and Julie Marie Bunck, "What Constitutes the Sovereign State?"

Review of International Studies, vol. 22, 1996; and Michael Ross Fowler and Julie Marie Bunck, *Law, Power and the Sovereign State: The Evolution and Application of the Concept of Sovereignty* (University Park: Pennsylvania State University Press, 1996).

(10) Philip Allot, *Eunomia: New Order for a New World* (Oxford and New York: Oxford University Press, 1990), pp. 207–218; Colin Warbrick, "The Principle of Sovereign Equality," in Vaughan Lowe and Colin Warbrick (eds.), *The United Nations and the Principles of International Law: Essays in Memory of Michael Akehurst* (London and New York: Routledge, 1994), p. 206; Richard Falk, Robert C. Johansen and Samuel S. Kim, "Global Constitutionalism and World Order," and Richard Falk, "The Pathways of Global Constitutionalism," in Richard Falk, Robert C. Johansen, and Samuel S. Kim (eds.), *The Constitutional Foundations of World Peace* (Albany: State University of New York Press, 1993); Neil Walker, "Late Sovereignty in the European Union," in Neil Walker (ed.), *Sovereignty in Transition* (Oxford: Hart Publishing, 2003).

(11) Daniel Philpott, *Revolutions in Sovereignty: How Ideas shaped Modern International Relations* (Princeton, N.J.: Princeton University Press, 2001).

(12) 篠田英朗『平和構築と法の支配――国際平和活動の理論的・機能的分析』（創文社、二〇〇三年）、篠田英朗「第七章 法の支配」藤原帰一・大芝亮・山田哲也（編）『平和構築・入門』（有斐閣、二〇一一年）、参照。

(13) See, for instance, Dominik Zaum, *The Sovereignty Paradox: The Norms and Politics of International Statebuilding* (Oxford: Oxford University Press, 2007); Barnett R. Rubin,

"Constructing Sovereignty for Security," *Survival*, vol. 47, no. 4, 2005; George Lawson, "Sovereignty Reconsidered," *Current History: A Monthly Magazine of World Affairs*, vol. 104, no. 682, 2005; S. Frederick Starr, "Sovereignty and Legitimacy in Afghan Nation-Building,"in Francis Fukuyama, *Nation-Building: Beyond Afghanistan and Iraq* (Baltimore: Johns Hopkins University Press, 2006).

(14) See, for instance, Christopher J. Bickerton, Philip Cunliffe and Alexander Gourevitch (eds.), *Politics without Sovereignty: A Critique of Contemporary International Relations* (Abingdon: University College London Press, 2007).

(15) See, for instance, Richard K. Ashley and R. B. J. Walker, "Conclusion: Reading Dissidence/Writing the Discipline: Crisis and the Question of Sovereignty in International Studies," *International Studies Quarterly*, vol. 34, no. 3, September 1990.

(16) Robert W. Cox, "Social Forces, States and World Orders: Beyond International Relations Theory," in Robert O. Keohane (ed.), *Neorealism and Its Critics* (New York: Columbia University Press, 1986).

(17) Alexander Wendt, *Social Theory of International Politics* (Cambridge: Cambridge University Press, 1999).

(18) David Campbell, *Politics without Principle: Sovereignty, Ethics, and the Narratives of the Gulf War* (Boulder and London: Lynne Rienner Publishers, 1993), p. 82.

(19) R. B. J. Walker, "Sovereignty, Identity, Community: Reflections on the Horizons of Contemporary Political Practices," in R. B. J. Walker and Saul H. Mendlovitz (eds.), *Contending*

Sovereignties: Redefining Political Community (Boulder and London: Lynne Rienner Publishers, 1990), pp. 159–160; R. B. J. Walker, *Inside/Outside: International Relations as Political Theory* (Cambridge: Cambridge University Press, 1993), p. 170.

(20) Cynthia Weber, *Simulating Sovereignty: Intervention, the State and Symbolic Exchange* (Cambridge: Cambridge University Press, 1995). See also Thomas J. Bierstaker and Cynthia Weber (eds), *State Sovereignty as Social Construct* (Cambridge: Cambridge University Press, 1996).

(21) Michael J. Shapiro, "Moral Geographies and the Ethics of Post-Sovereignty," *Public Culture*, vol. 6, no. 3, Spring 1994, p. 480.

(22) See, for instance, Jean Bethke Elshtain, "Sovereignty, Identity, Sacrifice," *Social Research: An International Quarterly of the Social Sciences*, vol. 58, no. 3, Fall 1991. See also Hent Kalmo and Quentin Skinner, *Sovereignty in Fragments: The Past, Present and Future of a Contested Concept* (Cambridge: Cambridge University Press, 2010).

(23) See Tom Porter, "Postmodern Political Realism and International Relations Theory's Third Debate," in Claire Turenne Sjolander and Wayne S. Cox (eds.) *Beyond Positivism: Critical Reflections on International Relations* (Boulder and London: Lynne Rienner Publishers, 1994); Joseph Dunne, "Beyond Sovereignty and Deconstruction: The Storied Self," *Philosophy and Social Criticism*, vol. 21, no. 5/6, September–November 1995.

(24) Saskia Sassen, *Losing Control?: Sovereignty in an Age of Globalization* (New York: Columbia University Press, 1996), pp. 16–20.

(25) Joseph A. Camilleri and Jim Falk, *The End of Sovereignty?: The Politics of a Shrinking and Fragmenting World* (Aldershot: Elgar, 1992), pp. 114, 120.

(26) David Williams, "Aid and Sovereignty: Quasi-states and the International Financial Institutions," *Review of International Studies*, vol. 26, no. 4, 2000.

(27) Thomas Christiansen, *European Integration between Political Science and International Relations Theory: The End of Sovereignty?* (San Domenico, Italy: European University Institute, 1994); Shirley Williams, "Sovereignty and Accountability in the European Community," *Political Quarterly*, vol. 61, no. 3, July–September 1990, pp. 299–317; Ian Ward, "The End of Sovereignty an the New Humanism," *Stanford Law Review*, vol. 55, no. 5, May 2003.

(28) See, for instance, Kurt Mills, *Human Rights in the Emerging Global Order: A New Sovereignty?* (London: Macmillan, 1998); Christian Reus-Smit, "Human Rights and the Social Construction of Sovereignty," *Review of International Studies*, vol. 27, no. 4, 2001; Jean L. Cohen," Rethinking Human Rights, Democracy, and Sovereignty in the Age of Globalization," *Political Theory*, vol. 36, no. 4.

(29) See for instance, Paul Taylor, "British Sovereignty and the European Community: What is at Risk?" *Millennium: Journal of International Studies*, vol. 20, no. 1, Spring 1991; Gavin Smith, "Why Sovereignty Matters," in Patrick Robertson (ed.), *Reshaping Europe in the Twenty-First Century* (Basingstoke and London: Macmillan, 1992).

(30) Michael Newman, *Democracy, Sovereignty and the European Union* (London: Hurst, 1996),

pp. 14-15.

(31) Sanford Lakoff, "Between Either/Or and More or Less: Sovereignty versus Autonomy under Federalism," *Publius: The Journal of Federalism*, vol. 24, no. 1, Winter 1994, p. 76. イギリスの「議会主権」は、実証主義的な絶対主権論の性格ではなく、アメリカ流の立憲主義に近い性格を持っていると主張される。Irvine Lairg, "Sovereignty in Comparative Perspective: Constitutionalism in Britain and America," *New York University Law Review*, vol. 76, no. 1, 2001.

(32) See Stephen D. Krasner, "Sovereignty," *Foreign Policy*, vol. 122, 2001, p. 26.

(33) See Ken Conca, "Environmental Protection, International Norms, and State Sovereignty: The Case of Brazilian Amazon," in Gene M. Lyons and Michael Mastanduno (eds.), *Beyond Westphalia?: State Sovereignty and International Intervention* (Baltimore and London: Johns Hopkins University Press, 1995); Karen T. Litfin (ed.), *The Greening of Sovereignty in World Politics* (Cambridge, MA: MIT Press, 1998).

(34) 主権に程度を認めることは、主権概念の破綻そのものであると論じたのは、Thomas G. Weiss and Jarat Chopra, "Sovereignty under Siege: From Intervention to Humanitarian Space," in Lyons and Mastanduno (eds.), *op. cit.*, pp. 99-100.

(35) See, for instance, Robert Jackson, *Sovereignty: Evolution of an Idea* (Cambridge: Polity, 2007).

(36) 篠田英朗・上杉勇司（編）『紛争と人間の安全保障——新しい平和構築のアプローチを求めて』（国際書院、二〇〇五年）、参照。

(37) The International Commission on Intervention and State Sovereignty, *The Responsibility to*

Protect (Ottawa: International Development Research Centre, 2001).

（38）　重要な二人のカナダ人（Gisèle Côté-Harper and Michael Ignatieff）が、計一二名のＩＣＩＳＳの構成メンバーに加わっている。See, for instance, Michael Ignatieff, *Virtual War: Kosovo and Beyond* (Chatto and Windus, 2000) and *Empire Lite: Nation-Building in Bosnia, Kosovo, Afghanistan* (Vintage, 2003).

（39）　See Francis M. Deng, Sadikiel Kimaro, Terrence Lyons, Donald Rothchild and I. William Zartman, *Sovereignty as Responsibility: Conflict Management in Africa* (Washington, D.C.: Brookings Institution, 1996). See also Gareth Evans and Mohamed Sahnoun, "The Responsibility to Protect," *Foreign Affairs*, vol. 81, no. 6, 2002, pp. 101-102.

（40）　ＩＣＩＳＳの主要な構成員であったラメシュ・タクールは、篠田の議論（Shinoda, *Re-examining Sovereignty*）を参照して、責任としての主権が、「立憲主義的主権」の伝統によって説明されることを示唆している。See Ramesh Thakur, "Intervention, Sovereignty and the Responsibility to Protect," *Security Dialogue*, vol. 33, no. 3, 2002.

（41）　The International Commission on Intervention and State Sovereignty, *op. cit.*, p. xi.

（42）　*Ibid.*, p. 8.

（43）　*Ibid.*, p. 13.

（44）　The International Commission on Intervention and State Sovereignty, *The Responsibility to Protect: Research, Bibliography, Background: Supplementary Volume to the Report of the International Commission on Intervention and State Sovereignty* (Ottawa: International Development Research Centre, 2001), p. 7.

(45) *Ibid.*, p. 8.
(46) *Ibid.*, p. 11.
(47) *Ibid.*, p. 12.
(48) 篠田英朗「主権、人権、そして立憲主義の限界点――抵抗権および介入権の歴史的・理論的考察」『年報政治学２００１』、参照。
(49) 篠田英朗「国際秩序と国内秩序の共時性――価値規範をめぐる社会秩序構想モデルの歴史的分析」『国際政治』第一四七号(二〇〇六年)。
(50) See Hideaki Shinoda, *Re-examining Sovereignty: From Classical Theory to the Global Age* (London: Macmillan, 2000).
(51) 「保護する責任」論には何ら新しいものはないとの指摘については、Aidan Hehir, "The Responsibility to Protect: 'Sound and Fury Signifying Nothing'?" *International Relations*, vol. 24, no. 2.
(52) 主権と責任を対立軸とする見方については、Michael Keren and Donald A. Sylvan (eds.), International Intervention: Sovereignty versus Responsibility (London: Frank Cass, 2002).
(53) See *A More Secure World: Our Shared Responsibility: Report of the Secretary-General's High-level Panel on Threats, Challenges and Change High-Level Panel* (New York: United Nations, 2004) (UN Document A/59/565), para. 203.
(54) ある戦後法の研究者によれば、主権の回復は占領者の義務だが、超国家的な権威を要するため、主権それ自体は制限される。アメリカによる「対テロ戦争」は恒常的に主権を制限する。Mark Evans, "Balancing Peace, Justice and Sovereignty in *Jus Post Bellum*: The Case of 'Just

Occupation,' " *Millennium: Journal of International Studies*, vol. 36, no. 3, 2008.

（55）篠田英朗「アメリカ『帝国』とリベラル・デモクラシー――『ホッブズ的世界』と『歴史の終わり』」『現代思想』（二〇〇三年一二月号）、一五一－一六二頁、参照。

（56）ロバート・ケーガン（山岡洋一訳）『ネオコンの論理――アメリカ新保守主義の世界戦略』（光文社、二〇〇三年）、七－八頁。

（57）ケーガン『ネオコンの論理』、七－八頁。

（58）Robert Kagan, "Power and Weakness," *Policy Review*, June-July 2002 at <http://www.policyreview.org/JUN02/kagan.html>.

（59）See Hideaki Shinoda, "Peace-building by the Rule of Law: An Examination of Intervention in the Form of International Tribunals," *International Journal of Peace Studies*, vol. 7, no. 1, 2002. 篠田英朗「アメリカ・ユニラテラリズム――国際刑事裁判所を題材にして」押村高（編）『帝国アメリカのイメージ――国際社会との広がるギャップ』（早稲田大学出版部、二〇〇四年）、参照。

（60）See, for instance, Michael Chertoff (US Secretary of Homeland Security), "The Responsibility to Contain: Protecting Sovereignty under International Law," *Foreign Affairs*, vol. 88, no. 1. See also Audrey Kurth Cronin, "Rethinking Sovereignty: American Strategy in the Age of Terrorism," *Survival*, vol. 44, no. 22, 2002.

（61）Stephen D. Krasner, *Sovereignty: Organized Hypocrisy* (Princeton, N. J.: Princeton University Press, 1999), pp. 9-25.

（62）*Ibid*., p. 40.

（63）*Ibid*., Chapter 3.

(64) *Ibid.*, Chapters 4, 5.

(65) *Ibid.*, p. 238.

(66) Stephen D. Krasner, "Explaining Variation: Defaults, Coercion, Commitments," in Stephen D. Krasner (ed.), *Problematic Sovereignty: Contested Rules and Political Possibilities* (New York: Columbia University Press, 2001), pp. 341-342. See also Stephen D. Krasner, "Sovereignty: An Institutional Perspective," *Comparative Political Studies*, vol. 21, no. 1, 1988; Stephen D. Krasner, "Abiding Sovereignty," *International Political Science Review*, vol. 22, no. 3; Stephen D. Krasner, "Sharing Sovereignty: New Institutions for Collapsed and Failing States," *International Studies*, vol. 29, no. 2, 2004; Stephen D. Krasner, "The Case for Shared Sovereignty," *Journal of Democracy*, vol. 16, no. 1, 2005.

(67) G. John Ikenberry, *After Victory: Institutions, Strategic Restraint, and the Rebuilding of Order after Major Wars* (Princeton, N.J.: Princeton University Press, 2001), pp. 29-37.

(68) *Ibid.*, pp. 37-39. See also G. John Ikenberry, "Constitutional Politics in International Relations," *European Journal of International Relations*, vol. 4, no. 2.

(69) 「保護する責任」と「対テロ戦争」の対立性については、たとえば、Nicholas J. Wheeler, "The Humanitarian Responsibilities of Sovereignty: Explaining the Development of a New Norm of Military Intervention for Humanitarian Purposes in International Society," in Jennifer M. Welsh (ed.), *Humanitarian Intervention and International Relations* (Oxford: Oxford University Press, 2004); Jennifer Welsh, Carolin Thielking and S. Neil Macfarlane, "The Responsibility to Protect: Assessing the Report of the International Commission on Intervention and State Sovereignty,"

International Journal, vol. 57, no. 4, 2002 を参照。

（70） See Gareth Evans, *The Responsibility to Protect: Ending Mass Atrocity Crimes Once and For All* (Washington, D.C.: Brookings Institution Press, 2008); Alex J. Bellamy, *Responsibility to Protect* (Cambridge: Polity, 2009). これらの諸国では「保護する責任」と「人間の安全保障」を結びつけて伝統的主権概念の修正の動きととらえる見方も強い。Nicholas Thomas and William T. Tow, "The Utility of Human Security: Sovereignty and Humanitarian Intervention," *Security Dialogue*, vol. 33, no. 2, 2002.

（71） See, for instance, Thomas G. Weiss, "The Sunset of Humanitarian Intervention? The Responsibility to Protect in a Unipolar Era," *Security Dialogue*, vol. 35, no. 2, 2004. See also Antony Anghie, "Rethinking Sovereignty in International Law," *The Annual Review of Law and Social Science*, vol. 5.

（72） 篠田英朗『国際社会の秩序』（東京大学出版会、二〇〇七年）、参照。

（73） Anne L. Clunan and Harold A. Trinkunas (eds.), *Ungoverned Spaces: Alternatives to State Authority in an Era of Softened Sovereignty* (Stanford, CA: Stanford Security Studies, 2010).

終章

結論と展望

本書は、立憲主義の伝統の観点から、国家主権概念の変質を分析することを試みた。このことは、現代国際社会は、新しい国際立憲主義の思潮が広がっている時代である、という本書の基本的な認識とも結びついている。国際的な立憲主義にそった国家主権の理解は、現代国際社会の規範的支柱を映し出すものであり、したがって現代国際社会をよりよく理解するための鍵である、と本書は論じた。

本書は、まず序章において、前近代の時代における主権論を紹介して、議論の導入を行った。第1章では、一七～一八世紀のイギリスとアメリカの立憲主義をめぐる議論を見ることによって、立憲主義的な国家主権の理解の源流を確認した。第2章は、一九世紀の国民主義の高揚が古典主義時代の立憲主義を変質させていった過程を叙述した。第3章は、第一次世界大戦後の国際立憲主義の台頭を描き出した。第4章は、両大戦間期における国際立憲主義の興亡を見た。第5章は、第二次世界大戦後の政治情勢が主権論にもたらした影響を分析した。第6章は、二〇世紀後半の新しい国際立憲主義に焦点を当てた。第7章は、冷戦終焉後の時代における新しい国際立憲主義の思潮の広がりについて論じた。

このような本書の分析によって、国家主権の理解が時代に応じて大きく変転していること、そして現代国際社会においては国際立憲主義の思潮が大きな広がりを持ち、それが国家主権の理解にも大きな影響を与えていることも明らかになった。

現代世界において、国家主権がもはや絶対的な全能性を意味しないことは、言うまでもない。ただしそのことは、立憲主義的枠組みのなかで機能する国家主権という公的権威の役割が消滅したことを意味するわけではない。国家主権は神話的な至高性としての意味を失ったが、依然として国家の特別な地位を示す概念として存在する。ただしその地位は、主権を国家の属性として定める国際社会の立憲的秩序のなかにおいて証明される。国家主権は、自分自身を裏づけている立憲的秩序自体の至高性を凌駕することはできない。諸個人の権利などを不可欠の規範的支柱とする国際立憲主義の枠組みのなかにおいてのみ、国家主権は特別な公的権威であることを保証される。

社会構成員も、構成員の地位を示す属性も、すべては社会全体の秩序の枠組みのなかで成立する。つまり、国家主権は、国際社会の秩序のなかでのみ成立する。ただし、その秩序は不変ではない。むしろ社会内部の現実の実情に応じて、変化し続けている。

本書では、国家主権の理解の変転の軌跡をたどることによって、現時点での国際社会の秩序を、新しい国際立憲主義と呼びうるものによって特徴づけることができると論じた。国家主権が変転して現代的な理解に至ったことは、そのひとつの証左である。

われわれは、現代国際社会において、主権概念の立憲主義化の歴史的過程を目撃している。国際社会における立憲主義的な国家主権の展開は、冷戦後あるいは二一世紀の国際社会の政治的状況を背景にして進んでいるものであり、現代国際社会の特徴を示す現象だと言えるのである。

もちろん本書の議論は、現代国際社会における国家主権の理解で章を終える時代拘束的なものである。現実の社会情勢に応じているがゆえに、その立憲主義化のプロセスは強固なものに見える。だが、現実の社会情勢は固定的なものではないので、その立憲主義化の過程も流動的であり続ける。立憲主義化は強化されるかもしれないし、危機にさらされて弱体化するかもしれない。アメリカの力に依存する度合を強めるかもしれないし、アメリカの力の低下とともに衰退するかもしれない。あるいは、さらに全く新しい形態をとっていくかもしれない。国家主権の理解が、今後の国際社会の変転に応じて、さらに変化して進み続けていくだろうことは言うまでもない。われわれの時代は、国際立憲主義の時代ではあるが、それは進展する大きな流れのなかの一段階にすぎないことは付記しておかなければならない。

なお本書は、英米圏の国家主権概念の変遷に焦点を当てることによって、（国際）政治史と（国際）思想史を結びつける作業も行った。立憲主義は、国際社会に巨大な影響力を持ってきたアメリカやイギリスといった国々において、支配的な政治思想であり続けている。国際社会における立憲主義の広がりは、これらの立憲主義を標榜する国々の力と、無関係ではない。立憲主義を標榜する英米圏諸国の力が高まれば、国際社会における立憲主義も広がっていく。現代国際社会における国家主権と立憲主義の関係は、歴史的事実としての力の政治の問題であり、現代世界における力の政治の問題でもある。

本書は、冷戦終焉後の世界における新しい国際立憲主義の広がりが、国際社会における冷戦の勝者としてのアメリカを中心とする自由主義諸国の政治的な力の高まりを背景に持っていることを、強く示唆した。国際立憲主義の広がりは、そして国家主権の理解の変転の歴史は、政治的な性格を色濃く持った現象なのである。

結論として、本書は、国家主権が歴史的な変遷をへて、現代国際社会においては新しい国際立憲主義にそった理解を与えられていることを明らかにした。つまり本書は、現代国際社会が、新しい国際立憲主義の広がりを大きな特徴として持っていることを論じた。そしてそれが、現代国際社会に特有の政治情勢を反映したものであることを示した。

このように考えると、本書の議論は、現代国際社会の基本的性格が続く限り、新しい国際立憲主義にそった国家主権の理解が広がり続けるであろうことを示唆していると考えることができる。ただしもちろん、本書は、立憲主義的な国家主権論が挑戦を受けたり混乱する可能性を否定するものではない。これらをふまえて、本書の議論は、次のような将来への展望を示唆する。

第一には、国際社会の情勢に対応して、国際立憲主義的な思潮は高い影響力を保持し続けるだろう。たとえば、国際社会が行う平和維持・平和構築活動などが、「法の支配」を原則的かつ戦略的な理念として計画・実施されていく傾向は、今後も続いていくだろう。つまり、国際立憲主義から逸脱する武力紛争に苛まれた地域に対しては、国際社会の側から、その地域における「法の支配」

の制度等を強化する活動が提供され続けていくだろう。つまり、国際立憲主義の限界の問題に対しては、国際立憲主義をさらにいっそう広げていくという解決方法が提示され続けていくだろう。

　第二には、国際社会の立憲主義に対抗する思想的立場がありうる。本書では、近代において大きな影響力を誇った国民主義に着目し、立憲主義とのあいだの相克を描き出すことを試みた。今後も、「対テロ戦争」においてアメリカを中心とする自由主義諸国に対抗している勢力は、国際立憲主義の流れにも懐疑的であり続けるだろう。「対テロ戦争」は、冷戦時代の東西対立とは異なり、国家間対立とは異なる構図で進んでいく。しかし、あるいはだからこそ、「対テロ戦争」も世界大の思想的な闘争の性格をもって展開していくだろう。「対テロ戦争」における敵対勢力の思想的な対立軸は、現代国際社会において支配的な政治思想である自由主義の価値規範に対する態度によって見定められるが、それは国際立憲主義にそって理解される国際社会の諸原則・諸規則への態度によっても決まってくる。つまり国際社会の中心的勢力は、立憲主義的な理解にそった国家主権を原則として標榜する。他方、敵対勢力は、もはや国家主権の獲得に心血を注ぐことはないだろう。

　第三には、立憲主義内部にも異なる立場がありうる。戦争に至った市民革命を国家の起源とし、その革命によって樹立した憲法秩序を現在に至るまで維持し続けている現代国家のなかでは最古の憲法制度を持つアメリカやイギリスは、独特の政治文化の強さと弱さを持つ。とくにアメリカの場合には、現代国際社会における卓越した力の行使を前提にして、立憲主義の維持を大国の特別な役割として見出そうとする傾向を持つ。同じ国際立憲主義を標榜するとしても、たとえばアメリカとその他の自由主義同盟諸国のあいだにすら、さまざまな摩擦が生まれ、見解の相違が顕在化しうる。

これらの三つの展望は、いずれも単なる抽象理念の思弁の範囲を超えた、現実の国際社会の構造的な力の分布もふまえて示されている。したがって、力の分布に関する事情は、たとえば国家主権といった国際社会の重要原則の理解にも、大きな関連性を持っている。われわれがなすべきなのは、単純に国家主権を攻撃することでも、擁護することでもない。必要なのは、国際社会の立憲主義的構造を冷静に把握し、その健全な発展の可能性について考察することである。

本書は、国家主権を理解することによって、国際社会の秩序がどのように展開し続けているのかを知ることができる、と主張するものである。本書の意図は、国家主権の理論を通じて国際社会の秩序を変更することではない。ただ、国家主権を通じて現代国際社会の秩序の仕組みを知ることが、非常に重要な意味を持っていることを示すことであった。引き続き国家主権の問題に注意を払っていくことは、国際立憲主義の問題に注意を払っていくということでもある。そしてそれは、国際社会全体の秩序の動向に注意を払っていくということにも通じているのである。

人名索引

ア　行

カ　行

サ　行

タ　行

ハ　行

マ　行

ヤ　行

ラ　行

タ 行

ナ 行

ハ 行

事項索引

篠田 英朗（しのだ ひであき）
1968年，神奈川県生まれ。早稲田大学政治経済学部を卒業。ロンドン大学ロンドン・スクール・オブ・エコノミクス（LSE）博士課程修了，Ph. D.（国際関係学）を取得。広島大学平和科学研究センター准教授，ケンブリッジ大学客員研究員，コロンビア大学客員研究員などを経て，
現在：東京外国語大学大学院総合国際学研究院教授（国際関係論）。
主著：『平和構築と法の支配――国際平和活動の理論的・機能的分析』（創文社，2003年，大佛次郎論壇賞受賞）
『集団的自衛権の思想史――憲法九条と日米安保』（風行社，2016年，読売・吉野作造賞受賞）
『ほんとうの憲法――戦後日本憲法学批判』（ちくま新書，2017年）など。

「国家主権」という思想　国際立憲主義への軌跡

2012年5月20日　第1版第1刷発行
2017年9月20日　第1版第2刷発行

著者　篠《しの》田《だ》英《ひで》朗《あき》

発行者　井村寿人

発行所　株式会社　勁《けい》草《そう》書房

112-0005 東京都文京区水道2-1-1　振替 00150-2-175253
（編集）電話 03-3815-5277／FAX 03-3814-6968
（営業）電話 03-3814-6861／FAX 03-3814-6854
大日本法令印刷・松岳社

ISBN978-4-326-35160-2　Printed in Japan